国家出版基金项目
NATIONAL PUBLICATION FOUNDATION

智能电网技术与装备丛书

能源互联网下清洁能源电力市场体系构建

Construction of Clean Energy Power Market System Under Energy Internet

别朝红　贺元康　李晓君　陈天恩　孙骁强 等　著

科 学 出 版 社
北 京

内 容 简 介

本书全面介绍了能源互联网下的清洁能源电力市场体系。全书共分 5 章，第 1 章介绍清洁能源基本情况和发展形势；第 2 章介绍能源互联网市场体系构建的基本定义、基本特性和发展目标；第 3 章介绍灵活调节容量市场构建；第 4 章介绍新能源电量库交易机制；第 5 章介绍能源互联网典型案例，包括青海电网全清洁能源供电、新疆电力援疆外送创新实践、清洁供暖市场化交易机制等 12 个典型案例。

本书可供能源互联网和电力市场的研究人员和工程师参考，可作为高等院校的教材，也可作为政府决策部门的参考资料。

图书在版编目（CIP）数据

能源互联网下清洁能源电力市场体系构建=Construction of Clean Energy Power Market System Under Energy Internet / 别朝红等著. —北京：科学出版社，2022.12

（智能电网技术与装备丛书）

国家出版基金项目

ISBN 978-7-03-074597-2

Ⅰ. ①能… Ⅱ. ①别… Ⅲ. ①无污染能源–电力市场–研究–中国 Ⅳ. ①F426.61

中国版本图书馆CIP数据核字（2022）第255189号

责任编辑：范运年 王楠楠 / 责任校对：王萌萌

责任印制：师艳茹 / 封面设计：赫 健

科学出版社 出版

北京东黄城根北街 16 号

邮政编码: 100717

http://www.sciencep.com

三河市春园印刷有限公司 印刷

科学出版社发行 各地新华书店经销

*

2022 年 12 月第 一 版 开本：720 × 1000 1/16

2022 年 12 月第一次印刷 印张：13 1/2

字数：252 000

定价：116.00 元

（如有印装质量问题，我社负责调换）

“智能电网技术与装备丛书”序

国家重点研发计划由原来的“国家重点基础研究发展计划”（973 计划）、“国家高技术研究发展计划”（863 计划）、国家科技支撑计划、国际科技合作与交流专项、产业技术研究与开发基金和公益性行业科研专项等整合而成，是针对事关国计民生的重大社会公益性研究的计划。国家重点研发计划事关产业核心竞争力、整体自主创新能力和国家安全的战略性、基础性、前瞻性重大科学问题、重大共性关键技术和产品，为我国国民经济和社会发展主要领域提供持续性的支撑和引领。

“智能电网技术与装备”重点专项是国家重点研发计划第一批启动的重点专项，是国家创新驱动发展战略的重要组成部分。该专项通过各项目的实施和研究，持续推动智能电网领域技术创新，支撑能源结构清洁化转型和能源消费革命。该专项从基础研究、重大共性关键技术研究到典型应用示范，全链条创新设计、一体化组织实施，实现智能电网关键装备国产化。

“十三五”期间，智能电网专项重点研究大规模可再生能源并网消纳、大电网柔性互联、大规模用户供需互动用电、多能源互补的分布式供能与微网等关键技术，并对智能电网涉及的大规模长寿命低成本储能、高压大功率电力电子器件、先进电工材料以及能源互联网理论等基础理论与材料等开展基础研究，专项还部署了部分重大示范工程。“十三五”期间专项任务部署中基础理论研究项目占 24%；共性关键技术项目占 54%；应用示范任务项目占 22%。

“智能电网技术与装备”重点专项实施总体进展顺利，突破了一批事关产业核心竞争力的重大共性关键技术，研发了一批具有整体自主创新能力的装备，形成了一批应用示范带动和世界领先的技术成果。预期通过专项实施，可显著提升我国智能电网技术和装备的水平。

基于加强推广专项成果的良好愿景，工业和信息化部产业发展促进中心与科学出版社联合策划出版以智能电网专项优秀科技成果为基础的“智能电网技术与装备丛书”，丛书为承担重点专项的各位专家和工作人员提供一个展示的平台。出版著作是一个非常艰苦的过程，耗人、耗时，通常是几年磨一剑，在此感谢承担“智能电网技术与装备”重点专项的所有参与人员和为丛书出版做出贡献的作者和工作人员。我们期望将这套丛书做成智能电网领域权威的出版物！

我相信这套丛书的出版，将是我国智能电网领域技术发展的重要标志，不仅能供更多的电力行业从业人员学习和借鉴，也能促使更多的读者了解我国智能电网技术的发展和成就，共同推动我国智能电网领域的进步和发展。

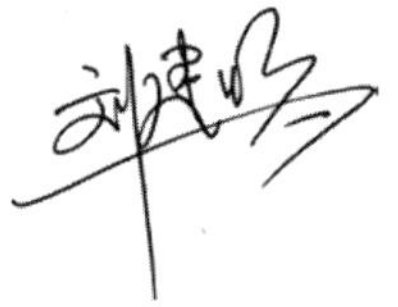

2019 年 8 月 30 日

前　　言

能源互联网是能源系统和互联网深度融合的产物，是电、热、冷、气、电气化交通等多种能源互联互通的新一代综合能源系统，是当前国际学术界和产业界关注的新焦点，也是推动我国能源生产和消费革命的重要途径。能源互联网将打破传统能源系统的供需界限，实现煤、油、气、水、热、电等一次和二次能源的互联、互通和互补，在需求侧支持分布式能源的接入，通过局部消纳和互联，提高能效，实现节能减排，从而构建多能源市场体系，形成能源生产、传输、消费和管理的新模式。能源互联网以互联网理念和技术构建新一代能源信息融合网络，将颠覆传统能源行业的行业结构、市场环境、商业模式、技术体系与管理体制，推动能源绿色化和用能高效化，促进能源系统的开放互联和市场化。

能源互联网下，电网不再是单纯的输电载体，而将成为多能转换利用的枢纽和资源优化配置的平台，成为友好开放、共建共享的智慧能源网络。能源互联网呈现出四大特征。①清洁能源替代。低碳化、清洁化与绿色化是能源发展的必然趋势，大数据、人工智能、物联网等新兴能源互联网技术的发展将进一步推动清洁、绿色和低碳转型。②信息物理融合。基于综合计算、信息网络和物理环境的多维信息物理有机融合和深度协作，助力实现能源系统的实时感知、动态控制和信息服务。③多环节、多层级。能源互联网按照规模可分为区域、城市、终端多个层级，按照功能可分为能源生产、传输、消费多个环节，多层级和多环节实现信息流通和资源共享。④多能源耦合。以电网为枢纽，构建储能、储热、水能和天然气等多类型集成化能源系统，实现多能协同、智能耦合、互补互济。

能源互联网市场并不是传统电力、天然气、区域热/冷等单一能源市场的简单叠加，而是基于能源互联网核心理念对市场模式的一种创新。本书首先提出能源互联网市场的初步定义，结合能源商品的特殊性明确能源互联网市场的建设目标，并将其与传统单一的能源市场进行对比；其次，从市场主体、交易标的、市场构成、交易方式、运行机制 5 个层次对能源互联网市场体系进行设计。本书以能源互联网基础理论为支撑，以电源、负荷、新能源大数据分析为手段，按照市场体系设计的基本原则，综合考虑市场体系中市场成员、交易类型、市场机制、交易方式等多维度多层次要素，探索能源互联网下新能源消纳市场机制，设计能源互联网下新能源消纳市场体系。

能源互联网下新能源消纳市场体系呈现出三个市场特征。①泛在互联。通过信息网络和能量网络实现新能源按照需求自由流动，构建以电为中心的综合能源枢纽体系，实现能源供需数据有效贯通，各类用能设备智能管控，促进冷、气、电等各类用能设备智能互动。②清洁绿色。能源互联网环境下，通过泛在互联和深度感知，调动各类资源参与电力系统调节，促进源网荷储协同，实现削峰填谷，推动“源随荷动”向“源荷互动”转化，不断推进清洁绿色发展。③多能耦合。能源互联网通过信息网络延伸至储能和储热等用户，可提高感知能力，增强用户侧响应，实现电能、热能、储能多种能源的耦合。

本书结合西北电网清洁能源消纳实际，在电能量层面探索新能源电量库交易机制，在系统容量层面探索灵活调节容量市场构建。本书通过理论和实践紧密结合的方式，在理论研究的基础上，全面展示能源互联网下清洁能源电力市场体系创新实践成果，通过 12 个典型案例从多个层面、多个角度、多个维度全面介绍通过能源互联网技术促进清洁能源消纳的典型经验。

全书由别朝红教授负责总体撰稿。别朝红、贺元康、陈天恩参与第 1 章撰写。别朝红、李更丰、丁涛参与第 2 章撰写。贺元康、孙骁强、祁小芳参与第 3 章撰写。别朝红、何方波、刘娟楠参与第 4 章撰写。第 5 章中，温振江、周瑜参与“青海电网全清洁能源供电”案例撰写，李娟、刘静、高晓佳参与“利用华中抽蓄电站消纳西北清洁能源”案例撰写，李晓君、张小奇、赵磊、张俊参与“电力援疆疆电新能源外送市场化尝试”“清洁供暖市场化交易机制”“新疆南疆三地州储能和新能源发电试点”“阿勒泰多能互补联合调度促进新能源消纳”案例撰写，刘瑞丰、陈天恩、田宏杰参与“西北电网清洁能源与火电跨省跨区发电权交易机制”案例撰写，贺元康、陈天恩参与“储能等可调度电力负荷参与系统调峰的市场运营机制研究”案例编写，陈亚军参与“基于区块链的双边协商交易社区”案例撰写，贺元康、李娟、邵琳参与“清洁能源和常规能源打捆交易实践”案例撰写，乔栋平、周瑜、温振江、罗璇、李茹参与“青豫直流外送交易机制”案例撰写，乔宁、田宏杰、张静、邵琳、景华参与“以宁夏电网为例的基于泛在物联网的源网荷储研究”案例撰写。

本书获得国家重点研发计划项目“能源互联网规划、运行与交易的基础理论”(2016YFB0901900)的支持和资助。感谢与本书作者团队长期以来合作交流的技术专家和管理人员的支持，感谢为本书撰写和出版付出辛勤劳动的所有人。

别朝红

2022 年 9 月 10 日

目 录

第 1 章　清洁能源基本情况和发展形势

1.1　清洁能源基本特性

能源互联网环境下，深入挖掘新能源高占比、间歇性和波动性(随机性)特性，有助于对新能源进行深度感知，为市场机制体系提供基础支撑。

1.1.1　发展迅速

中国是全球新能源发电发展最快的国家，新能源呈现快速增长态势。本节统计 2009～2021 年新能源装机增长情况，如图 1-1 和图 1-2 所示。截至 2021 年底，中国新能源装机容量达 6.4 亿 kW，排名世界第一。2009～2021 年，中国新能源装机年均增长 41.0%，高于美国 22.4 个百分点，高于欧洲 26.5 个百分点，对世界新能源增长的贡献率为 41.3%。其中，中国太阳能装机呈爆发式增长，年均增长 80.8%。

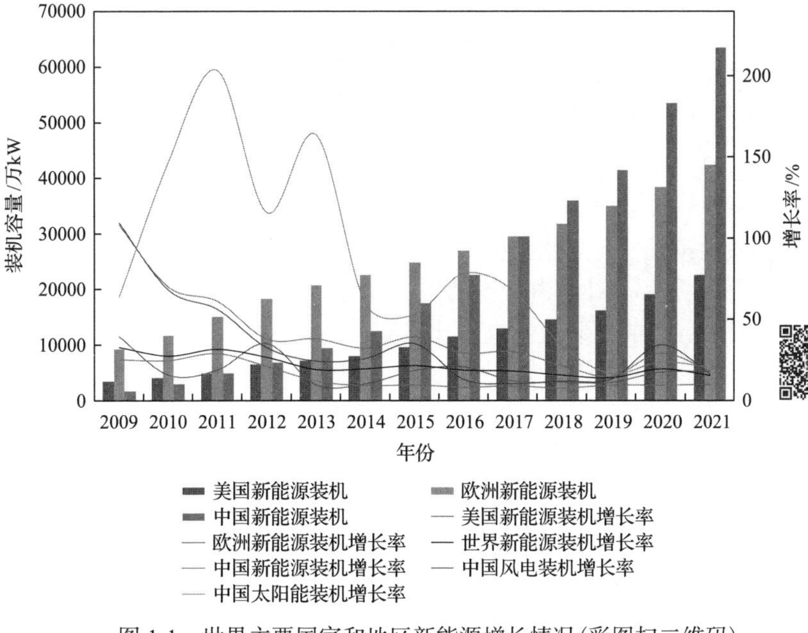

图 1-1　世界主要国家和地区新能源增长情况(彩图扫二维码)

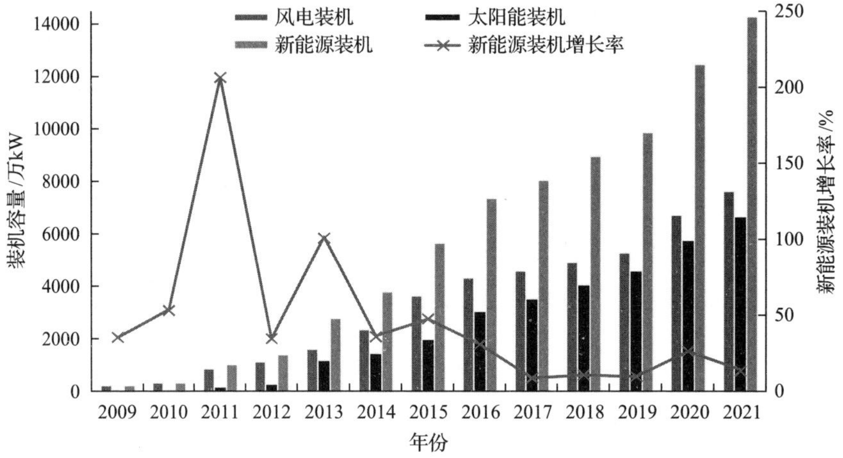

图 1-2 西北电网新能源高占比特性趋势图

1.1.2 占比高

在国家能源政策驱动下，新能源的高占比、高渗透率特性越来越明显。以新能源装机占比较高的西北电网为例，如图 1-3 所示，2012～2021 年西北电网新能源装机容量占系统总装机容量的比例由 13%增长至 42%，新能源发电量占系统总发电量的比例由 5%增长至 21%，新能源发电量占系统用电量的比例由 5%增长至 27%，风电装机渗透率(风电最大出力/风电装机容量)提升到 50%左右，风电负荷渗透率(风电最大出力/电网最大负荷)由 9%增长至 34%，太阳能装机渗透率(太阳能最大出力/太阳能发电装机容量)高达 60%左右，太阳能负荷渗透率(太阳能最大出力/电网最大负荷)由 2%增长至 35%。新能源占比不断提高，对电力市场结构、电力交易模式和电力交易方式提出新的要求。目前，新能源装机发电占比不断升高，以西北电网为例，如图 1-4 所示，西北电网新能源装机容量占总装机容量的比例达 42%，高出全国水平 15 个百分点，新能源发电量占总发电量的比例达 21%，高出全国水平 9 个百分点，新能源发电量占总用电量的比例达 28%，高出全国水平 16 个百分点。西北电网新能源最大出力占最大负荷(渗透率)的 42%，部分省份如甘肃、青海、宁夏占比高达 70%以上，如图 1-5 所示。新能源高占比和高渗透率的特征非常明显。

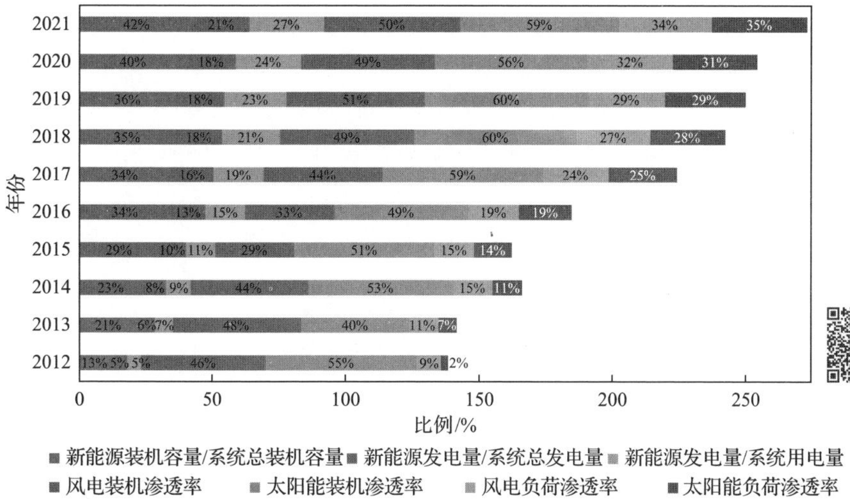

图 1-3　2012～2021 年西北电网新能源装机增长情况(彩图扫二维码)

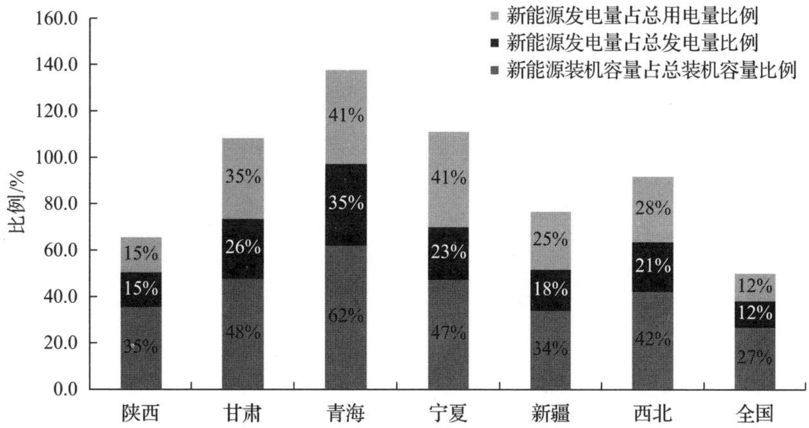

图 1-4　西北五省份及西北地区和全国新能源占比水平对比图

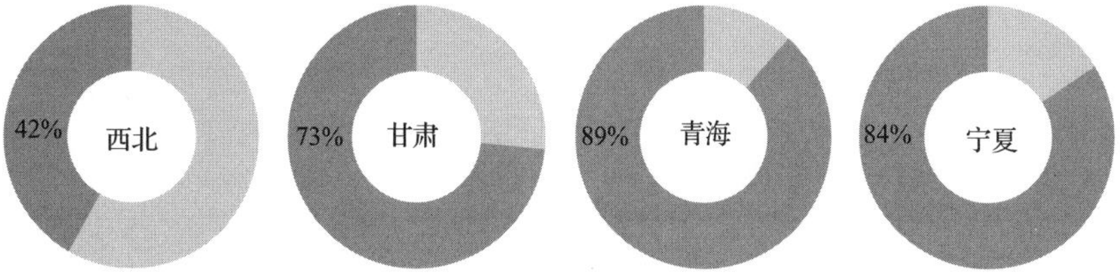

图 1-5　西北电网及部分省份新能源最大出力占最大负荷的比例

1.1.3 间歇性

风力发电受气候、地形、气温、季节等多因素影响，存在一定的间歇性，太阳能发电受光照和气温影响，存在明显的间歇性(主要发电时间为 8:00～18:00)。

太阳能电站出力的间歇性模型为

$$f(P_{\rm pv}) = \frac{C(k_{\rm tu} - P_{\rm pv}/M)}{M \cdot k_{\rm tu}} e^{\lambda P_{\rm pv}/M} \tag{1-1}$$

$$M = \cos\theta \cdot \eta \cdot G_{0t} \cdot C_{\rm pv} / (1000 \sin\alpha) \tag{1-2}$$

式中，$P_{\rm pv}$ 为太阳能电站的额定容量；$k_{\rm tu}$ 为某晴朗无云时间段的最大晴空因子；C 和 λ 为与晴空因子相关的系数；θ 为太阳光到倾斜面的入射角；α 为太阳高度角；η 为太阳能电源的修正系数；G_{0t} 为大气层外太阳辐射强度；$C_{\rm pv}$ 为额定条件下太阳能组件的最大输出功率。

根据太阳能间歇性模型和西北电网太阳能大数据分析太阳能间歇特性，如图 1-6 和图 1-7 所示。

由图 1-6 和图 1-7 可知，短周期(周)内，新能源发电时段和最大出力存在一定的不定期性，长周期(年)中，新能源出力间歇时段呈现出明显的规律性。基于此，在短期交易中通过灵活交易消除间歇性尖峰，中长期交易中合理开展互济交易解决间歇性问题。

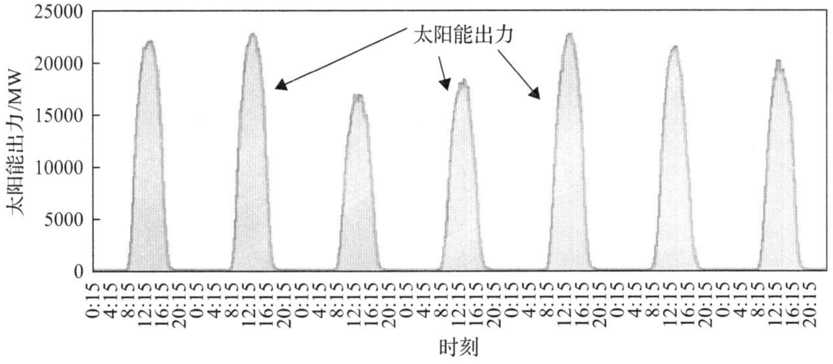

图 1-6 连续一周太阳能出力间歇性示意图

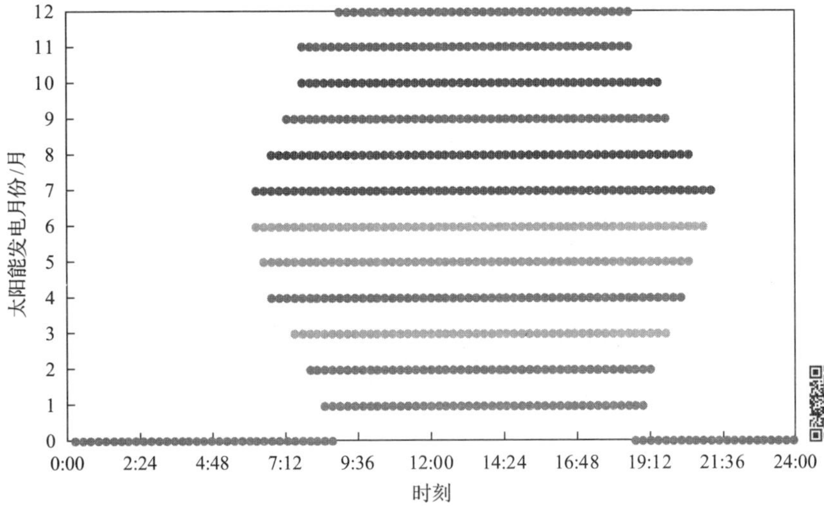

图 1-7　连续一年太阳能出力间歇性变化示意图(彩图扫二维码)

1.1.4　波动性(随机性)

新能源发电波动性较为明显，以西北电网为例，如图 1-8 和图 1-9 所示。以年度为周期，西北电网新能源日最大可用电量为 7.62 亿 kW·h，日均可用电量为 4.18 亿 kW·h，逐日、三日内、一周内新能源可用电量最大波动幅度分别达到 3.74 亿 kW·h、5.32 亿 kW·h 和 6.08 亿 kW·h。全年相邻日电量波动超过 1 亿 kW·h 的时间占比近 40%，即全年 40%的时间里，需要 8 台 600MW 火电机启停调峰来适应新能源相邻日的电量波动，新能源波动性问题突出。

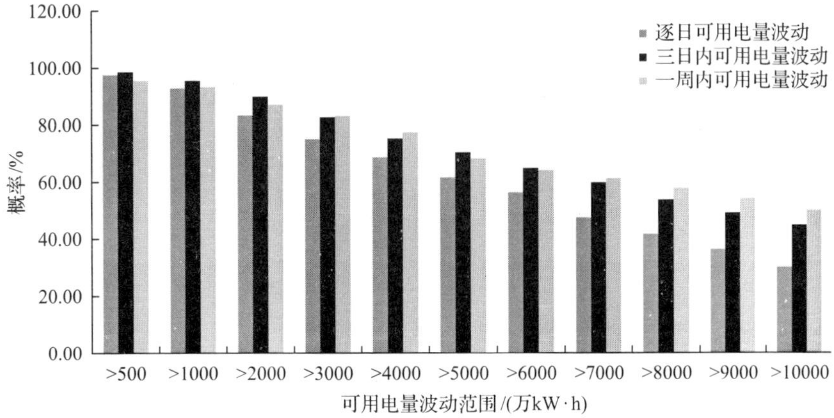

图 1-8　新能源年度可用电量波动概率图

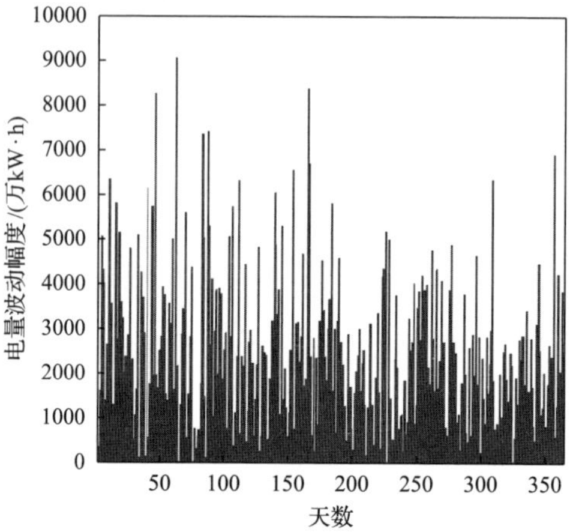

图 1-9　新能源可用电量相邻日波动图

新能源发电受风况影响，表现出较强的随机性，以西北电网为例，某典型日，新能源最大发电出力 2759 万 kW，发生在 11:45，最小发电出力 552 万 kW，发生在 2:45，单日新能源波动达 2207 万 kW，给电网调峰和安全运行带来了严峻考验。

1.1.5　电网峰谷特性

以西北电网为例，绘制 2014～2019 年等效负荷(电网负荷减去风电出力和太阳能出力)曲线，如图 1-10 所示，随着新能源装机快速增长，等效负荷

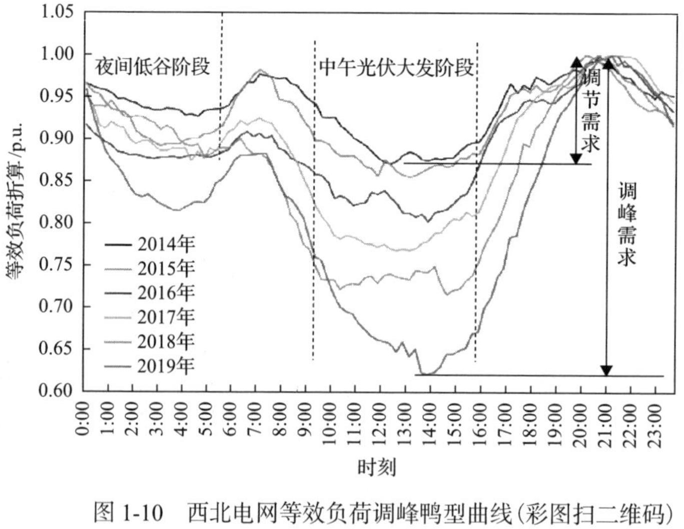

图 1-10　西北电网等效负荷调峰鸭型曲线(彩图扫二维码)

呈现为明显的鸭形曲线。电网的峰谷特性出现两方面新变化：一方面是中午时段光伏最大出力不断增加，超过传统电网峰谷差(白天最大负荷减去夜间低谷负荷)，中午时段将成为全天调峰最困难的时段；另一方面是风电装机不断增加，风电呈现出一定的反调峰特性，夜间低谷阶段电网调峰难度不断增加。

1.2 清洁能源消纳调度措施

1.2.1 新能源发展成效

多年来，国家电网始终把服务新能源发展作为重要的政治责任、社会责任，认真落实国家各项工作部署，持续改善新能源消纳状况。国家电网从电网建设、调度运行、交易组织等六个方面协同发力，实现了新能源发电量及装机“双升”、弃电量和弃电率“双降”。一是加强组织领导，立足电网本职，制定促进新能源消纳的工作安排，召开消纳专题会议，完善会商交流机制，开展新能源大数据管理平台建设，进一步增强管理水平。二是加快电网建设。例如，建成世界电压等级最高、送电距离最远的准东—皖南±1100kV 特高压直流输电工程(以下简称准东直流)，建成多条省内重点输电通道，建设多座抽水蓄能电站，进一步提升新能源输送能力。三是加强全网统一调度，推动火电灵活性改造，开展跨区域旋转备用共享，推广调峰辅助服务市场试点，探索需求侧响应模式，持续提升电网调节能力。四是扩大市场交易规模，创新多种新能源交易品种，启动电力现货交易试点，推动辅助服务市场建设。五是发展分布式光伏。健全分布式光伏一站式全流程服务体系，全力做好接网和结算服务，建成全国光伏扶贫信息管理系统，实现远程在线监测和智能运维，促进分布式光伏高质量发展。六是加大研发力度。例如，建成张北柔性直流电网等新能源示范工程，进一步推动完善新能源标准体系建设，为新能源高比例接入提供支撑。2021 年国家电网经营区全年新增新能源装机容量 8700 万 kW，累计装机容量为 5.4 亿 kW，占电源总装机的 29.1%，同比提升 2.8 个百分点；新能源发电量为 8148 亿 kW·h，同比增长 39%，占总发电量的比例达 12.8%，同比提高 2.6 个百分点；新能源利用率为 97.4%，同比提高 0.3 个百分点。

1.2.2 新阶段新能源消纳存在的困难问题

从新能源发展情况分析，其主要体现出两个特点：一是新能源消纳已进入“矛盾总体缓解，局部问题突出”的新阶段。在此前，新能源消纳矛盾突出的“三北”地区中，西北区域弃风弃光占国家电网弃风弃光总量的 80%，新疆、甘肃新能源弃电率仍高达 15%以上。二是新能源仍处于高速发展阶段，并网需求将进一步增大。新能源已经成为我国电源新增装机的主力。根据我国《能源生产和消费革命战略(2016—2030)》，2030 年、2050 年我国非化石能源占能源消费的比重将达到约 20%和超过 50%。根据《巴黎协定》，2030 年、2035 年我国新能源装机将分别达到 13.8 亿 kW、25.5 亿 kW，装机占比提升至 38%、52%，风电、太阳能发电等新能源将持续快速增长。特别是 2019 年以来，国家出台风电光伏平价上网试点，多个省份陆续解除红色预警，如果不能尽快解决新能源消纳存在的困难问题，弃风弃光问题可能反弹。

⑴新能源装机保持高速增长，市场需求严重不足。“十三五”期间，我国新能源装机年均增长 25%，远高于全社会用电量 5.7%的年均增速。2018 年，我国新能源装机同比增长 19%，全社会用电量仅同比增长 10.3%。以西北电网为例，2009 年以来，西北新能源装机年均增速高达 47.7%，但全社会用电量增速仅为 9.8%，这意味着新能源装机大量增加，本地市场已难以满足消纳需求。新能源运行和消纳的压力将进一步加大。

⑵电网调峰能力不足，新能源消纳存在技术制约。新能源具有随机性、波动性，需要相当规模的灵活调节电源相匹配，而目前我国电网调峰能力不足，在一定程度上制约了新能源消纳。一是火电机组调峰能力不足。特别是近年来，部分常规火电机组改造成热电联产机组，挤占了新能源的消纳空间，加剧了供暖期新能源调峰压力。以西北电网为例，甘肃、青海、宁夏等地新能源出力占用电负荷的最大比例已分别达到 86.16%、99.91%和 91.11%，调峰电源严重不足，调峰缺口高达约 600 万 kW。全网热电机组占火电机组比重已高达 52%，后期仍有大量热电机组投产或常规改热电计划。二是自备电厂参与新能源消纳不够。由于电力市场化程度低，监管和法律制度不太完善，自备电厂参与调峰积极性不高，也在一定程度上制约了新能源的消纳。以西北电网为例，全网自备电厂装机容量为 3817 万 kW，占西北电网总装机容量的 29.53%。如果相关机组参与调峰，将增加调峰能力约 960 万 kW。特别是在新疆，由于历史原因，除国家电网供电区域外，还存在兵团、石油、水利、自备、孤网自备等多种自营电网成分。国家电网供电量仅占新疆用电量的 58%，却承担了基本所有的新能源消纳任务。三是灵活调节电源占比较低。由于建设运维成本高，抽水蓄能、燃气机组等灵活调节电源占比较低。

⑶跨区通道输送能力不足，新能源消纳空间有限。受资源禀赋影响，我国能源资源与能源需求逆向分布，东部地区经济相对发达，能源需求量较大，

但能源资源相对贫乏；中西部地区经济总量相对较小，能源需求量较小，但能源资源丰富，客观上需要大范围优化能源资源配置。我国新能源主要集中在“三北”地区，当地市场空间有限，急需通过特高压电网实现新能源外送。但受制于多重因素，新能源外送受限严重。一是省间壁垒仍然存在。2019 年，受国际形势不明朗、供给侧结构性改革持续推进、环保治理力度加大等因素影响，用电量增速不确定因素较大。在当地用电市场有限的前提下，部分省份优先保障本省电源消纳，并通过限量或限价等手段限制新能源跨省跨区交易规模。二是调峰电源建设滞后。近年来，受火电项目停建、缓建政策影响，调峰火电建设滞后。以酒泉—湖南特高压直流工程(以下简称祁韶直流)调峰火电常乐电厂为例，该电厂于 2016 年 8 月获得核准，2017 年 9 月开工建设，2020 年 9 月、11 月首期 2×100 万 kW 火电机组投运，二期 2×100 万 kW 火电机组需延迟至“十四五”及以后，导致甘肃电网调峰能力不足，影响新能源外送能力。三是新能源场站涉网性能不足。传统的新能源场站涉网耐频耐压能力不足，几乎不参与电网频率和电压控制调整。四是直流通道输电能力不及预期。受配套火电投产进度、风机耐高压能力以及受端省份接纳能力等因素制约，跨区直流输送能力尚未充分释放。以西北电网为例，目前祁韶直流、哈密南—郑州特高压直流输电工程(以下简称天中直流)输送能力均只有 600 万 kW，与设计输电能力尚有一定差距。

(4)新能源消纳机制有待完善，市场作用尚未完全发挥。我国统一电力市场建设刚刚起步，新能源跨省跨区消纳政策、电价机制和补偿机制不完善，已建成的跨省跨区送电通道难以充分发挥作用。一是新能源消纳配额制尚未正式实施，各省没有消纳责任约束，省间壁垒依然存在，制约了新能源在更大范围内的优化配置。二是新能源消纳的市场合力尚未形成。现货市场和辅助服务市场刚刚起步，储能尚未纳入新能源消纳体系，市场对新能源消纳的促进作用尚未完全发挥。三是目前新能源企业参与市场化交易的积极性主要依赖于政府补贴，随着补贴的逐步退坡，新能源参与市场的积极性可能大幅降低，对新能源消纳产生一定影响。

(5)需求侧潜力挖掘不够。当前我国用户侧对新能源电力的使用需求较低，负荷灵活响应新能源出力波动的潜力未被充分挖掘。当前，许多国家已从能源战略高度将需求响应资源置于与发电侧资源同等甚至优先的地位，需求侧弹性负荷、分布式电源、电动汽车、储能等资源可通过对价格信号的响应实现削峰填谷、追踪可再生能源出力、为系统提供调频辅助服务等功能。

与供应侧深度调峰、配置储能等系统调节方式相比，需求侧响应成本更低、效果更好。与热电厂加装电蓄热锅炉相比，化工生产企业通过技术改造参与需求响应，可节约调峰成本约 0.05 元/(kW·h)。

1.2.3 典型措施

新能源消纳是一项系统工程，涉及电源、电网、用户、政策机制、技术研发等多个方面。要想从根本上解决弃风弃光问题，需要各方共同努力，多措并举、综合施策。为确保完成消纳目标，建议：

(1)引导新能源有序发展。统筹新能源开发和消纳，明确按照新能源消纳目标，合理确定各地区新能源并网规模，重点把握布局和时序。按照“有保有压”的原则，新增规模优先安排在东中部等消纳较好的地区，新疆、甘肃、冀北、青海等合理控制节奏。及时向电网企业、发电企业和社会各界发布年度新能源新增并网分省份总控规模，引导新能源有序发展。在此范围内，优先安排平价上网项目，报国家能源局备案后实施。

(2)增强电网调峰能力。出台火电机组调节性能定期核查办法，推动建立市场化的调峰辅助服务补偿机制，加大火电灵活性改造力度。加强供热机组管理，组织开展供热机组热电解耦改造，增强供热机组调峰能力。制定供热机组发电权转移制度，逐步取消火电供热保障电量。制定电力辅助服务市场政策机制，建立有偿调峰机制，加快推进电力现货市场建设。创新机制挖掘自备电厂消纳潜力，加快淘汰自备电厂落后产能，推广自备电厂虚拟储能模式，扩大新能源替代自备电厂负荷规模。对于集中式新能源项目，研究配置一定比例的储能，提高新能源发电并网调节能力。

(3)提升跨区通道输电能力。着眼于促进清洁能源大范围消纳，尽早建设一批“西电东送”特高压工程。完善特高压电网结构，将晋中—晋东南—南阳、菏泽—驻马店特高压交流工程纳入国家规划，加快实施。在弃风弃光严重的新疆、甘肃等地，推动提升已有的天中直流、吉泉直流、祁韶直流等特高压直流输电工程的输送能力。

(4)推动市场机制建设。推动构建全国统一电力市场，建立有利于打破省间壁垒、促进新能源跨省跨区消纳的政策机制。合理确定各地最低保障利用小时数，明确保障性收购与市场化交易衔接实施细则。组织直流送受端政府签订跨省跨区输电长期协议，以长期协议作为跨省跨区输电“压舱石”，统筹省内、跨省和跨区市场。开展新能源市场交易机制和价格机制研究，防止新能源补贴退坡后新能源参与市场交易的积极性大幅下降。将清洁供暖项目作为增量负荷，与新能源企业开展直接交易，通过市场化手段促进新能源消纳。

(5) 提高需求侧响应能力。建议出台电力需求响应政策，鼓励用户通过技术改造、配置储能、分布式电源等方式，实现对可再生能源出力的灵活响应与直接消纳。加快建设泛在电力物联网，打破源-网-荷-储数据壁垒，提高需求侧大数据分析能力，实现需求响应资源的智能调控。

1.3 清洁能源消纳电力交易措施

1. 不断提升特高压直流利用率

1) 拟解决的问题

解决西北跨区外送祁韶直流、上海庙—山东特高压直流输电工程（以下简称昭沂直流）、天中直流、昌吉—古泉特高压直流输电工程（以下简称吉泉直流）利用率偏低问题。

2) 工作措施

探索跨区输电长效机制，科学建设政府间框架协议，合理配置特高压直流外送新能源比例，协调签订跨区输电长期协议；做好年度交易的组织和运营，分解年度送电曲线，做好特高压祁韶直流、昭沂直流、天中直流、吉泉直流月度送电跟踪，加强交易组织和价格机制分析研究，注重运行方式调整，完善合同回购和合同转让规则，落实奖惩补偿机制，确保年度月度外送计划有效落实，保证特高压直流稳定外送。

3) 工作成效

特高压直流利用率有效提升，新能源市场空间不断拓展，西北外送规模不断扩大。

2. 完善西北外送市场体系

1) 拟解决的问题

解决市场交易与电网安全的平衡问题，解决跨区交易和跨省交易统筹协调问题。

2) 工作措施

构建以电网安全为基础、以电能供需为导向、配套电源和富余电能相辅相成的西北外送交易体系。对于配套电源外送环节，建立与受端火电利用小时、上网电价相当的长期交易机制，灵活开展送端省间合同转让交易和发电权交易；对于富余电能外送环节，以新能源消纳为重点，充分利用省间输电通道，推进清洁替代，开展灵活调节交易，保证新能源按需求曲线稳定输出。

3）工作成效

保证外送省份电力电量平衡，降低电网运行风险，平抑新能源波动，保证跨区直流稳定可靠外送。

3. 提高合理利用重要通道的能力

1）拟解决的问题

化解西北电网重要输电通道外送矛盾，保证电网安全稳定运行。

2）工作措施

做好重要通道送电安排，按照“属地优先、新能源消纳优先、输电效益优先”的原则，统筹协调新疆、甘肃、青海、西藏电能通过新疆外送断面、四鱼断面、海西送出断面、南电北送断面实现电力外送，缓解中午光伏大发时段断面紧张局面，优化外送曲线，合理高效利用重要新能源外送通道输电能力，促进西北清洁能源外送消纳。

3）工作成效

跨省跨区交易统筹协调，西北电网内重要输电通道利用率不断提高。

4. 探索青海—河南±800kV特高压直流输电工程市场化交易机制

1）拟解决的问题

2020年，青海—河南±800kV特高压直流输电工程（以下简称青豫直流）投运后，由于配套水电羊曲电站、玛尔挡电站建设滞后，李家峡扩机尚未完成，光热电站建设投产滞后，青海水电存在明显的丰枯、峰谷特性，青海光伏风电存在明显的间歇性、波动性特征，仅通过青海电网难以满足青豫直流大功率稳定外送需求。

2）工作措施

建议统筹交易、规划、调度专业协同，促进专业互补和衔接，发挥西北电网整体合力，做好资源共享，制定以西北送端电量库形式组织甘肃、宁夏、新疆、陕西清洁能源与青海清洁能源实现风光水打捆优化送出方案。

3）工作成效

青豫直流投产后，西北清洁能源可靠外送，直流利用率有效提高。

5. 推进清洁能源替代发电权交易

1) 拟解决的问题

落实国家关于发电权交易的有关要求，持续推进火电企业和清洁能源发电权交易。

2) 工作措施

扭转燃煤火电企业以发电为主，唯“发电量”、唯“利用小时数”论的传统观念，通过市场化方式给予火电企业合理补偿，保证火电企业经营效益，推动清洁能源替代，实现节能减排。不断扩大甘肃、新疆地区内新能源替代自备火电的发电权交易规模。持续推进新能源替代跨区直流配套火电的发电权交易。

3) 工作成效

2020 年，西北五省发电权交易目标任务圆满完成。

6. 推进西北电网新能源电量库向市场化转变

1) 拟解决的问题

解决新能源电量库交易中的不平衡电量问题。

2) 工作措施

建立新能源电量库有限偏差市场化结算机制，实行按月组织、实时运营、上限管控、市场化结算等措施。按照平等自愿、互惠互利的市场原则确定新能源电量库偏差电量上网电价、所在省和接纳省电网结算电价体系。

3) 工作成效

新能源电量库交易按照市场化方式开展，电量库交易与日前实时交易、辅助服务市场、省级现货交易有序衔接。

7. 完善常规能源与清洁能源打捆交易机制

1) 拟解决的问题

解决新能源外送随机性、波动性、间歇性问题。

2) 工作措施

充分挖掘西北电网水火风光互补潜力，科学配置打捆比例，平抑新能源间歇性的影响，优化电价组合，结合省间中长期交易曲线分解及曲线交易，推进省间中长期交易由电量向电力的转变，提高电能外送的可靠性和稳定性。

3）工作成效

新能源打捆比例科学配置，外送曲线有效匹配，外送电价机制有效形成。

8. 可再生能源电力消纳责任权重

1）拟解决的问题

贯彻落实可再生能源电力消纳责任权重政策。

2）工作措施

加强政策研判分析，及时向政府相关部门沟通汇报，认真研究政策解读，组织开展技术研讨，防止因政策理解不透或执行不力造成新能源弃电水平增加；做好消纳责任权重实施与电力交易衔接，指导参与电力交易的承担消纳责任的市场主体优先完成新能源电力交易，在中长期电力交易合同审核、电力交易信息公布等环节对承担消纳责任的市场主体给予提醒。做好西北电网内省间可再生能源电力消纳量核实及转让（或交易）和消纳量监测统计工作。

3）工作成效

可再生能源电力消纳责任权重监测考评和正式考核工作有序开展。

9. 优化西北电网省间电力交易价格体系

1）拟解决的问题

优化省间电价结构，体现分时电能价值，调动市场主体参与省间交易的积极性。

2）工作措施

健全由市场决定的电力交易价格体系，充分反映水电丰枯供需关系、大规模新能源接入后的电网峰谷特性，以及电网负荷高峰时段调峰资源价值，根据风电季节性发电状况、光伏间歇性峰谷特性、水电丰枯期来水特性、高峰电力需求情况，形成西北电网省间交易基准价格+浮动价格形成机制。

3）工作成效

充分体现电力商品价值属性，科学引导可调节资源建设，激发市场活力。

10. 推进可调节可中断负荷参与市场交易

1）拟解决的问题

通过市场化手段引导用户主动响应新能源出力变化。

2) 工作措施

落实全面放开经营性电力用户发用电计划，挖掘用户侧交易潜力，探索源网荷友好互动的市场机制，积极推进可中断负荷签订中长期交易合同工作，研究通过价格机制推进用户响应参与系统调节。探索通过节假日短周期省间交易价格信号，激励用户主动削峰填谷，引导区域内省份有关工业企业发挥产能、多生产、多用电，促进多方共赢。

3) 工作成效

坚持市场导向，提高负荷侧电力交易市场化程度，完善价格形成机制，鼓励负荷侧积极响应新能源曲线，通过负荷侧响应为新能源消纳拓展市场空间。

1.4　能源互联网下新能源消纳市场机制生产模拟

1.4.1　目标函数

本节依托新能源消纳生产模拟系统，对市场机制进行模拟，以新能源发电量最大为优化目标，即某省电网模拟时段太阳能和风能的总发电量最大。

目标函数为

$$\max\left[\sum_{t=1}^{T}\sum_{n=1}^{N_{\mathrm{w}}}P_{\mathrm{w}}(t,n)+\sum_{t=1}^{T}\sum_{n=1}^{N_{\mathrm{pv}}}P_{\mathrm{pv}}(t,n)\right] \tag{1-3}$$

式中，$P_{\mathrm{w}}(t,n)$ 为时段 t 内风电场 n 的功率；$P_{\mathrm{pv}}(t,n)$ 为时段 t 内太阳能电站 n 的功率；T 为总时段数；N_{w} 为风电场数；N_{pv} 为太阳能电站数。

1.4.2　约束条件

新能源消纳模拟综合考虑省级电网电力平衡约束、跨区直流通道容量约束、交流同步电网传输断面容量约束、火电机组出力约束、风力发电出力约束、太阳能发电出力约束、水电厂发电出力约束、电储能充放电约束、蓄热电储能储释热约束等多种因素。

1. 省级电网电力平衡约束

具体约束如下：

$$\begin{aligned}&\sum_{n=1}^{N_{\text{pe}}} P_{\text{pe}}(t,n)+\sum_{n=1}^{N_{\text{hy}}} P_{\text{hy}}(t,n)+\sum_{n=1}^{N_{\text{w}}} P_{\text{w}}(t,n)+\sum_{n=1}^{N_{\text{pv}}} P_{\text{pv}}(t,n)\\&\quad+\sum_{n=1}^{N_{\text{pool.dr}}} P_{\text{pool.dr}}(t,n)+\sum_{n=1}^{N_{\text{mu.s}}} P_{\text{mu.s}}(t,n)+\sum_{n=1}^{N_{\text{dis}}} P_{\text{dis}}(t,n)\\&\quad+\sum_{n=1}^{N_{\text{HT.I}}} P_{\text{HT.I}}(t,n)=P_{\text{load}}(t)+P_{\text{ex}}(t)+\sum_{n=1}^{N_{\text{DC}}} P_{\text{DC}}(t,n)\\&\quad+\sum_{n=1}^{N_{\text{pool.sv}}} P_{\text{pool.sv}}(t,n)+\sum_{n=1}^{N_{\text{mu.b}}} P_{\text{mu.b}}(t,n)+\sum_{n=1}^{N_{\text{char}}} P_{\text{char}}(t,n)\end{aligned} \tag{1-4}$$

式中，$P_{\text{pe}}(t,n)$ 为时段 t 内火电机组 n 的功率；$P_{\text{hy}}(t,n)$ 为时段 t 内水电站 n 的功率；$P_{\text{pool.dr}}(t,n)$ 为时段 t 内电量库第 n 笔电量库支取交易的功率；$P_{\text{mu.s}}(t,n)$ 为时段 t 内互济交易第 n 笔外送交易的功率；$P_{\text{dis}}(t,n)$ 为时段 t 内电储能交易第 n 笔放电交易的功率；$P_{\text{HT.I}}(t,n)$ 为时段 t 内电储热交易第 n 笔储热交易的功率；$P_{\text{load}}(t)$ 为时段 t 内的负荷功率；$P_{\text{ex}}(t)$ 为时段 t 内交流联络线的功率，受入为正，外送为负；$P_{\text{DC}}(t,n)$ 为时段 t 内第 n 条支流的外送功率；$P_{\text{pool.sv}}(t,n)$ 为时段 t 内电量库第 n 笔电量库存储交易的功率；$P_{\text{mu.b}}(t,n)$ 为时段 t 内互济交易第 n 笔购入交易的功率；$P_{\text{char}}(t,n)$ 为时段 t 内电储能交易第 n 笔充电交易的功率。

2. 跨区直流通道容量约束

具体约束如下：

$$0 \leqslant D_n(t) \leqslant D_{n.\max} \tag{1-5}$$

式中，$D_n(t)$ 为时段 t 内直流线路 n 的输电功率；$D_{n.\max}$ 为直流线路最大输电容量。

3. 交流同步电网传输断面容量约束

具体约束如下：

$$-T_{n.\max} \leqslant T_n(t) \leqslant T_{n.\max} \tag{1-6}$$

式中，$T_n(t)$ 为时段 t 内输电断面 n 的输电功率；$T_{n.\max}$ 为输电断面最大限额。

4. 火电机组出力约束

(1)出力上下限约束：

$$u_n^t p_{n\min} \leqslant p_n^t \leqslant u_n^t p_{n\max} \tag{1-7}$$

式中，u_n^t 为机组状态变量，表示机组 n 在 t 时段的状态，1 表示开机，0 表示停机；$p_{n\min}$、$p_{n\max}$ 为火电机组 n 的有功最小可调容量、有功最大可调容量。

(2)机组爬坡约束：

$$p_n^t \leqslant p_n^{t-1} + p_n^{\text{up}},\ \ p_n^t \geqslant p_n^{t-1} + p_n^{\text{down}} \tag{1-8}$$

式中，p_n^{up}、p_n^{down} 为火电机组 n 的爬坡速率。

5. 风力发电出力约束

具体约束如下：

$$0 \leqslant p_{\text{w}}^t \leqslant p_{\text{w}}^{tt'}(q) \tag{1-9}$$

式中，p_{w}^t 为风电在 t 时段的有功出力；$p_{\text{w}}^{tt'}$ 为某历史时间段内($t \to t'$，$t' > t$)的风功率序列；q 为分位点，$p_{\text{w}}^{tt'}(q)$ 表示取风功率序列的 q 分位点作为预测时段的最大风功率，q 值越大则 $p_{\text{w}}^{tt'}(q)$ 越大，说明考虑更多的风电计划出力。

6. 太阳能发电出力约束

具体约束如下：

$$0 \leqslant p_{\text{pv}}^t \leqslant p_{\text{pv.max}} \tag{1-10}$$

$$p_{\text{pv.max}} = \eta_{\text{inv}} \frac{G_{\text{h}} \cos\theta / \sin\alpha}{1000} C_{\text{pv}} \tag{1-11}$$

式中，p_{pv}^t 为太阳能在 t 时段的有功出力；η_{inv} 为并网逆变器的效率，它是逆变器输入功率的函数，可通过拟合实际逆变器效率获得逆变器效率函数；C_{pv} 为光伏组件额定容量，即额定条件下太阳能组件的最大输出功率；G_{h} 为地表水平面太阳辐射；θ 为太阳光到倾斜面的入射角；α 为太阳高度角。

7. 水电厂发电出力约束

具体约束如下：

$$p_{h.n}^{t}=a_{1.n}(h_{n}^{t})^{2}+a_{2.n}(q_{n}^{t})^{2}+a_{3.n}h_{n}^{t}q_{n}^{t}+a_{4.n}h_{n}^{t}+a_{5.n}h_{n}^{t}+a_{6.n} \tag{1-12}$$

$$p_{h.n\min}\leqslant p_{h.n}^{t}\leqslant p_{h.n\max},\quad q_{n\min}\leqslant q_{n}^{t}\leqslant q_{n\max} \tag{1-13}$$

式中，$p_{h.n}^{t}$为水电厂n在t时段的有功发电出力；$a_{1.n},a_{2.n},\cdots,a_{6.n}$为水电厂$n$的出力-库容-流量特性函数的系数；$h_{n}^{t}$为水电厂$n$在$t$时段的水头；$q_{n}^{t}$为水电厂$n$在$t$时段的发电流量；$p_{h.n\min}$、$p_{h.n\max}$为水电厂$n$的有功出力下限和上限；$q_{n\min}$、$q_{n\max}$为水电厂$n$的发电流量下限和上限。

8. 电储能充放电约束

具体约束如下：

$$0\leqslant P_{dis}(t)\leqslant P_{max},\quad 0\leqslant P_{char}(t)\leqslant P_{max} \tag{1-14}$$

$$S_{E}(t)=S_{E}(0)+\int_{0}^{t}\left[\eta_{c}P_{char}(t)-P_{dis}(t)/\eta_{d}\right]dt \tag{1-15}$$

$$S_{E\min}\leqslant S_{E}(t)\leqslant S_{E\max},\quad P_{dis}(t)P_{char}(t)=0 \tag{1-16}$$

式中，$P_{char}(t)$、$P_{dis}(t)$为电储能在t时刻的充、放电功率；$S_{E}(t)$为电储能在t时刻的剩余电量；η_{c}、η_{d}为电储能的充、放电效率；$S_{E}(0)$为电储能初始剩余电量；P_{max}为电储能最大充放电功率；$S_{E\min}$、$S_{E\max}$为电储能剩余电量的运行下限和上限；$P_{dis}(t)P_{char}(t)=0$为电储能的互补约束。

9. 蓄热电储能储释热约束

具体约束如下：

$$0\leqslant H_{TI}(t)\leqslant H_{max},\quad 0\leqslant H_{TO}(t)\leqslant H_{max} \tag{1-17}$$

$$S_{H}(t)=\eta_{T}S_{H}(t-1)+\eta_{TI}H_{TI}(t)-H_{TO}(t)/\eta_{TO} \tag{1-18}$$

$$0\leqslant S_{H}(t)\leqslant R_{HS},\quad H_{TI}(t)H_{TO}(t)=0 \tag{1-19}$$

式中，$H_{TI}(t)$、$H_{TO}(t)$为t时刻储热装置的储热和释热功率；$S_{H}(t)$为t时刻储热装置的剩余热量；η_{TI}、η_{TO}为储热装置的储热和释热效率；η_{T}为储热装置经过单位时间后的损耗率；R_{HS}为储热装置的最大容量；H_{max}为储热装置最大储释热功率。

1.4.3 生产模拟测算分析

选取西北电网某新能源富集省份的典型日进行模拟分析。计算场景如表 1-1 和表 1-2 所示。

表 1-1　典型日场景负荷+直流外送特性

最大负荷/MW	最小负荷/MW	负荷率/%	峰谷差/MW	直流 1 功率/MW	直流 2 功率/MW
29226	26358	96.1%	2868	420～530	320～400

表 1-2　典型日场景电源装机

电源类型	火电	水电	风电	太阳能发电
装机容量/MW	48694	6727	19251	9516
占比/%	57.84	7.99	22.87	11.30

在典型日场景的基础上，对能源互联网新能源消纳市场体系中省间峰谷互济交易、电量库置换交易、电储能充放电交易和电储热储放热交易措施进行模拟测算，测算分析结果如图 1-11 和表 1-3 所示。

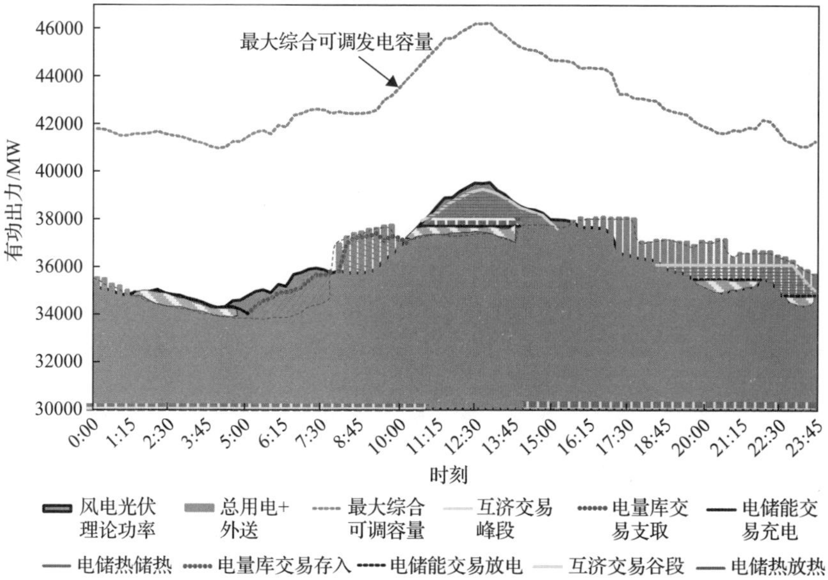

图 1-11　能源互联网新能源消纳市场体系生产模拟仿真分析结果图(彩图扫二维码)

表 1-3　典型日场景新能源消纳分析结果表

交易方式	交易电量/(万 kW·h)	降低弃电率/%	降低弃电量/(万 kW·h)
峰谷互济交易	6353	1.49	3115
电量库置换交易	4882	1.26	2635
电储能充放电交易	3355	1.02	2127
电储热储放热交易	900	0.43	900
累计	15490	4.20	8777

以上模拟结果反映了能源互联网环境下，水库、储能、储热等多能源协调运行有助于缓解新能源随机性、波动性和间歇性问题，促进新能源消纳。仿真模拟结果表明，通过峰谷互济交易可降低弃电率 1.49%，通过电量库置换交易可降低弃电率 1.26%，通过电储能充放电交易可降低弃电率 1.02%，通过电储热储放热交易可降低弃电率 0.43%，通过多类型交易累计可以降低弃电率 4.20%，降低弃电量 8777 万 kW·h。

能源互联网技术是推动清洁低碳转型、促进高占比新能源发展的重要手段，通过泛在互联和多能耦合可以充分利用水能、储能、热能等多种能源协同，破解新能源随机性、波动性和间歇性难题。本书在能源互联网的基础上，探索构建促进新能源消纳的市场体系，创新开展峰谷互济交易、电量库置换交易、电储能充放电交易、电储热储放热交易，并进行生产模拟验证，结果表明通过该市场机制可以有效降低新能源弃电率和弃电量，促进新能源发展。

第2章 能源互联网市场体系构建

能源互联网是以电为中心、以坚强智能电网和泛在电力物联网为基础平台，深度融合先进能源技术、现代通信信息技术和智能控制技术，实现多能互补、智能互动、泛在互联的智慧能源网络。能源互联网环境下，电网物理特性、电力市场形态和交易运营模式都发生了深刻变化。当前，高装机、高占比、高渗透率的新能源消纳问题成为社会各界关注的焦点，在能源互联网环境下，如何构建电力市场机制体系，发挥多能源互补优势，提高灵活调节能力，提升新能源消纳能力是亟须研究的课题。

自 20 世纪五六十年代以来，以计算机技术、自动控制技术、通信技术、数据处理技术以及网络技术等为标志的 ICT(information and communication technology，信息与通信技术)领域的大量变革创新，为能源领域的进一步提升和发展提供了强有力的技术支持。在 ICT 的推动下，能源领域能源互联网(energy internet)这一重要理念应运而生。

党的十九大明确要求“推进能源生产和消费革命”、“推动国有资本做强做优做大”和“培育具有全球竞争力的世界一流企业”。电力体制改革、国资国企改革深入推进。国家电网立足服务党和国家事业大局，积极顺应当代世界经济发展的大潮流大趋势，积极顺应能源革命的大潮流大趋势，深刻把握公司现实基础和新的历史方位，在守正中创新、在创新中守正，创造性地提出了“三型两网、世界一流”的战略目标，系统阐明了“一个引领、三个变革”的战略路径。

国家电网提出的“三型两网，世界一流”战略目标，在电力交易方面要求找准定位，创新市场机制，积极服务世界一流能源互联网企业建设，同时也提出了建设世界一流能源互联网企业的重要物质基础是要建设运营好“两网”。这里所说的“两网”，分别是坚强智能电网和泛在电力物联网。建设坚强智能电网是适应我国电网发展新形势的战略选择，是继特高压取得重大突破后，电网发展方式的又一次重大变革和创新，实现了从坚强电网向坚强智能电网的战略变迁。国家电网将要打造的“第二张网”——泛在电力物联网是实时连接公司能源生产、传输、消费各环节设备、客户、数据，全面承载电网运营、企业运营、客户服务、新型业态等全业务的新一代信息通信系统，具有终端泛在接入、平台开放共享、计算云雾协同、数据驱动业务、应用随需定制等特征。

“三型两网、世界一流”的战略是让承载电力流的坚强智能电网与承载数据流的泛在电力物联网相辅相成、融合发展，形成强大的价值创造平台，共同构成能源流、业务流、数据流“三流合一”的能源互联网。建设能源互联网将成为推动我国能源革命的重要战略支撑，对提高可再生能源比重，促进化石能源清洁高效利用，提升能源综合利用率，推动能源市场开放和产业升级具有重要意义。能源互联网框架如图 2-1 所示。

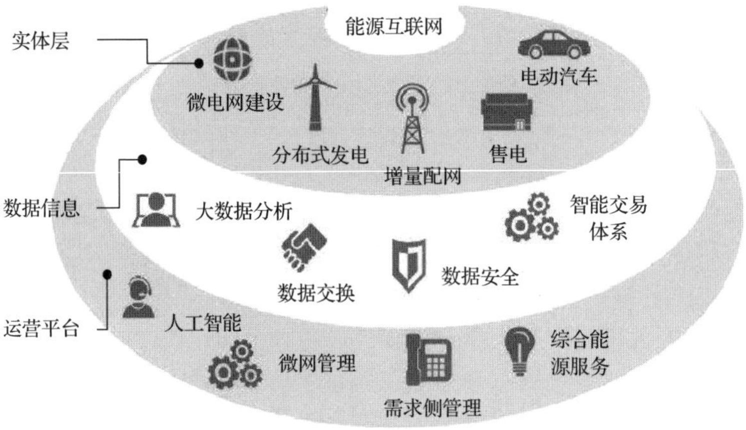

图 2-1　能源互联网框架

能源危机、气候变化、环境污染对传统能源系统和人类社会发展产生巨大冲击，亟须推进能源生产和消费革命来解决能源可持续供应问题，因此能源互联网应运而生。本章在第 1 章的基础上，提出能源互联网及能源互联网市场概念，进行能源互联网运营体系的设计。传统能源体系中，化石能源扮演着核心角色，高速、粗犷的能源利用方式在加剧能源危机的同时，对环境也产生极其恶劣的影响。大力发展可再生能源替代化石类能源已经成为推动社会转型和发展的必然潮流。而能源互联网旨在降低经济发展对传统化石能源的依赖程度，最大限度地提高可再生能源的利用效率，从根本上改变当前的能源生产和消费模式。本章详细介绍能源互联网的定义、发展目标、结构、特征以及能源互联网市场。

2.1　能源互联网定义

能源互联网的概念最早见于美国学者杰里米·里夫金的著作《第三次工业革命》提出能源互联网的概念，能源互联网应具有以可再生能源为主要一次能源、支持超大规模分布式发电系统与分布式储能系统接入、基于互联网技术实现广域能源共享以及支持交通系统的电气化四大特征。此后，能源互联网理念得到很多学者及 IT 企业的积极响应，并已成为近期能源领域的一个研究热点。

能源互联网作为一个跨领域的前沿概念，其内涵在不断发展，难以给出所有人都认可的标准定义，但其核心内涵已经得到了学术界、产业界和社会的初步共识和认可。

《能源互联网 第 1 部分：总则》(T/CEC 101.1—2016)中提出，能源互联网以电能为核心，集成热、冷、燃气等能源，综合利用互联网等技术，深度融合能源系统与信息通信系统，协调多能源的生产、传输、分配、存储、转换、消费及交易，是具有高效、清洁、低碳、安全特征的开放式能源互联网络。

综合国内外观点，本书提出以下定义：能源互联网是以电、热、气等多种能源为载体，以能源技术与信息技术深入结合为特征，实现能源互济互补和高效利用的信息物理网络。本书在适应能源互联网的新能源市场交易体系中仅建立电-热综合能源系统、纯电的新能源与常规能源打捆外送交易以及新能源电量库交易。

2.2　能源互联网发展目标

能源互联网的发展目标可以归纳为以下四点。

(1)能源市场化：作为抓手，打破行业壁垒，推进能源市场化，促进能源领域的创新创业，重塑能源行业。基于信息互联网，能源互联网可以为各种参与者和大量用户提供开放平台，降低进入成本，便捷对接供需双方，使设备、能量、服务的交易更加便捷高效，实现多方共赢，激活大众的创业热情和创新能力，为能源革命提供持续动力。

(2)能源高效化：能源互联网实现了多类能源的开放互联和调度优化，为能源的综合开发、梯级利用和能源共享提供了条件，可以大幅度提高能源的综合利用效率。

(3)能源绿色化：能源互联网可以通过多种能源的耦合互补、各类储能的应用、需求侧响应等，推动可再生能源的大规模利用，提高新能源的接入和消纳。

(4)能源智能化：能源互联网促进信息技术与能源技术的深度融合，实现能源系统的智能化。

2.3 能源互联网结构

对于能源互联网的结构，可以从功能上划分为多个环节，也可以从规模上划分为多个层级。

2.3.1 功能划分

基于对现有能源互联网的框架的相关研究，本书将能源互联网按照能源生产环节(源)-能源传输环节(网)-能源消费环节(荷)进行划分，由此可得能源互联网的基本架构，如图 2-2 所示。

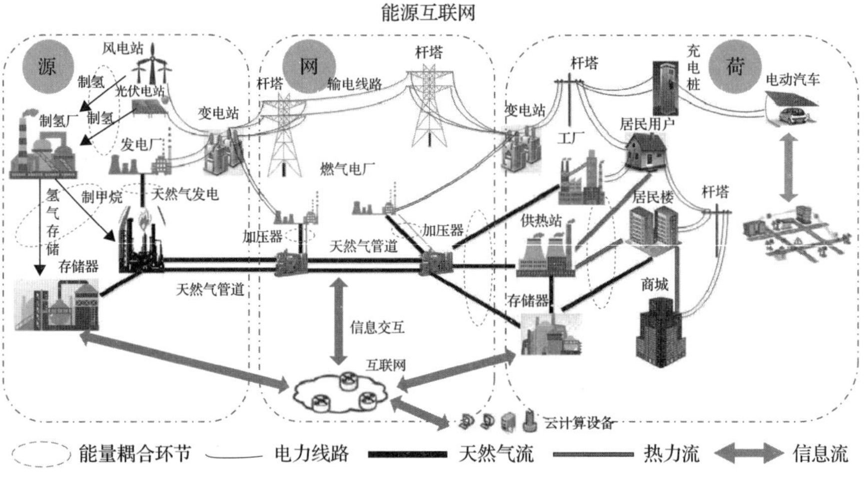

图 2-2 能源互联网基本架构

1. 能源生产环节(源)

能源互联网的能源生产环节主要包括各种能源生产单元(火电，水电，光伏、风电等可再生能源，天然气井等)、能源转换设备、能源存储设备(锂电池、液流电池、压缩空气储能、抽水蓄能、天然气罐、储热罐等)和短距离多能流传输网络。在能源生产环节，通过优化规划，对上述设备合理配置，可以利用天然气、热能的惯性，提升系统的可控性，以平抑可再生能源出力的波动性和间歇性对能源系统的影响，从而在满足用户的多种用能需求的同时，实现大规模可再生能源的消纳和能源的经济、高效生产。

2. 能源传输环节（网）

能源传输环节主要包括大规模、远距离的电力输送网络，天然气输送网络和少量能源生产单元以及终端用户。电力可以远距离、大规模地高速传输，并且具有较小的传输损耗。而随着天然气在整个社会能源供应体系中占比的提升，以及天然气网络规模的扩大，天然气网络也可作为远距离能量传输的主要途径。对联合的电-气能源传输网络进行优化规划，可以降低系统的投资、运行费用，同时保证能源远距离、大规模高效传输。

3. 能源消费环节（荷）

能源消费环节主要包括小规模的能源生产单元（分布式电源（DG））、能源转换设备（如热电联产（CHP）机组）、能源存储设备（电池、储气罐、储热管道等）、短距离多能流供能网络（配电网、气网、热网等）、大量终端用户（部分负荷是柔性可调负荷）。电、气经过远距离传输到达城市等能源消费地区，通过 CHP 机组等能源转换设备，电、天然气可以转化为冷、热等多种形式的能量，最终，不同形式的能量通过复杂的短距离供能网络到达用户用能终端。通过对能源转换设备、能源存储设备、短距离多能流供能网络的合理规划，可发挥多能流的互联互济效应，在保证用户多样化用能可靠性的前提下，降低系统投资和运行费用，提升能源的利用效率。

2.3.2 规模划分

物理层面上，能源互联网按照规模可分为三层。

1. 区域能源互联网

这一层级的能源互联网是指大区级（如西北地区）或省级能源系统，主要由综合能源生产基地、区域能源传输网络、综合能源负荷中心等构成。区域能源互联网框架如图 2-3 所示。

2. 城市能源互联网

城市能源互联网主要由综合能源生产场站、电/气/热/冷能源消费园区、城市能源输配系统构成。城市能源输配系统通过相互耦合的城市配电网、天然气输配网、供热系统等多能源网络，实现连接各综合能源生产场站与电/气/热/冷能源消费园区的功能。城市能源互联网框架如图 2-4 所示。

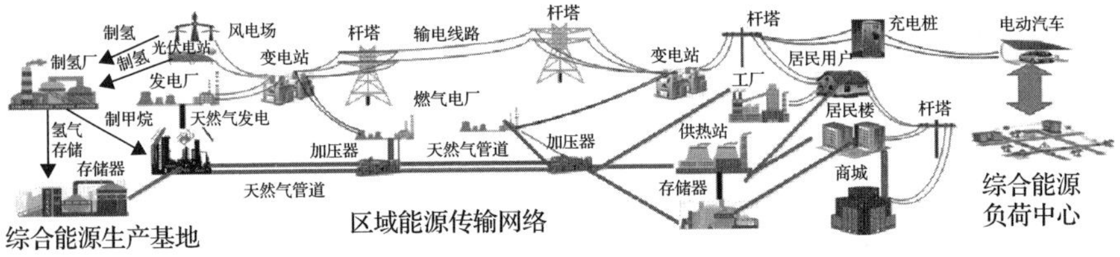

图 2-3　区域能源互联网框架

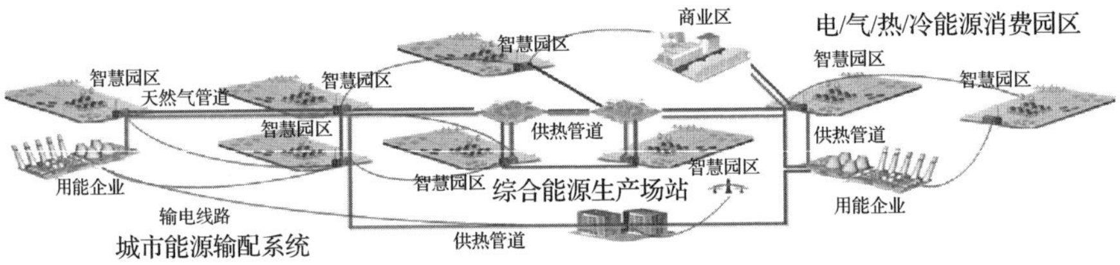

图 2-4　城市能源互联网框架

3. 终端能源互联网

终端能源互联网是面向园区、工厂和楼宇等用户的综合能源系统，主要由分布式产能设备、综合能源消费用户、多能源传输微网构成。其框架如图 2-5 所示。

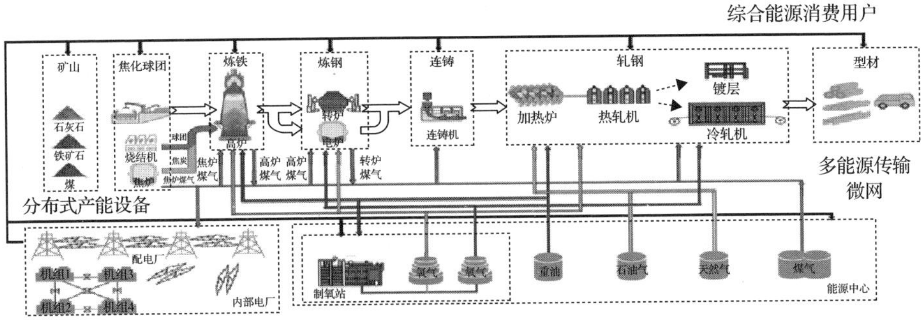

图 2-5　终端能源互联网框架

这三层系统有机结合形成能源互联网层级框架，如图 2-6 所示，构成了能源互联网的物理基础。

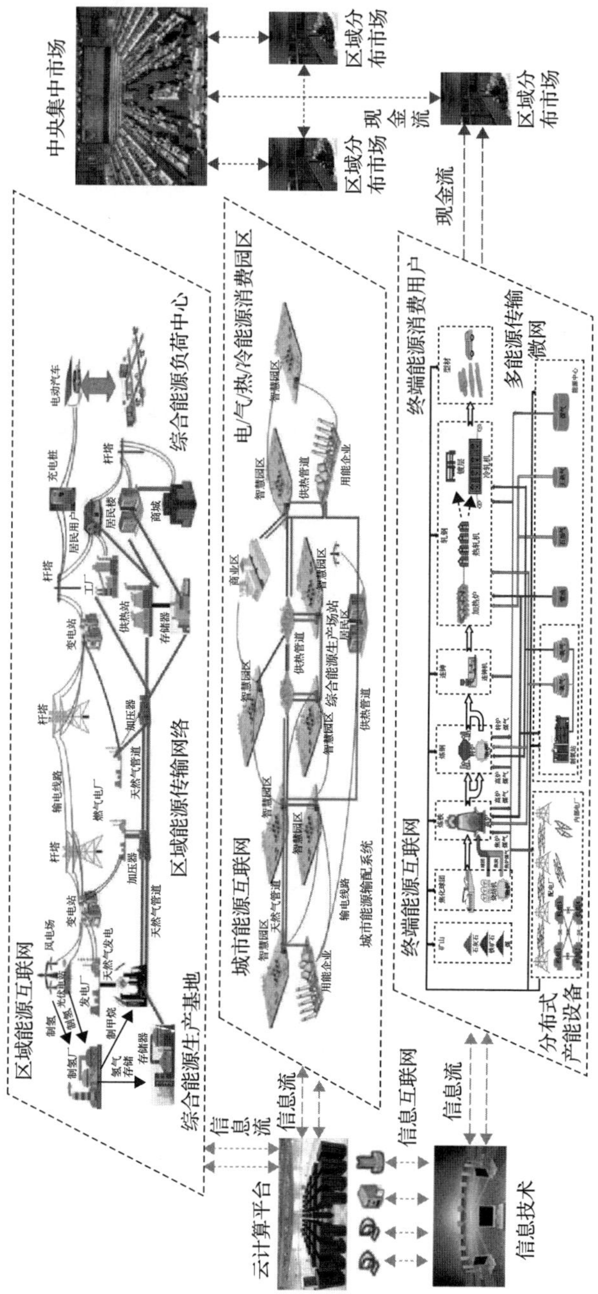

图2-6　能源互联网层级框架

2.4　能源互联网特征

能源互联网有如下特征。

1. 多能互补(供给形式)

支持多类型能源的综合供给，实现以电能为核心，包含可再生能源、化学能、热能等多种能源形式的互相转化与利用。

2. 多网耦合(物理网络)

实现多能源网络的系统集成,形成以电力网络为枢纽,涵盖天然气管网、供热网络、交通网络及多类型储能设备的一体化能源耦合系统。

3. 支持大规模分布式设备接入

支持海量分布式设备接入，实现分布式能源供给，推动分布式可再生能源的大规模利用。

4. 用户侧广泛参与(用户需求)

实现用户侧的广泛参与，具有开放、互联、以用户为中心、共享和对等等重要特征。

1) 开放

开放是能源互联网的核心理念，内涵丰富，主要体现为以下几点：多类型能源的开放互联、各种设备与系统的开放对等接入、各种参与者和终端用户的开放参与、开放的能源市场和交易平台、开放的能源创新创业环境、开放的能源互联网生态圈、开放的数据与标准等。

2) 互联

互联是开放的重要表现，为能源的共享和交易提供平台，连接供需，是能源互联网创造价值的基础。互联包括多种能源形式、多类能源系统、多异构设备、各类参与者等的互联。

3) 以用户为中心

以用户为中心是能源互联网在商业上取得成功的关键。只有用户认可和广泛参与，才能有效推动能源互联网在能源生产、运行、管理、消费、交易、服务等各环节创造价值。以用户为中心强调提供极致的用户体验，不但满足用户不同品位的便捷用能需求，还要满足用户便捷生产和交易能源的需求。

4) 共享

共享是能源互联网的精神，物理设备的开放互联如果缺少了共享的机制，也就无法形成有效的能源市场和良好的创新创业环境。

5) 对等

对等是能源互联网的形态之一，能源互联网需要打破垄断，去中心化，不同参与者之间处于对等的位置，在此基础上进行对等的交易。能源的生产和消费也是对等的，不再是单向的生产跟踪消费模式，而是双向甚至多边的。

5. 信息技术深度融合

强调信息技术的深度融合，以信息物理系统为基础，实现广域信息互动下的能源共享。

目前，能源互联网成为国际学术界和产业界关注的新焦点，也是能源行业继智能电网后又一前沿发展方向和重要课题。但能源互联网市场的相关研究刚起步，仍需不断探索。

2.5　能源互联网市场

在能源互联网发展过程中，由于传统电力、天然气等能源行业的封闭性、各类能源运行特性的固有差异以及不可忽视的技术壁垒等，短时间内在物理层面上实现多类型能源系统的联合规划和运行较为困难。因此，为了推动能源革命的进程，可以首先从市场角度切入，以价格激励为手段，通过实际的供需关系来促进能源的综合利用和高效配置。

本节首先给出能源互联网市场的初步定义，之后结合能源商品的特殊性，提出能源互联网市场的建设目标，并比较其与传统单一能源市场的异同点，最后，对能源互联网市场体系进行设计。

2.5.1　能源互联网市场的初步定义和建设目标

能源互联网的核心理念可以概括为多能互补、多网耦合、支持大规模分布式设备接入、用户侧广泛参与以及信息技术的深度融合。基于能源互联网的核心理念，本节提出了能源互联网市场的初步定义：能源互联网市场是在能源互联网背景下，以信息技术为支撑，以分布式主体为主要参与者，通过市场竞争，实现电力、天然气、热/冷、可再生能源等多类型能源综合交易以及优化配置的机制。

能源互联网市场建设的关键在于还原能源的商品属性。然而与一般商品相比，能源商品具有其特殊性，具体表现在：

(1)能源商品是关乎国计民生的重要战略物资，具有一定的公益性和管制性。

(2)能源商品多属于耗竭性资源，具有很强的稀缺性。

(3)能源商品的交易依赖于管网等基础设施，具有网络经济属性以及时空连续性。

(4)能源商品的生产和消费过程不可避免地对环境造成污染和破坏，具有负外部性。

因此，从能源商品的特殊性出发，结合能源互联网的核心理念，能源互联网市场的建设目标可以总结归纳如下：

(1)打破传统单一能源市场的壁垒和惯性，促进以电能为核心的多能源广泛共享和综合利用。

(2)实现能源供需动态平衡，提供安全、可靠、优质、经济的能源产品。

(3)利用互联网思维，打造多元化、分散化能源供给和灵活化、个性化能源消费的市场格局。

(4)激励新能源技术引入市场以及能源企业的自我革新，实现低碳经济和社会可持续发展。

2.5.2　传统单一能源市场与能源互联网市场

近年来，能源市场逐步解除管制，尤其是电力、天然气市场发生了结构性的调整以及重组。不同于电力、天然气的大规模集中供应，区域热/冷市场广泛存在分散供应和区域集中供应两种形式。其中，分散供应通过自备的锅炉、热泵、蓄冷器等设备满足自身用热/冷需求；区域集中供应通过热力管网实现某一地区的供暖/制冷，其对应的区域热/冷市场为本节主要讨论对象。与传统单一能源市场(包括电力市场、天然气市场、区域热/冷市场)相比，能源互联网市场在建设目标、市场类型、影响因素等方面具有明显的相同点，具体表现如下：

(1)传统单一能源市场和能源互联网市场的基本建设目标都是打破垄断、引入竞争，通过还原能源的商品属性实现资源的优化配置，提高能源利用效率。

(2)由于能源商品固有的公益性、管制性以及稀缺性，完全竞争很难实现，因此传统单一能源市场和能源互联网市场都属于非完全竞争市场。

(3)实现能源商品的正常流通是传统单一能源市场和能源互联网市场的根本任务，因此能源的传输与储存特性是市场建设的重要影响因素。

然而，与传统单一能源市场相比，能源互联网市场还有很多不同之处，如表 2-1 所示，其特殊性可以总结为以下 4 个方面。

表 2-1　传统单一能源市场与能源互联网市场对比

项目	电力市场	天然气市场	区域热/冷市场	能源互联网市场
市场主体(交易对象)	电力	天然气	热/冷	多元化，催生新种类
垄断程度	寡头垄断	寡头垄断	区域性寡头垄断	垄断竞争
交易规模	需要达到一定的规模	需要达到一定的规模	需要达到一定的规模	无规模限制
进出市场难易程度	比较困难	比较困难	比较困难	比较容易
博弈复杂程度	比较单一，主要存在发电商的博弈	比较单一，主要存在供气商的博弈	比较单一，主要存在供热商的博弈	比较复杂，出现分布式主体间的博弈
用户市场参与度	低	低	低	高
用能需求差异程度	基本无差别	基本无差别	基本无差别	较大差别，用能需求个性化
信息技术依赖程度	一般	一般	一般	高

1)支撑多类型能源的综合交易

实现多能源的综合交易是能源互联网市场的重要目标，而电、气、热等多能源耦合使得市场主体与交易对象更加多元化，并催生了新的种类。

2)实现大规模分布式主体的市场参与

分布式风电、光伏、储能等设备的大量接入对能源互联网市场提出了无差别对待市场参与主体、实现其对等互联与能源共享的要求。因此，与传统单一能源市场的寡头垄断属性相比，能源互联网市场进一步开放，竞争性显著增强，形成了垄断竞争市场。随之而来的是，能源互联网市场不再有交易规模限制，进出市场更加容易，博弈程度也更加复杂，博弈将延伸到小型分散化市场主体。

3)支持灵活、智能的能源消费

用户市场参与度显著提高，主要体现在购买能源的自主选择权增加、参与需求侧响应的积极性增强以及用户分布式能源共享成为可能。因此，用户的用能需求出现较大差异，催生了个性化、定制化的能源服务，促进了能源消费向灵活性、智能化方向发展。

4)信息技术依赖程度提高

能源互联网市场对信息技术的依赖程度进一步提高。信息的采集、传输、计算、分析和共享技术为市场运行提供决策支持，而信息安全也成为交易可靠性的重要保障。

2.5.3　能源互联网市场体系设计

借鉴一般商品的市场体系，本节按照市场主体、交易标的、市场构成、交易方式、运行机制 5 个层次对能源互联网市场体系进行设计。

1. 市场主体

能源互联网是包含电、气、热等多类型能源的复杂耦合系统，数量众多、种类丰富的元件组成了多元化的市场主体。能源互联网可以按照能源生产环节(源)-能源传输环节(网)-能源消费环节(荷)进行划分,各环节催生的市场主体如表 2-2 所示。

表 2-2　能源互联网各环节包含的元件与市场主体

结构划分		元件	市场主体
能源生产环节(源)	多能源生产设备	火电、核电、水电、风电、光伏、天然气气井等	集中式和分布式能源供应商
	多能源转换设备	热电联产机组、燃气轮机、电锅炉、电制气设备等	
	多能源存储设备	抽水蓄能、蓄电池、压缩空气储能、储气罐、储热罐等	
能源传输环节(网)	电力网络	长距离输网、短距离配网	能源传输商
	天然气网络	长距离输网、短距离配网	
	热力网络	短距离配网	
能源消费环节(荷)		工业用户、商业用户、居民用户	能源用户

基于能源互联网源-网-荷的整体架构，市场主体应包括能源供应商、能源传输商以及能源用户。此外，为了保证能源交易的正常有序进行，能源零售商和市场管理者同样不可缺少。因此，能源互联网市场主体可以划分为供-输-售-用-管五个部分。

1)供

能源供应商主要生产或提供电、气、热等能源商品，有集中式和分布式两种，包括供电商、供气商、供热商以及提供多能源的综合供应商等。

2) 输

能源传输商为各类能源商品的流通提供强有力的物质基础，包括输配电网运营商、天然气管道运营商以及供热网络运营商等。

3) 售

能源零售商主要从批发市场购买能源商品并销售给终端用户，包括电、气、热等单一零售商以及综合能源零售商等。除此之外，大量分布式能源生产、转换和存储设备的出现，催生了能源服务商这一新型市场主体。能源服务商用于管理和经营各类分布式能源或者为用户提供各种增值服务，包括能源微网运营商，分布式风电、光伏、储能装置、电动汽车/充电桩等灵活性资源运营商以及能源咨询、管理、信息服务公司。例如，随着电、气、热等储能技术的发展，将会新兴一批储能公司利用能源价差套利或者为用户提供储能租赁业务。

4) 用

在能源互联网模式下，用户积极参与需求侧管理，增加了需求侧资源的可控性。此外，用户不再是单纯的能源消费者，也可以生产和出售能源，形成了新的产销型能源用户。例如，带有自备热电厂的工业用户可以将多余的发电量和热量卖给其他用户；拥有屋顶光伏的居民用户可以在用电高峰时期为其他用户提供电能，缓解用电压力。产销型能源用户的出现有利于增强能源消费的需求弹性，极大地提高了需求侧的市场参与度。

5) 管

能源互联网市场的安全有效运行需要完善的技术和政策支持。由于电力、管道天然气等能源商品对于时空连续性具有很强的要求，因此必须建立多级能源调度机构从而实现能源供需的实时平衡，保证能源质量，维护能源输送的安全性。除此之外，有必要成立多类型交易中心确保不同能源交易的顺利完成，并建立市场监管部门制定和规范市场行为活动，促进市场的健康有序发展。

值得注意的是，能源互联网市场是在现有能源市场基础上建立和发展的，因此存在兼具不同主体性质的市场参与者，如具有配电网运营业务的电力零售商、拥有储气租赁服务的天然气管道运营商、可同时提供能源商品和增值服务的能源零售商等。

2. 交易标的

交易标的即用于市场交换活动的各种交易对象。能源互联网市场中商品种类丰富多样，存在如下交易标的。

1）基本能源商品

电、气、热等多类型能源商品是能源互联网市场中最核心的交易对象。电商品为不计发电形式的电量和容量，热商品同样为不计产热形式的热量。天然气商品为气量，可以分为管道天然气、液化天然气(LNG)以及压缩天然气。其中管道天然气的流通依赖于天然气网络的建设和运营，是能源互联网市场的关注重点。能源消费本质是获取生产和生活所需的光、热以及动力，电、气、热等商品只是能源的外在形式，在一定程度上可以相互转化或替代。因此，用户能源需求可以用“一体化能源商品”来描述，即将电、气、热需求用统一单位表述，从而催生更为自由灵活的能源交易。

2）辅助服务商品

为了完成能源商品输送、保证能源商品质量以及维护系统安全运行所采取的一切辅助措施都属于辅助服务。多能耦合导致能源互联网市场的辅助服务商品更加多元化，主要包括电、气、热等各类型备用，电压和气压支撑，可中断或可控制负荷以及黑启动等。

3）增值服务商品

随着能源互联网中产销型能源用户的增多以及市场参与意识、节能环保意识的加强，用户不再单纯局限于能源消费，而是出现了对增值服务的新需求。各类负荷和新能源的准确预测、不同类型用户的用能行为分析以及用能方案的定制化咨询管理等增值服务商品都将为客户带来可观的经济效益以及别致的用能体验。而信息技术与能源系统的深度融合也为基于数据分析的各种增值服务商品提供了有力的技术支持。

4）金融衍生商品

能源互联网市场化程度越高，能源的金融属性越凸显。为了进一步增加交易的流动性，降低市场风险，开发合理的金融衍生商品不可或缺。例如，电、气、热等能源期货和期权，电、气、热等能源输送权以及碳排放权等环境权益类金融衍生商品对于促进能源互联网市场的稳定繁荣以及实现全社会的节能减排起到了重要的作用。

3. 市场构成

按照交易时间尺度的不同，能源互联网市场可以分为短期市场、中期市场和长期市场。短期市场为现货市场，根据交易商品的不同，对应的时间范围也不尽相同。对于电力交易，由于电能不能大规模储存，其生产、输送、分配以及使用必须同时完成，因此电力现货市场一般由日前、日内以及实时市场组成。与电力相比，天然气具有易于大规模储存的特点，目前主要有管道储气、LNG 储气及地下储气三种方式。因此，天然气现货交易一般指 30 天以内(最长不超过 3 个月)的短期交易。考虑到电、气、热等能源商品传输和储存特性的差异，将短期市场继续分为实时、日前以及数天三个阶段。为了有效规避现货市场中普遍存在的价格风险，需要在能源互联网市场中建立远期市场以及期货市场。远期市场和期货市场都属于中长期市场，区别主要在于交易合约是否标准化。

能源互联网中不同时间尺度的市场涉及的商品类型，即交易标的与市场构成的对应关系如表 2-3 所示。作为最核心的交易对象，电、气、热等基本能源商品的交易普遍存在于短期、中期和长期市场。辅助服务商品种类繁多，借鉴电力辅助服务市场的经验，对于需求量变化不大、供应量主要由设备特性决定的辅助服务商品，主要建立中长期市场，例如，可中断/控制负荷以及黑启动服务等。而对于短时间内需求变化很大、市场交易受供应量变化影响较大的辅助服务商品，一般建立短期市场。例如，目前电力备用的交易主要在日前和实时市场中开展，且备用和能量联合出清模式得到了广泛的应用。此外，各类型增值服务商品主要在短期市场中交易，而金融衍生商品适用于中长期市场。

表 2-3　能源互联网市场交易标的与市场构成的对应关系

交易标的	短期市场	中期市场	长期市场
基本能源商品	√	√	√
辅助服务商品	√	√	√
增值服务商品	√		
金融衍生商品		√	√

4. 交易方式

市场交易方式主要有双边交易和集中交易两种，以多类型能源综合交易为研究对象，能源互联网市场的交易方式应以双边交易为主，并设置必要的集中交易环节。该交易方式适用于电、气、热等不同类型能源的单独交易以及组合交易。

双边交易是指交易双方自主协商签订合同，约定在未来的某一确定时间、按照事先商定的价格、以预先确定的方式买卖一定数量的某种标的物。因此，双边合同的要素主要包括交易标的、交易数量、交易时间、交易价格以及交割方式(如物理合同或金融合同)等。双边交易是能源互联网市场的基本交易方式，普遍适用于非实时的短期市场以及中长期市场。

由于能源互联网负荷预测的不准确性、设备故障停运的随机性以及网络传输容量的有限性等，双边合同规定的交易量与实际需求量间往往存在不平衡。为了保证能源供需的实时平衡，在短期市场尤其是实时市场必须设置集中交易环节。集中交易是指市场参与者根据报价规则向市场组织者，如交易中心报价，交易中心按照竞价规则统一进行市场出清，并确定每个市场参与者的中标量和中标价格。因此，集中交易的关键在于制定合理的报价规则和竞价规则。考虑到天然气、热力具有较大惯性，能源互联网实时市场针对不同类型能源的出清周期有所差异。例如，天然气、热力的集中交易可以每小时进行一次出清，电力集中交易可以参考美国中部独立电力系统运营商(MISO)电力实时市场交易机制，出清结果每 5min 滚动一次。

能源互联网不同时间尺度的市场适宜采用的交易方式如表 2-4 所示。随着能源互联网市场的不断成熟，为了进一步还原能源的商品属性，除短期实时市场以外，其余市场集中交易的成分将逐渐降低。

表 2-4　能源互联网市场适宜采用的交易方式

市场构成	时间范围	交易方式
短期市场	实时	集中交易
	日前	双边交易、集中交易或两者相结合
	数天	以双边交易为主
中期市场	数月	以双边交易为主
长期市场	数年	以双边交易为主

5. 运行机制

运行机制是能源互联网市场实现资源优化配置的根本保证，由价格、供求、竞争、结算和激励等机制构成。其中，价格机制处于核心地位。

1) 价格机制

对于能源互联网市场，价格机制是实现市场调节作用的集中体现，与交易方式以及能源类型有关。对于双边交易，主要为交易双方协商定价；对于集中交易，可以根据能源类型选择采用撮合价格、系统边际价格、分区边际价格以及节点边际价格等不同的定价机制。目前，在电力市场中普遍承认节点边际价格在价格引导和阻塞管理等方面具有优越性；边际成本定价方法在瑞典、芬兰等市场自由度较高的区域热力市场有所应用。考虑到能源互联网市场的网络经济属性，辅助服务以及输配费用的定价机制必不可少。国际上现行输配电价以“成本+收益”的定价方法为主，还出现了最高上限以及基于成果的激励性管制办法；天然气管输价格的确定方法主要有服务成本定价法、价格帽定价法等。

2) 供求机制

在传统能源市场中一般认为能源需求是刚性的，对能源价格变化不敏感。而能源互联网市场中多能互补系统的形成、大量分布式设备的接入以及产销型能源用户的出现，促进了能源替代和共享，增加了需求侧的灵活性。此外，随着市场观念和节能意识的加强，用户会主动根据市场价格改变用能类型和用能时间并积极参与需求侧响应，从而进一步增强了能源需求弹性，有利于市场供求平衡。

3) 竞争机制

竞争机制是能源互联网市场优胜劣汰的手段并产生极大的社会价值。例如，美国各区域性电力市场通过引入电力零售服务竞争机制，使得零售价格有效降低，从而为用户节省了总额巨大的开支。因此，能源零售商为了提高自身竞争力，需要增加用户的能源选择权，如提供电、气、热等能源的不同组合产品，同时开展个性化的增值服务以增强用户黏性。能源互联网环境下大数据处理、分析和挖掘能力将成为市场主体的核心竞争力之一。

4) 结算机制

能源商品的交易达成时间与实际交割时间不同，且大规模分布式交易的出现导致双向的能量传输，因此建立合理的结算机制对于维护市场主体利益、规范市场交易行为起到了重要的作用。例如，美国 PJM(Pennsylvania-New Jersey-Maryland) 电力市场通过建立日前市场和实时市场的双结算机制，有效规范结算工作、提高结算效率并降低结算风险，具有很好的参考价值。

5) 激励机制

为了调动市场积极性，促进社会节能减排，需要制定相应的激励机制。例如，合理的用户侧补贴政策可以刺激用户自主安装分布式新能源、使用电动汽车以及参与中央空调集中控制等需求侧管理；可再生能源的大规模利用依赖于激励政策的出台与实施，例如，美国、挪威、瑞典等国家通过采用可再生能源配额制与绿色证书交易相结合的方式保证了可再生能源发电的市场份额。

此外，政府和市场监管部门还需要制定相应的制度来明确主体义务、规范交易行为。例如，制定能源供给及消费偏差考核制度从而加强市场交易的专业性；规定能源传输商必须提供同等质量、公平开放的输配服务，杜绝不正当竞争；设置市场报价上下限，防止新能源厂商因边际成本低而恶意报低价等。

综上所述，本节构建了市场主体为“供-输-售-用-管”、交易标的为“基本能源商品-辅助服务商品-增值服务商品-金融衍生商品”、市场构成为“短期市场-中期市场-长期市场”，交易方式为“双边交易和集中交易”、运行机制有“价格机制-供求机制-竞争机制-结算机制-激励机制”的适应新能源发展的能源互联网市场运营体系。

第3章　灵活调节容量市场构建

3.1　研究背景

3.1.1　必要性和意义

1. 研究的必要性

西北地区风能、太阳能资源富集，在国家推进清洁低碳转型的战略部署下，近年来新能源发展迅速，形成多个规模化的非水可再生能源产业集群，其随机、波动、间歇的发电特性对电网调峰提出严峻考验，系统调峰能力不足、灵活调节资源短缺，成为西北区域弃风弃光问题的重要原因。

按照中央领导指示精神，国家电网把服务清洁能源发展作为重要的政治责任、社会责任，立足电网本职，多措并举，综合施策，通过加大新能源跨省跨区消纳力度、创新新能源跨省跨区交易品种、促进新能源电量参与市场交易等方式，使得新能源消纳明显好转，发电量及占比持续“双升”，弃电量和弃电率持续“双降”。2019年把弃风弃光率控制到5%，提前一年完成原定目标。

新能源是能源转型发展的重要力量，未来还将持续发展。2020年，可再生能源电力消纳保障机制和权重指标正式开始施行，非水可再生能源补贴政策调整，青豫直流和准东直流的配套新能源陆续大规模投产，西北区域将迎来一波较为集中的风电、光伏和光热并网高峰，略有好转的新能源消纳形势可能再度恶化。因此，有必要开展促进灵活调节资源发展的体制机制，形成促进灵活调节资源发展的容量市场体系，促进电力行业的科学发展，提升西北区域新能源消纳水平。

2. 研究的意义

本书研究成果将有利于通过市场机制推进电源侧调节能力和需求侧激励机制建设，为新能源发展拓展空间。电源侧，通过可调节容量市场解决火电企业灵活性改造投资成本较高和水电扩容增量成本回收问题，推进各类灵活调节电源建设，并使其能够提供调峰服务。需求侧，通过新能源可调节容量市场，补偿激励电化学储能和蓄热清洁供暖项目，降低投资成本和运营费用，推进蓄热电采暖方式的清洁供暖和新型储能技术发展。

3.1.2　国内研究情况与最新进展

1. 国内研究情况

喻芸和鲁刚等学者认为，容量市场通过在电力市场中增加容量这一交易商品，以双边交易、集中拍卖等方式获得未来几年可用的发电容量。梁青等学者通过对可靠性定价模型的主要特点、清算机制和运行结果展开研究，对华东区域市场的容量市场建设提出了一些建议。

2. 国内研究最新进展

黄海涛和许佳丹(2022)以容量市场为重点，比较分散式、集中式和可靠性期权 3 类市场模式，归纳了以容量配额、资格审查和市场交易为核心制度的基本框架体系，研究了各个市场拍卖制度设计和容量需求曲线计算方法，提出与中国电力市场建设发展相适应的分阶段建议。刘硕和于松泰(2022)考察了市场中各机组单位有效容量的成本缺额的平均值，确定了单位有效容量的成本补偿价格，并据此对机组容量补偿价格进行结算，结果表明，随着可再生能源渗透率的不断提高，需要容量补偿的火电机组逐渐增加，容量补偿收益占总收益比例不断增加，容量补偿机制重要性将不断凸显。

3.1.3　国外研究情况与最新进展

1. 国外研究情况

目前，美国 PJM 电力市场、英格兰独立系统运营商(ISO-NE)、MISO、纽约独立系统运营商(NYISO)、英国电力市场和北欧四国(瑞典、丹麦、挪威、芬兰)电力市场在电力能量市场外均引入了集中式的容量市场。其中，美国 PJM 电力市场经历了从设立之初的容量信用市场(capacity credit market)到可靠性定价模型(reliability pricing model，RPM)的转变。

2. 国外研究最新进展

Byers 等学者对包括 PJM 电力市场在内的美国各容量市场的运行状况进行了总结，并且提出，除了产生促进投资的信号之外，容量市场还应该具备引导容量资源退出市场的功能。Bublitz 等(2019)发现，在市场机制下，可靠性目标的达成需要通过足够高的市场价格来刺激足够的供应侧投资。电力市场的价格水平不仅要足以覆盖运行成本，也要能够补偿固定成本，在可再生能源迅速扩张的转型阶段，容量市场建设迫在眉睫。

3.1.4　主要解决的问题

1. 西北新能源发展趋势和可调节容量需求

结合《“十四五”现代能源体系规划》，需要统筹新能源发展、抽蓄电站建设、火电机组改造、电网发展规模等专项，科学测算适应新能源发展的西北电网中长期灵活调节容量需求，测算新能源发展可调节容量缺口规模。

2. 灵活调节资源经济成本特性比对分析

开展储能资源、水电调峰、热电解耦等多种类灵活调节资源在投资成本、运行成本、价格形成等方面的市场化途径比较，探索适应新能源发展的最优灵活调节资源匹配组合。

3. 西北区域灵活可调节容量市场体系设计

综合考虑供需平衡能力、成本补偿机制、市场化激励机制等内容，按照市场建设核心要素和规则流程，构建电力调节容量市场体系，统筹考虑灵活调节容量市场、合约市场、现货市场、调峰辅助服务市场的协同运营问题。

4. 西北电网典型省份容量市场测算

以风电、光伏发电规模较大的甘肃和水电开发规模较大的青海为典型案例，开展可调节容量经济技术分析和市场体系构建，通过容量市场激励机制，解决西北电网可调节容量不足的问题。

3.2　研究内容和方法

3.2.1　基础数据支撑

1. 采用的基础数据及来源

(1)《电力发展“十三五”规划(2016—2020年)》。数据来源：国家能源局。

(2)储能、水电调峰、热电解耦典型工程投资、运行相关基础参数。数据来源：电力规划设计总院、中国电力工程顾问集团西北电力设计院有限公司近年涉及的相关储能、水电调峰、热电解耦工程数据等。

2. 基础数据分析

(1)基于《电力发展“十三五”规划(2016—2020 年)》相关数据，测算 2025 基准年西北区域可能存在的灵活调节资源缺口规模。

(2)基于储能、水电调峰、热电解耦工程投资、运行相关基础参数，分析西北区域典型的灵活调节资源品种及其成本特性。

3.2.2 主要研究内容

1. 国外典型发电容量保障机制的实践与启示

主要对已有国外发电容量保障机制的具体实现机制、背景进行逐一剖析，以期为后续容量市场的设计提供基础和支撑。

在国外电力市场设计中，容量市场相关机制的设计通常与发电容量充裕度紧密联系，英国和美国 PJM 中长期容量市场为高度受管制市场，带有政府定价性质；美国得克萨斯州市场注重短期价格分量，为中度受管制市场，带有政府定价性质；澳大利亚市场注重短期尖峰报价，为高度自由市场，允许策略性报价。

英国电力市场中，随着新能源发电的快速发展，原有的平衡状态被打破。新能源发电对传统电源发电量的挤占效应明显，1990 年至 2017 年典型年份英国各类电源发电量统计如表 3-1 所示。除此之外，由于新能源发电价格受差价合约保护，为更多地抢占市场份额，其在市场报价中更倾向于低价竞争策略，致使电力批发价格涨幅相对有限。上述双重因素叠加，致使传统电源企业盈利能力出现较大幅度的滑坡。

表 3-1　英国典型年份各类电源发电量　　(单位：TW·h)

发电类型	1990 年	2000 年	2010 年	2017 年
燃煤发电	229.8	120.0	107.6	22.5
燃油发电	20.7	13.6	10.5	9.7
燃气发电	0.4	148.1	175.7	136.7
核电	63.2	85.1	62.1	70.3
水电	5.6	5.1	3.6	5.9
风电、光伏发电	—	0.9	10.3	61.5
其他可再生能源	—	4.3	12.3	31.9
总发电量	319.7	377.1	382.1	338.5

因此，考虑到未来负荷可能出现的快速增长以及新能源并网对传统支撑性电源的需求增加，为避免出现电力供应不足以及批发市场价格大幅攀升等问题，英国于 2013 年推出发电装机容量市场。

美国 PJM 电力市场中，容量市场包括 1 个基本拍卖市场、3 个追加市场和 1 个双边市场。在基本拍卖市场中，容量市场的需求曲线由电力管理机构基于可靠性定价模型确定。PJM 基本拍卖市场的运作流程如下：①由电力管理机构基于系统可靠供电的考虑，设定系统备用裕度的目标值以及不同备用裕度水平对应的容量电价水平，进而形成容量需求曲线的设计参数。②PJM 市场在每个容量交付年到来之前的第三年开启容量市场，容量市场采用集中竞价模式。容量市场的需求曲线基于设定的设计参数、负荷预测信息、新投机组成本预测信息确定。③现有发电商及潜在的发电商在容量市场中进行容量投标。PJM 根据发电商的容量投标形成容量支付年的容量供给曲线。供给曲线与需求曲线的交汇点所对应的容量出清价格为容量支付年系统内所有机组的容量结算价格。PJM 基于可靠性定价模型的需求曲线如图 3-1 所示，曲线绘制参数如表 3-2 所示。

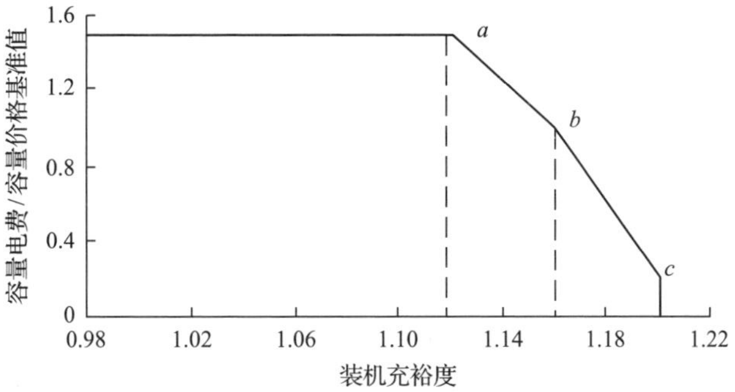

图 3-1　PJM 电力市场需求曲线

其中，需求曲线横坐标为装机充裕度 IRM，装机充裕度的计算公式如式(3-1)所示；纵坐标为容量电费与容量价格基准值的比值。在 PJM 电力市场中，系统目标装机充裕度 IRM_{set} 被设定为 1.15。

$$IRM = (1 - P_f)V_{cap}/V_n \tag{3-1}$$

式中，P_f 为系统内机组的平均强迫停机率；V_{cap} 为容量支付年系统的可用装机容量；V_n 为容量支付年系统的容量需求。

表 3-2 RPM 需求曲线的绘制参数

点	容量电费	备用裕度
a	1.5×容量价格基准值	IRM_{set}×（1–3%）
b	容量价格基准值	IRM_{set}×（1+1%）
c	0.2×容量价格基准值	IRM_{set}×（1+5%）

2. 西北区域新能源消纳形势预判

对应于西北区域灵活调节资源的需求分析，基于 2025 基准年设定的边界条件，针对陕西、甘肃、青海、宁夏、新疆五省(区)分析可能存在的灵活调节资源缺口规模。

1)陕西电网

2025 年陕西电网最大风电、光伏装机规模为 20000MW、25000MW，总弃电率为 5.7%，如图 3-2 所示。

2)甘肃电网

2025 年甘肃电网最大风电、光伏装机规模为 19000MW、10260MW(仅含祁韶直流)，如图 3-3 所示。

3)青海电网

2025 年青海电网最大风电、光伏装机规模为 14000MW、21000MW，如图 3-4 所示。

4)宁夏电网

2025 年宁夏电网最大风电、光伏装机规模为 19000MW、13000MW，总弃电率约为 5.6%，如图 3-5 所示。

5)新疆电网

2025 年新疆电网可消纳风电、光伏 45000MW、17000MW，考虑哈密北—重庆特高压直流工程时风电、光伏规模为 46000MW、18000MW，如图 3-6 所示。

3. 灵活调节资源及其成本特性

这里对应于西北区域灵活调节资源的供给侧分析。首先对灵活调节资源进行界定，并对西北区域典型的灵活调节资源品种及其成本特性进行分析。

2025年陕西消纳生产模拟

参数	方案A	方案B	方案C	方案D	方案E
风电装机/万kW	1600	1700	1800	1900	2000
光伏装机/万kW	2100	2200	2300	2400	2500
弃电率/%	2.50	3.20	3.90	4.80	5.70
火电小时数/h	3653	3608	3564	3521	3481
风电小时数/h	2028	2008	1990	1968	1949
光伏小时数/h	1257	1253	1245	1238	1226
新能源总发电量/(亿kW·h)	589	617	645	671	697
其中：1.内用电量/(亿kW·h)	431	459	487	513	539
内用占比/%	18	20	21	22	23
2.外送电量/(亿kW·h)	158	158	158	158	158
外送占比/%	30	30	30	30	30

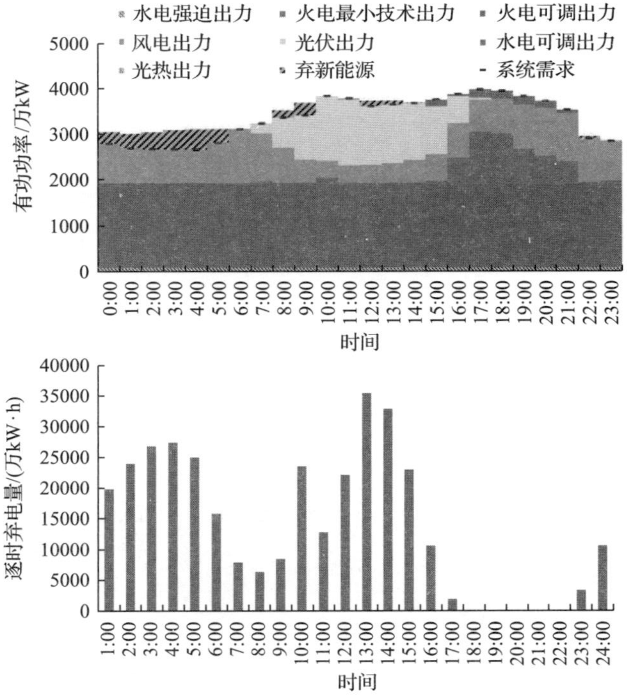

图3-2　2025年陕西电网新能源消纳形势(彩图扫二维码)

2025年甘肃消纳生产模拟

参数	方案A	方案B	方案C	方案D
风电装机/万kW	1777	1900	1800	1700
光伏装机/万kW	1026	950	950	950
负荷/万kW	1800	1800	1800	1800
直流电量/(亿kW·h)	480	480	480	480
火电电量/(亿kW·h)	1262	1250	1266	1283
水电电量/(亿kW·h)	403	403	403	403
风电电量/(亿kW·h)	390	414	397	378
光伏电量/(亿kW·h)	143	132	133	134
光热电量/(亿kW·h)	82	82	82	82
弃电率/%	5.6	6.3	5.3	4.5
火电小时数/h	3832	3795	3844	3896
风电小时数/h	2195	2178	2203	2224
光伏小时数/h	1397	1390	1398	1408
光热小时数/h	3787	3777	3795	3819
非水新能源电量/(亿kW·h)	615	627	611	594

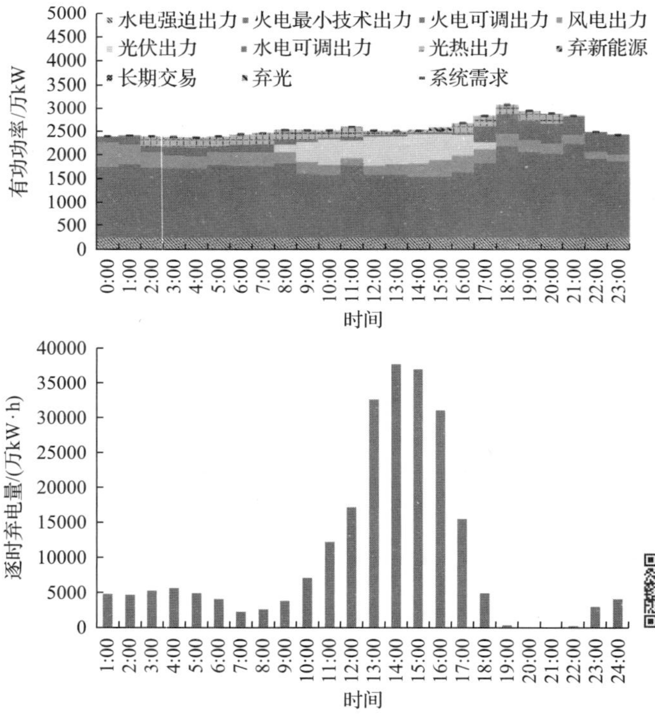

图3-3　2025年甘肃电网新能源消纳形势(彩图扫二维码)

2025年青海消纳生产模拟

参数	方案A	方案B	方案C
风电装机/万kW	1300	1300	1400
光伏装机/万kW	2000	2100	2100
负荷/万kW	1031	1031	1031
直流电量/(亿kW·h)	358	358	358
火电电量/(亿kW·h)	230	224	213
水电电量/(亿kW·h)	497	497	497
风电电量/(亿kW·h)	216	214	228
光伏电量/(亿kW·h)	289	299	296
光热电量/(亿kW·h)	157	156	155
弃电率/%	5.0	6.4	7.2
火电小时数/h	3832	3726	3557
风电小时数/h	1665	1647	1631
光伏小时数/h	1446	1424	1411
光热小时数/h	3207	3188	3158
非水新能源电量/(亿kW·h)	663	669	679

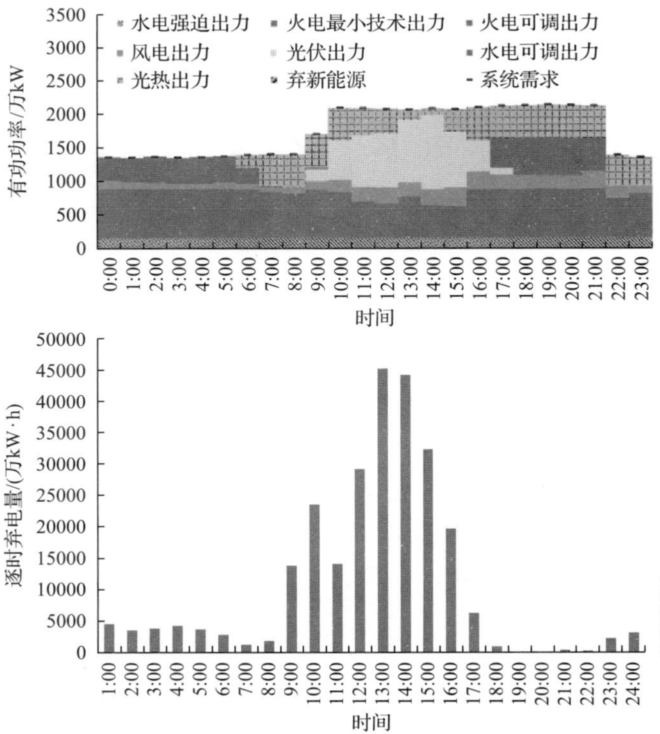

图3-4　2025年青海电网新能源消纳形势(彩图扫二维码)

2025年宁夏消纳生产模拟

参数	方案A	方案B	方案C	方案D
风电装机/万kW	1700	1700	1800	1900
光伏装机/万kW	1150	1300	1300	1300
负荷/万kW	1452	1452	1452	1452
直流电量/(亿kW·h)	842	842	842	842
火电电量/(亿kW·h)	1795	1777	1777	1749
水电电量/(亿kW·h)	19	19	19	19
风电电量/(亿kW·h)	320	318	333	348
光伏电量/(亿kW·h)	161	181	180	178
弃电率/%	3.3	3.8	4.7	5.6
火电小时数/h	4801	4753	4716	4679
风电小时数/h	1883	1870	1850	1832
光伏小时数/h	1399	1391	1383	1372
非水新能源电量/(亿kW·h)	481	499	513	526

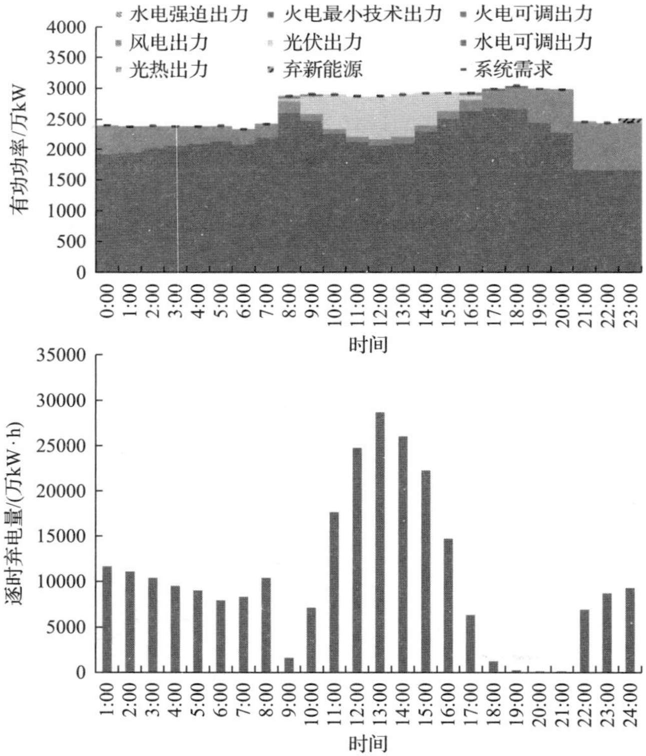

图3-5　2025年宁夏电网新能源消纳形势(彩图扫二维码)

2025年新疆消纳生产模拟

参数	方案A	方案B	方案C	方案D	方案E
风电装机/万kW	4100	4200	4300	4400	4500
光伏装机/万kW	1700	1700	1700	1700	1700
负荷/万kW	3962	3962	3962	3962	3962
直流电量/(亿kW·h)	1223	1223	1223	1223	1223
火电电量/(亿kW·h)	3368	3348	3330	3313	3295
水电电量/(亿kW·h)	565	565	565	565	565
风电电量/(亿kW·h)	995	1016	1033	1051	1069
光伏电量/(亿kW·h)	258	256	257	257	256
弃电率/%	4.42	4.82	5.26	5.79	6.24
火电小时数/h	4131	4108	4085	4064	4042
风电小时数/h	2427	2420	2403	2388	2375
光伏小时数/h	1516	1505	1511	1511	1508
非水新能源电量/(亿kW·h)	1253	1272	1290	1307	1325

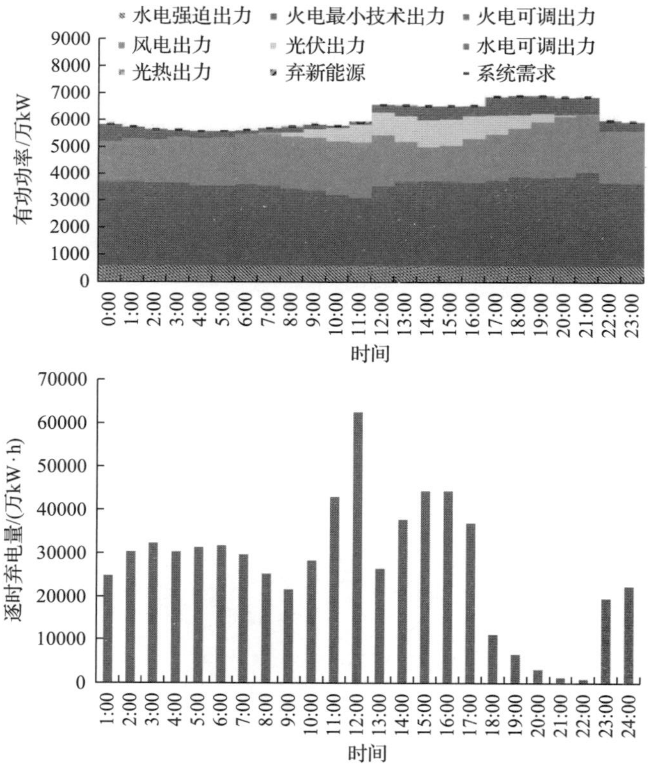

图3-6　2025年新疆电网新能源消纳形势(彩图扫二维码)

为了比较不同灵活调节资源的社会成本，现基于如下公式计算不同灵活调节资源的单位年调峰成本：

$$\text{单位年调峰成本}=\left|\text{期初静态投资}+\sum_{i=1}^{n}\left(\text{年成本}\times\frac{1}{(1+i)^{n}}\right)\right|\times\frac{i(1+i)}{(1+i)^{n}+1}\div\text{调峰能力} \tag{3-2}$$

式中，i 为折现率，取十年期长期国债利率(3.30%)；n 为经济寿命。计算结果如表 3-3 所示。

表 3-3 不同灵活调节资源技术经济参数和调峰成本比较

灵活调节资源类型	期初静态投资/万元	年成本/万元	经济寿命/年	调峰能力/MW	调峰成本/(万元/MW)
磷酸铁锂电池储能	48346	90.00	25	45	66
铅碳电池储能	33000	90.00	10	40	100
水电基坑预留	283800/120000	2696.10/1140	20	300	74/31
热电厂配置储热罐	10250	0.43	15	280	3
电锅炉与储热罐配套	9375	0.00	15	75	11

通过比对分析可知，热电厂配置储热罐的调峰成本最低，为 3 万元/MW；其次是电锅炉与储热罐配套方案，为 11 万元/MW；铅碳电池储能调峰的经济性较差，调峰成本为 100 万元/MW。

不同灵活调节资源调峰成本电价如表 3-4 所示。

表 3-4 不同灵活调节资源调峰成本电价比较

灵活调节资源类型	调峰成本电价/(100 万元/(MW·年))	备注
磷酸铁锂电池储能	761	按日调峰 1.5 次考虑
铅碳电池储能	1146	按日调峰 1.5 次考虑
水电基坑预留	620/262	按日调峰 8h 考虑
热电厂配置储热罐	320	低于 50%负荷率计补偿电量
电锅炉与储热罐配套	264/528	所有电量/部分电量获得补偿

热电厂配置储热罐调峰成本电价相对较低(水电基坑预留按水电企业上报数据成本最低，但按造价拆解成本相对较高)，在调峰市场竞争中相对占优，

储能则由于成本偏高而导致竞争排序相对靠后。

4. 西北电网灵活调节容量市场设计

基于供给侧与需求侧的分析，对西北区域建立灵活调节容量市场的必要性进行分析，并借鉴国外容量市场建设经验，对西北区域灵活调节容量市场进行初步设计。

1) 灵活调节容量市场需求的确定

(1) 灵活调节容量市场的预测与实施周期。灵活调节资源提供者以储能、火电灵活性改造、水电扩容等类型为主，实施工期普遍小于一年。而且灵活调节资源的需求引致者——风电、光伏的建设期也普遍小于一年。从预测准确性与可操作性角度考量，建议灵活调节容量市场在实施调节资源交付年前一年的年初开展目标容量预测与招标工作。

(2) 灵活调节容量市场的预测主体与依据。由于政府能源主管部门对下一年度风电、光伏的建设时序与建设规模更为熟悉，而电力调度机构对系统运行约束有更为全面的计算工具，建议由政府能源主管部门委托电力调度机构，开展灵活调节容量市场的目标容量预测工作。

2) 容量价格形成机制

灵活调节容量市场需求曲线采用政府定价框架下倾斜向下的需求曲线，如图 3-7 所示。

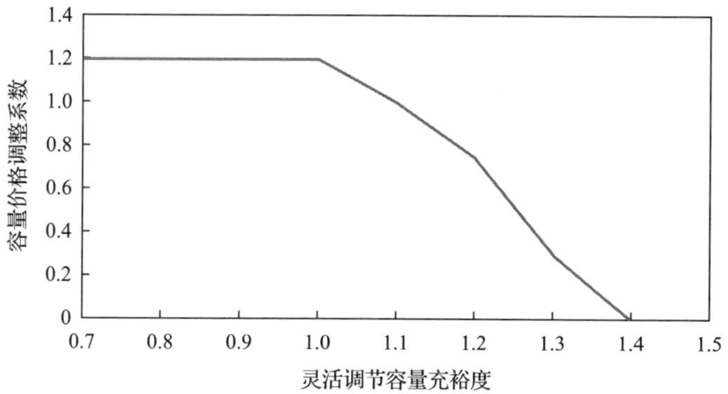

图 3-7　西北电网灵活调节容量市场需求曲线

其中，横坐标为灵活调节容量充裕度 ξ，ξ=灵活调节容量供应量/目标容量；纵坐标为容量价格调整系数 σ，以充裕度 1.2 所在的点为例，此点对应的需求价格为 $\sigma\times$容量价格基准值，即 1.2×容量价格基准值。

容量价格基准值以风电、光伏企业可承载的分摊费用为限反算得到。具体计算方式如下。

(1) 风电、光伏企业可承载的分摊费用上限计算。参照风电、光伏实际结算电价水平及发电利用小时数，对容量交付年预测的利用小时数、电价水平进行预测，并计算典型风电、光伏机组的成本电价及实际盈利情况。预测电价减去成本电价后乘以预测年发电量计算风电、光伏企业可承载的分摊费用上限。

(2) 容量价格基准值的确定。当部分机组按分摊原则计算的分摊费用超过其承受限度时，对调峰辅助服务市场中的调峰单价(或报价上限)进行调减，直至达到机组可承受边界。此时，形成的调峰单价为修正后的调峰市场单价(或报价上限)。而剩余未能在主市场中回收的费用，则纳入灵活调节容量市场回收。

以调峰市场中作为边际机组的灵活调节资源作为计算案例，基于修正后的调峰市场单价(或报价上限)计算其可在调峰市场全年获得的成本补偿规模 Ω；根据年度成本补偿诉求 Φ，计算得到容量市场中的容量价格基准值 P_{base}。

$$P_{\text{base}} = \Phi - \Omega \tag{3-3}$$

3) 容量市场参与主体

容量市场的参与主体包括购、售两个方向。对于灵活调节容量的购买主体而言，由于需求曲线带有明显的政府总量控制特征，且容量信用模式也已在 PJM 电力市场被实践验证存在容量市场价格大幅波动的问题，因此，借鉴国外实践的经验与教训，灵活调节容量市场设计时购买方设定为政府授权的电网企业单一买方市场。对于市场售方，则允许所有可以提供灵活调节资源的主体参与，为了与调峰辅助服务市场相衔接，市场参与主体的资格限制与有偿调峰的界定要求相一致。

4) 西北电网灵活调节容量市场工作流程

西北电网灵活调节容量市场按操作阶段可分为 4 个部分。

(1) 目标容量的确定。该部分的主要任务是制定容量需求曲线。①省级能源主管部门：确定灵活调节容量市场目标容量计算的边界条件，前期可暂按弃风弃光率不超过 5%为计算边界，汇总下一年度风电、光伏装机。②电力调度机构：采用调度模型进行目标容量计算。③第三方评估机制：负责目标容量的校验与复核。

(2) 资格和拍卖。容量市场是技术中立的，所有现有的和新建的容量都有资格参加容量市场的拍卖。为了提高交易效率，市场采用拍卖或集中竞价方式，最终满足容量需求的容量提供者成为价格设定者，这一价格也就成为拍卖出清价格，每位竞标成功的容量提供者均按此价格进行结算。

(3) 容量交付。竞标成功的容量提供者将在交付年得到相应的报酬，同时需要履行在交付年有需要时提供调峰服务的义务。否则就要面临相关的罚款。

(4) 费用结算。容量市场资金结算任务交由各省区电力公司负责。容量合同的费用将根据用电份额向用户分摊，经结算机构支付给灵活调节容量提供者。如果容量提供者面临罚款，罚款也会经结算机构交给用户。

5) 西北区域典型省份案例分析

以甘肃、青海两省为例，对上述灵活调节容量市场设计方案进行案例分析，基于相应省份典型日负荷曲线(图 3-8 和图 3-9) 估算不同新能源承受价格限度情景下的调峰补偿分摊规模及灵活调节容量价格。

估算过程首先假设弃风、弃光时段由灵活性改造后的火电和水电预留基坑进行调峰。其中，火电有偿调峰基准为 50%，下限设为 30%；水电有偿调峰基准为强迫出力时的负荷率。而后，可得到调峰后各类型电源的出力曲线。对于某单位调峰时段，火电、水电机组调峰补偿金额等于该时段有偿调峰减发电量与相应各档补偿单价的乘积：

$$\text{火电（水电）机组调峰补偿金额} = \sum(\text{第}i\text{档有偿调峰减发电量} \times \text{第}i\text{档补偿单价}) \tag{3-4}$$

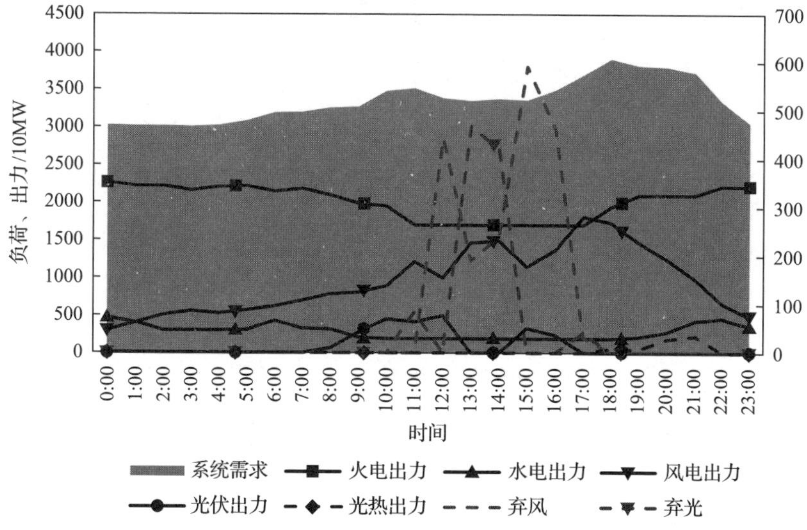

图 3-8　甘肃省典型日负荷和各类型电源出力曲线

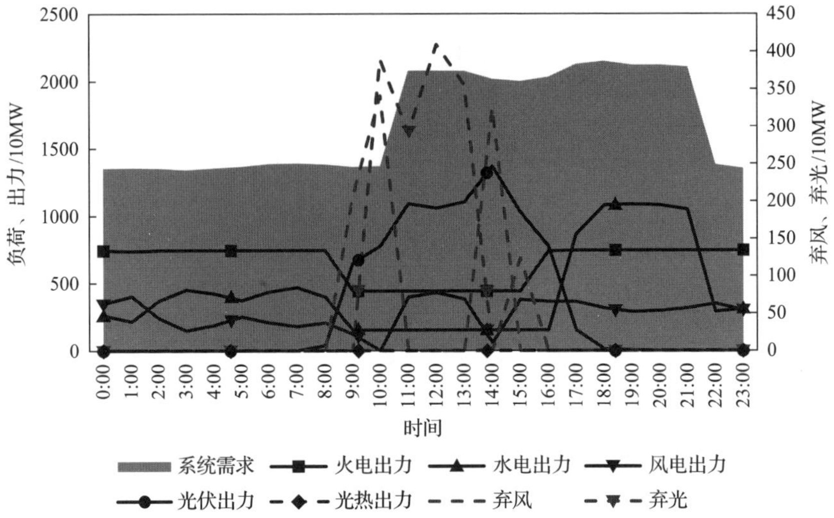

图 3-9　青海省典型日负荷和各类型电源出力曲线

相应地，风电(光伏)承担的费用按照其该时段负荷率高于系统低谷负荷率的部分分摊。风电(光伏)分摊费用除以其当日发电量，可得单位电量承受的分摊价格(以元/(kW·h·天)计)。

$$\text{风电(光伏)分摊费用}=\frac{\text{风电(光伏)高于系统低谷负荷率差额电量}}{\sum\text{风电(光伏)高于系统低谷负荷率差额电量}}\times\text{补偿总金额} \tag{3-5}$$

$$\text{风电(光伏)单位电量承受的分摊价格}=\frac{\text{风电(光伏)分摊费用}}{\text{风电(光伏)当日发电量}} \tag{3-6}$$

注意到，在估算现行调峰市场规则下的补偿规模时，火电各档补偿单价按报价上限取值，水电补偿单价按火电第一档(40%～50%档)报价上限取值。估算本灵活性容量市场方案下的补偿规模时，火电、水电机组补偿单价不区分档次，通过试算确定不同新能源价格承受限度下的补偿单价水平。

最终，得到不同补偿单价水平下总调峰金额与现行市场规则下补偿规模的差额，并除以火电灵活性改造容量，得到火电机组每日单位千瓦补偿电价(以元/(kW·天)计)，即灵活性容量价格，如表 3-5 和表 3-6 所示。

表 3-5　甘肃省不同情景下的调峰补偿分摊规模及灵活性容量价格

风电价格承受限度/(元/(kW·h))	补偿单价/(元/(kW·h))	调峰补偿金额/万元	现行规则下的补偿金额/万元	补偿金额差额/万元	灵活性容量价格/(元/(kW·天))
0.01	0.1260	247	1072	825	1.25
0.02	0.2520	494	1072	578	0.88
0.03	0.3780	741	1072	331	0.50

注：本算例中光伏未分摊调峰费用。

表 3-6　青海省不同情景下的调峰补偿分摊规模及灵活性容量价格

光伏价格承受限度/(元/(kW·h))	风电单位电量分摊/(元/(kW·h))	补偿单价/(元/(kW·h))	调峰补偿金额/万元	现行规则下的补偿金额/万元	补偿金额差额/万元	灵活性容量价格/(元/(kW·天))
0.01	0.0015	0.0670	104	684	580	1.46
0.02	0.0029	0.1340	209	684	475	1.20
0.03	0.0044	0.2017	314	684	370	0.93

估算结果显示，当甘肃省风电价格承受限度分别为 0.01 元/(kW·h)、0.02 元/(kW·h) 和 0.03 元/(kW·h) 时，调峰补偿金额分别为 247 万元、494 万元和 741 万元，相应的灵活性容量价格分别为 1.25 元/(kW·天)、0.88 元/(kW·天) 和 0.50 元/(kW·天)；当青海省光伏价格承受限度分别为 0.01 元/(kW·h)、0.02 元/(kW·h) 和 0.03 元/(kW·h) 时，调峰补偿金额分别为 104 万元、209 万元和 314 万元，相应的灵活性容量价格分别为 1.46 元/(kW·天)、1.20 元/(kW·天) 和 0.93 元/(kW·天)。可以看到，随着新能源价格承受能力的降低，相应的调峰补偿金额变小，相应的灵活性容量价格升高。

3.2.3　研究的思路和方法

1. 研究思路

本章以问题为导向，针对新能源发展中面临的可调节容量不足难题，探索构建容量市场体系来解决问题，主要研究思路如下。

(1) 研究国内外典型发电容量建设的实践经验，结合最新电力能源政策，探索西北区域灵活性容量市场建立的技术路线和目标任务。

(2) 从需求侧结合新能源发展规划、常规电源布点和网架结构特征，科学分析西北区域五省(区)新能源消纳规模，准确测算适应新能源发展的可调节容量需求。

(3) 从供给侧角度准确界定灵活调节资源的定义和交易品种，并对多种灵活调节资源的成本特性进行分析，深刻认识电源的灵活性价值。

(4)分析建立灵活调节容量市场的必要性，设计西北区域灵活调节容量市场，以甘肃、青海(青豫直流)为典型案例，开展可调节容量市场关键设计的量化分析。

(5)通过西北电网中长期电力电量平衡分析，充分考虑电网负荷增长、新能源发展、常规电源建设、网架结构变化等综合因素，探索西北区域中长期容量市场建立的必要性、触发条件、开启条件和实现途径。

2. 本章涉及的相关研究方法

1)新能源消纳规模计算模型

对西北区域新能源消纳形势进行预判，即对应于西北区域灵活调节资源的需求分析是本章研究的基础。考虑到在市场设计中需要计及灵活调节资源需求侧和供给侧两方面要素，需要建立模型对西北新能源消纳发展规模进行科学测算。

2)电力项目工程造价计价理论及基本模型

根据要求，需对储能、具有蓄水能力的水电、热电解耦等灵活调节资源的投资成本进行分析研究，本章应用国内成熟的基于电力定额体系的工程造价计价理论与模型体系，在典型设备询价基础上，通过典型模型，分析各类灵活调节资源投资成本总体水平及投资构成分项成分。

3)工程经济评价基本理论及基础模型

根据要求，需建立储能、具有蓄水能力的水电、热电解耦等灵活调节资源参与系统调峰的运行成本计算模型。参照“建设项目经济评价方法与参数”中明确的工程经济评价基本理论，可针对各类灵活调节资源，搭建适用的考虑全参数要素的经济评价模型，并基于此模式测算可调度电力负荷参与系统调峰的经济运行成本。

3.2.4 研究的难点

(1)容量市场(保障)机制作为提供系统装机充裕度的有效机制已在发电装机领域得到应用。但是，目前国内外尚无电力灵活调节容量市场的成熟研究成果可供参考。

(2)目前储能技术等部分灵活调节资源尚未有大规模运行的成熟经验，运行成本数据积累不足，建立运行成本计算模型可利用的数据条件不足，需要创新建立模型进行科学测算。

(3)“十四五”期间西北区域新能源装机容量具有较大不确定性。在分析西北区域新能源消纳规模时，需要分情景反算在满足边界条件的前提下新能源装机规模的上限，以此判定西北区域灵活调节容量市场建设的必要性。

3.2.5　研究的创新点

1. 西北区域灵活调节容量市场设计

明确容量市场的需求方(新能源发电企业)、提供方(存量火电灵活性改造、新增调峰水电、储能、需求侧响应等)，设计市场目标、市场准入、灵活调节容量需求确定(依据新能源随机出力分布函数)、调节容量投标、容量电价形成及容量电费支付等市场运营核心要素，设计交易组织、价格机制、交易品种、周期和方式等市场体系核心流程。

2. 容量市场建设需求分析

容量市场建设的必要性与电能量市场的模式选择密切相关。本章研究了国外典型容量市场的实践经验，分析了在以中长期交易为主和以短期现货交易为主的不同市场模式下，容量市场在电力市场设计中的必要性。

3. 不同灵活调节资源的社会成本比较

基于社会成本最优角度及典型灵活调节资源配置工程方案，对主流储能、水电调峰和热电解耦技术路线进行技术经济比较，对多品类灵活调节资源在实际市场中的竞争力进行了比对分析。

3.3　研究结论和建议

3.3.1　研究结论

1. 总体结论

总体来看，西北电网具有可再生能源电力占比较高的市场结构，风能、太阳能等可再生能源快速发展对灵活调节服务和备用容量提出了更高的要求，建立长期容量保障机制，对确保电力安全平稳供给尤为重要，单一电能量市场已不适应当前发展状况，亟须建立容量市场，解决灵活调节资源不足引起弃风弃光的问题，解决存量发电资源搁浅成本问题，合理引导新增容量投资。

研究表明，综合考虑新能源发展、电源接入、电网负荷特性等要素，西北地区的甘肃、青海和陕西等省份具备开展灵活调节容量市场的试点条件。灵活调节容量市场的建设，一是为大规模发展的新能源拓展灵活调节市场化消纳空间，促进清洁绿色发展；二是通过容量市场回收灵活调峰投资，解决存量发电资源搁浅成本问题，化解新能源企业补偿承载力不足难题；三是通过容量市场供需竞争，实现灵活调节容量缺口准确预判，合理引导灵活调节容量投资，实现新能源与灵活调节资源协调发展。

2. 分项结论

(1) 灵活调节资源是指能够增加能源供需系统柔性、弹性，服务于用能系统动态供需平衡的资源。能够通过灵活调节资源的快速、准确调控，实现系统的供需平衡，满足多元化的能源供需要求。

(2) 在未来高比例可再生能源场景下，风电、光伏的波动性和不确定性将超过负荷成为系统不确定性的主要来源，需要大量的灵活调节资源，西北电网新能源高增长、高占比、高渗透率特性明显，对灵活调节资源的需求非常迫切。

(3) 现有调峰辅助服务体系存在激励信号滞后的问题，难以适应新能源项目快速发展的需要。为此，在新能源快速发展的预判条件下，有必要启动以调峰服务为主的灵活调节容量市场，向市场释放超前的容量不足信号。

(4) 参与系统调峰的资源主要包括储能资源、热电解耦资源以及水电资源三大类，从调峰成本电价角度比较，热电厂配置储热罐成本相对较低，适合在调峰市场推广。

(5) 在充分借鉴美国 PJM 电力市场和英国电力市场的基础上，开展典型省份容量市场案例测算。结果表明，可调节容量市场系统非常适合新能源大规模发展的西北电网。

(6) 考虑到灵活调节资源提供者以储能、火电灵活性改造、水电扩容等类型为主，实施工期普遍小于一年。从预测准确性与可操作性角度考量，建议灵活调节容量市场在实施调节资源交付年前一年的年初开展目标容量预测与招标工作，且容量预测建议以政府能源主管部门主导、电力调度机构具体实施、独立第三方闭环评估形成。

(7) 容量市场和电能量市场实现有序衔接协同运作。未来发电企业将面临“容量市场+中长期+现货+辅助服务”等多个耦合的市场。发电企业通过容量市场回收固定投资，通过中长期和现货电能量市场回收边际成本，通过辅助服务市场回收提供辅助服务的费用。上述市场若有缺失，市场主体只能通过推高其他市场中某个商品的价格以获取额外收益。完整的市场体系、清晰的市场边界有利于保障市场平稳，避免市场价格过度波动。

3.3.2　对相关工作的建议

1. 对国家的建议

开展灵活调节容量市场顶层设计：电力市场体系设计是系统工程，需要在国家层面统筹考虑资源禀赋、能源特征、系统条件、电价机制、社会环境、市场结构等综合要素。协同考虑容量市场、电能市场、可再生能源配额市场和辅助服务市场的衔接机制。既要考虑当前存量资源优化运行需要，也要考虑长期供给安全需要。既要考虑充分激励降低可变运行成本需要，也要考虑国有资产沉没成本回收需要。统筹全局，因地制宜，构建灵活调节容量市场完整体系。

2. 对行业的建议

推进燃煤火电机组转型：在国家清洁低碳安全高效的能源体系下，燃煤火电机组不再以发电为主，不再唯“发电量”、唯“利用小时数”论，而是从“单纯电能量提供者”向“电能量与灵活调节服务供应商”转变。从电力系统电力平衡的角度看，在现行储能技术还未实现大规模工业化生产之前，电力系统的灵活调节资源依然是火电机组，当今煤电企业的使命不再是发更多的电量，而是如何更好地调峰，让可再生能源最大限度地减少弃风弃光，使电力系统更多地消纳可再生能源。因此，需建立火电机组常态调峰的补偿机制，尽早建立容量市场，对火电机组的调峰作用给予充分认可。

3. 对西北区域的建议

建议多专业协同研究西北电网容量市场体系，通过容量市场激发可调节电源建设和灵活改造，通过容量市场组织甘肃、宁夏、新疆、陕西可调节电源与青海清洁能源实现风光水打捆优化送出。

3.4　应用情况及前景

3.4.1　应用情况

应用主体：国家电网有限公司西北分部，国网陕西省电力有限公司、国网甘肃省电力公司、国网青海省电力公司、国网宁夏电力有限公司、国网新疆电力有限公司。

应用方式：向能源主管部门提出灵活调节容量市场建设的政策建议，建立灵活调节资源激励机制，开展适应新能源的灵活调节容量市场体系建设。

3.4.2　应用前景

研究成果可应用于清洁能源占比高的省份开展灵活调节容量市场的布局建设，也可用于全清洁能源特高压直流专项工程容量市场构建，还可用于西北地区中长期容量市场建设，应用方式灵活，应用前景广阔。

第 4 章　新能源电量库交易机制

4.1　西北电网新能源电量库交易概述

4.1.1　西北电网新能源电量库概念

西北电网新能源电量库交易是为了促进新能源消纳，在中长期交易、短期交易和实时交易等市场交易措施外开展的一定规模的非市场化省间置换交易。为了充分发挥西北电量长期统一调度、统一运行的协调互联优势，挖掘省间能源资源互补潜力，将西北电网各类可调节电能资源在电量库中打捆汇集、统筹调配，促进资源共享、余缺互济，实现灵活存取、峰谷互填，平抑新能源出力的随机波动，提高输电通道利用水平，扩大电力外送规模，提升新能源消纳水平。

西北电网新能源电量库以电网安全稳定运行为基础，坚持资源共享、灵活调节、存取冲抵、有限偏差、日清月结原则，科学运用调节资源，平抑新能源的随机波动，平稳跨省跨区交易曲线，平衡系统电能资源，促进新能源消纳。西北电网新能源电量库的特点主要包含以下 5 个方面。

(1) 综合运用西北电网水火电调节资源，充分利用跨省联络线输电能力，共享共用系统调峰能力，发挥电网整体合力，破除交易省间壁垒，实现电能互补互济。

(2) 紧密跟踪网内资源和负荷特性变化，灵活调用可调节资源，缩短交易周期，增加交易频度，因地制宜、因时制宜，灵活开展多品种电量库交易。

(3) 在一定交易周期(以月为单位)内，同一类型的电量库中需求方与提供方之间存取方向相反的电量可以冲抵，冲抵电量不进行电量电费结算。

(4) 在一定交易周期(以月为单位)内，电量库存取冲抵后的不平衡电量按照有限偏差控制，市场主体进行有限偏差范围内的正常结算，超出有限偏差的电量采取惩罚性电价和电量结算。

(5) 交易机构按照工作日清算各类电量库各品种交易电量，按月进行电量库不平衡电量电费结算。

4.1.2 市场成员及成员职责

1. 市场成员

西北电网新能源电量库的市场成员主要由电力交易机构、电网企业调度部门、新能源发电企业和燃煤自备电厂（以下简称自备电厂）企业组成。电力交易机构包括北京电力交易中心交易六部（以下简称京交六部）及陕西、甘肃、青海、宁夏、新疆电力交易中心（以下简称交易中心）。电网企业调度部门包括国家电网西北电力调控分中心（以下简称西北分中心）及国家电网陕西、甘肃、青海、宁夏、新疆各省（区）调控中心（以下简称省调）。新能源发电企业包括具有独立法人资格、满足准入条件、全额上网的分布式和集中式风电、光伏、光热新能源电厂。自备电厂企业指符合国家规范、满足准入条件、拥有并网自备电厂的企业。

2. 成员职责

1）电力交易机构的职责

（1）拟定电量库交易实施细则及有关专项业务管理办法（其中，京交六部负责制定西北电网内跨省（区）电量库规则，各省（区）交易中心负责制定本省（区）内的电量库规则），并报监管机构备案。

（2）制定电量库月度容量计划，负责开展月度电量库交易。

（3）协商确定电量库交易价格。

（4）省级交易机构暂代理本省（区）新能源企业开展电量库交易。

（5）提供电力交易结算依据（包括但不限于全部电量电费、辅助服务费及输电服务费等）及相关业务。

（6）分析电量库市场运营情况。

（7）按规定披露和发布电力市场信息。

2）电网企业调度部门的职责

（1）负责编制电量库相关调度管理细则。

（2）负责安全校核，配合电力交易机构履行电量库运营职能。

（3）按照交易实施细则和调度管理细则，充分调动调节资源，积极组织电量库交易，实施电量库日前、日内存取交易。

（4）合理安排电网运行方式，保障电量库交易结果的执行。

（5）按规定披露和提供电量库交易相关信息。

3）新能源发电企业的职责

（1）按规定参与电量库交易，对参与调峰促进其增发电量的市场主体给予一定程度的补偿。

（2）签订和履行电量库交易合同及协议。

（3）参与电量库不平衡电量交易结算。

（4）获取电量库交易信息，同时按规定披露和提供相关信息。

4）自备电厂企业的职责

（1）按规定参与电量库交易，承担新能源消纳调峰责任。

（2）签订和履行电量库交易合同及协议，根据自身负荷和机组特性向电网提供新能源调节服务，并按照相关规定参与补偿分摊，获得收益。

（3）参与电量库不平衡电量交易结算。

（4）获取电量库交易信息，同时按规定披露和提供相关信息。

4.1.3　交易品种

通过大数据分析手段，深入分析西北电网电源特性和负荷特性，研究重要输电通道运行规律，因地制宜设立了主控区置换电量库、援疆电量库、陕青调峰置换电量库、联网通道置换电量库、外送电量库、新能源与自备电厂置换电量库等交易品种。

1. 主控区置换电量库

主控区置换电量库由西北分中心直调水电和火电机组构成。该电量库的设立主要为平抑新能源波动、缓解短时电量缺额、应对电网突发事故。目前，在新能源装机占比较高的甘肃和宁夏设立主控区置换电量库。

2. 援疆电量库

援疆电量库由西北电网四鱼断面以东的电网调峰资源构成。该电量库的设立主要是为了灵活利用四鱼断面的输送能力，促进“电力援疆”电能外送及新疆新能源消纳。

3. 陕青调峰置换电量库

陕青调峰置换电量库由陕西电网午间的调峰资源和青海电网夜间的调峰资源构成。该电量库的设立主要是为了利用陕西电网和青海电网的负荷、新能源发电互补特性，实现峰谷互济。

4. 联网通道置换电量库

联网通道置换电量库由甘肃河西地区的调峰资源和新疆电网的调峰资源构成。该电量库的设置主要是为了灵活利用新疆与西北联网通道的输送能力，促进甘肃河西地区和新疆电网调峰资源互济。

5. 外送电量库

外送电量库由各省(区)的调峰资源构成。该电量库的设置主要是为了提高新疆、甘肃、宁夏跨区特高压直流外送中新能源与火电的打捆比例，满足东中部直流受端省份对高比例新能源电量的需求。

6. 新能源与自备电厂置换电量库

新能源与自备电厂置换电量库由自备电厂企业的调峰资源构成。该电量库设置的主要目的是利用自备电厂机组和负荷的调节能力，为新能源发电腾出空间。

4.1.4　交易组织

西北电网新能源电量库交易是省间电力中长期交易、短期交易、实时交易的补充，主要作用是平抑新能源短期波动，缓解部分省份短时电能缺额，短周期调剂省间调峰资源，是市场化交易的辅助方式。电量库交易是在开展中长期交易、调峰辅助服务、日前和日内交易等市场化交易之后灵活开展的围绕新能源消纳的省间交易。在交易组织过程中，要优先开展市场化交易，避免出现用电量库交易替代中长期交易、日前和日内交易等市场化交易的情况。

电力交易机构和电网企业调度部门负责电量库交易的具体组织和实施。新能源发电企业和自备电厂企业可委托电力交易机构和电网企业调度部门代理交易，委托和代理双方签订委托代理协议，协议中明确电量库交易的交易价格、输电价格、电量补偿和结算方式等内容。

1. 电量库的存入和支取

电量库交易是为了适应新能源的随机性和波动性特点、促进新能源的大范围消纳而开展的非市场化省间置换，体现了交流同步电网潮流的灵活性和电力平衡的统一性。在不影响跨区直流外送交易的基础上，对于进行市场化交易后的多余新能源，通过有计划的调度，进行大范围的电量库存入和支取，实现新能源的有效消纳。

1)主控区置换电量库

主控区置换电量库的存入：设立主控区置换电量库的甘肃、宁夏在新能源大发时段，通过跨省联络线，向电量库存入电量。

存入原则：

(1)设置主控区置换电量库的省(区)电网调节资源已经全部用尽，新能源仍有富余发电能力，可申请向电量库存入电量；

(2)电量库有负向电力调节空间。

主控区置换电量库的支取：设立主控区置换电量库的甘肃、宁夏在新能源小发时段，通过跨省联络线，从电量库取回电量。

支取原则：

(1)设置主控区置换电量库的省(区)电网新能源小发，网内下备用充足，可申请从电量库中支取电量；

(2)电量库有正向电力调节空间。

2)援疆电量库

援疆电量库的存入：在新疆外送断面和四鱼断面有外送裕度时段，新疆通过跨省联络线送出电量，向电量库中存入富余电量，提高四鱼通道利用率。

存入原则：

(1)新疆有富余电力送出且本月援疆电量未执行完；

(2)西北电网新疆外送断面和四鱼断面存在送出裕度；

(3)电量库有负向电力调节空间。

援疆电量库的支取：在新疆外送断面和甘肃新能源大发导致四鱼断面没有外送裕度时段，新疆通过跨省联络线购入电量，从电量库中支取电量，同时缓解四鱼断面通道阻塞。

支取原则：

(1)西北电网新疆外送断面和四鱼断面送出裕度不足；

(2)电量库有正向电力调节空间。

3)陕青调峰置换电量库

陕青调峰置换电量库的存入：午间光伏大发时段，青海通过跨省联络线送出电量，向负荷高峰段的陕西存入电量。

陕青调峰置换电量库的支取：夜间光伏小发时段，青海通过跨省联络线购入电量，从负荷低谷段的陕西支取电量。

开展陕青调峰置换电量库存入和支取交易的原则：

(1)电量库的存入和支取应采用日平衡的方式；

⑵电量库采用日前电量库交易方式安排。

4)联网通道置换电量库

联网通道置换电量库的存入：在新疆（或甘肃河西地区）新能源大发时段，通过联网通道送出电量，向尚有调峰资源的甘肃河西地区（或新疆）存入电量。

存入原则：

⑴设置新能源与自备电厂置换电量库的省份新能源大发；

⑵自备电厂机组和负荷有下调节能力；

⑶自备电厂下网联络线输送裕度充足。

联网通道置换电量库的支取：在新疆（或甘肃河西地区）新能源小发时段，从甘肃河西地区（或新疆）购入电量。

支取原则：

⑴设置新能源与自备电厂置换电量库的省份新能源小发；

⑵自备电厂机组和负荷有上调节能力；

⑶自备电厂上网联络线输送裕度充足。

5)外送电量库

外送电量库的存入：设置外送电量库的甘肃、宁夏、新疆在新能源大发时段，通过跨省联络线，向电量库存入电量。

存入原则：

⑴设置外送电量库的省份有富余新能源送出能力；

⑵电量库有负向电力调节空间。

外送电量库的支取：设置外送电量库的甘肃、宁夏、新疆在组织高比例新能源跨区直流外送期间，从电量库中取出电量。

支取原则：

⑴设置外送电量库的省份组织跨区直流外送过程中，新能源与火电打捆比例不足；

⑵电量库有正向电力调节空间。

6)新能源与自备电厂置换电量库

新能源与自备电厂置换电量库的存入：设置新能源与自备电厂置换电量库的省份在新能源大发时段，通过跨省联络线/自备电厂并网联络线，向电量库存入电量。

存入原则：

⑴设置新能源与自备电厂置换电量库的省份新能源大发；

⑵自备电厂机组和负荷有下调节能力；

(3) 自备电厂下网联络线输送裕度充足。

新能源与自备电厂置换电量库的支取：设置新能源与自备电厂置换电量库的省份在新能源小发时段，通过跨省联络线/自备电厂并网联络线，从电量库中取出电量。

支取原则：

(1) 设置新能源与自备电厂置换电量库的省份新能源小发；

(2) 自备电厂机组和负荷有上调节能力；

(3) 自备电厂上网联络线输送裕度充足。

2. 电量库库容申报

为了科学统筹电网调峰资源，合理安排电量库交易，各市场主体在开展电量库交易前，需要提前申报电量库库容。电量库的库容是指电量库中用于存入或支取的累计电量的最大值。原则上，一定交易周期(以月为单位)内，电量库存入(支取)交易不应超过该电量库的库容。

1) 主控区置换电量库库容申报

设立主控区置换电量库的宁夏、甘肃交易中心应根据次月新能源预测情况和跨省跨区交易预计划，及时开展电量库交易测算，若下月存在电量库交易需求，应于当月月底前向京交六部报送次月平衡情况及电量库库容预计划，京交六部会同西北分中心统筹全网调峰资源后，对次月电量库库容预计划进行批复，宁夏、甘肃交易中心将库容预计划告知新能源企业。

2) 援疆电量库库容申报

新疆交易中心应根据次月交易预计划及时开展电量库交易测算，若下月存在电量库交易需求，应于当月月底前向京交六部报送次月平衡情况及援疆电量库库容预计划，京交六部会同西北分中心统筹全网调峰资源后，对次月电量库库容预计划进行批复，新疆交易中心将库容预计划告知新能源企业。

3) 陕青调峰置换电量库库容申报

陕西、青海交易中心根据次日负荷预测情况和太阳能预测情况开展电量库测算，若存在电量库交易需求，应提前一日向西北分中心报送次日平衡情况及电量库库容预计划，西北分中心会同京交六部统筹水电运用、通道能力和调峰资源等因素，对次日电量库预计划进行批复，青海交易中心将库容预计划告知太阳能企业。

4) 联网通道置换电量库库容申报

新疆、甘肃交易中心应根据次月新能源预测情况、跨省跨区交易预计划及四鱼断面利用情况，及时开展电量库交易测算，若下月存在电量库交易需求，应于当月月底前向京交六部报送次月平衡情况及电量库预计划，京交六部会同西北分中心统筹新疆、甘肃调峰资源后，对次月电量库预计划进行批复，新疆、甘肃交易中心将库容预计划告知新能源企业。

5)外送电量库库容申报

甘肃、宁夏、新疆交易中心应根据次月跨区交易预计划(新能源与火电打捆比例需求)和新能源预测情况，及时开展电量库交易测算，若下月存在电量库交易需求，应于当月月底前向京交六部报送次月平衡情况及电量库库存预计划，京交六部会同西北分中心统筹全网调峰资源和跨区直流输电计划后，对次月电量库预计划进行批复，甘肃、宁夏、新疆交易中心将库容预计划告知新能源企业。

6)新能源与自备电厂置换电量库库容申报

设置新能源与自备电厂置换电量库的省份应根据次月新能源预测情况、自备电厂发电和负荷情况及时开展电量库交易测算，若下月存在电量库交易需求，应于当月月底前向京交六部报送次月平衡情况及电量库预计划，京交六部会同西北分中心统筹跨省跨区输送能力和自备电厂调节能力后，对次月电量库预计划进行批复，相关省份将库容预计划告知新能源企业和自备电厂企业。

3. 电量库交易组织

根据电量库交易实施的时间节点不同，将电量库交易分为月度电量库交易、日前电量库交易和日内电量库交易。月度电量库交易是指在制定月度交易计划过程中开展的电量库存取交易；日前电量库交易是指次日(一天及以上、八天之内(含八天))00:15～24:00的电量库存取交易；日内电量库交易是指一天内，电网日内平衡过程中的电量库存取交易。

1)月度电量库交易组织

每月月底，在编制月度交易计划过程中，有交易需求的市场主体向电力交易机构申报次月交易的意向(包括电量、建议曲线等)。电力交易机构根据跨省跨区月度交易计划、各省份电力电量余缺情况及电价意向，组织各方达成月度电量库交易。

2)日前电量库交易组织

日前，有交易需求的市场主体向西北分中心申报次日交易的意向(包括电量、建议曲线等）。西北分中心根据次日各省份电力电量余缺预测情况，组织各方达成日前电量库交易。

3）日内电量库交易组织

实时调度中，有电量库交易需求的市场主体应提前15min向西北分中心申报实时交易意向，内容包括电力曲线、交易电量、交易原因等。西北分中心根据各省份电力电量余缺预测情况，组织各方达成日内电量库交易。

日内电量库交易起始时间以交易双方约定的时间为准、结束时间不晚于当日24:00。为了便于衔接，在当日20:00～24:00，也可以进行次日0:00～10:00的交易。

4.2　西北新能源电量库电价机制

电量库库存不平衡电量是指在某一时间点（月末）电量库存入电量与取出电量对冲抵消后剩余的电量：库存不平衡电量=本期存入电量–本期取出电量。同一类型的电量库，同一需求方与同一提供方之间存取方向相反的电量可以冲抵。不同类型的电量库，不同提供方之间的存取电量不可冲抵。

一定交易周期（以月为单位）内没有对冲互抵的电量库不平衡电量按照交易价格进行结算，交易价格按以下方式确定。

4.2.1　有限偏差范围内的不平衡电量交易价格

电量库存取冲抵后不超过该电量库3%（不超9000万kW·h）（单一省份多种类型电量库累加不超1亿kW·h）的部分为有限偏差范围内的不平衡电量，其交易价格按照以下原则制定。

1. 当市场主体事先以框架协议的形式协商约定电量库交易价格时

当市场主体事先以框架协议的形式协商约定电量库交易价格时，实际发生的有限偏差范围内的不平衡电量按框架协议约定价格结算。

2. 当市场主体事先未能约定电量库交易价格时

当市场主体事先未能约定电量库交易价格时，实际发生的存入不平衡电量参考以下方式确定交易电价：

（1）参照《跨区域省间富余可再生能源电力现货交易试点规则（试行）》规定的交易参考价格结算，电价以新能源电量库存入省份近三个月新能源参与跨区现货交易出清电价的算术平均值为基础并考虑跨省跨区输电费确定。

(2)参考交易电价以购电省份平均上网电价为基础，并考虑跨省跨区输电费确定。

(3)参考交易电价以购电省份火电机组平均燃料成本为基础，并考虑跨省跨区输电费确定。

(4)参照《西北电网短期电能交易实施细则》(西北〔2015〕153号)规定的交易参考价格结算，交易参考价格以交易期间陕西、甘肃、青海、宁夏、新疆电网燃煤火电机组标杆电价(含脱硫、脱硝)的算术平均值为基础并考虑跨省跨区输电费确定。交易参考价格每年修订一次并报国家能源局西北监管局备案。

3. 当市场主体事先未能约定电量库交易价格时

当市场主体事先未能约定电量库交易价格时，实际发生的支取不平衡电量参考以下方式确定交易电价：

(1)参考交易电价以送电省份平均上网电价为基础，并考虑跨省跨区输电费确定。

(2)参考交易电价以送电省份火电机组平均燃料成本为基础，并考虑跨省跨区输电费确定。

(3)参照《西北电网短期电能交易实施细则》(西北〔2015〕153号)规定的交易参考价格结算，交易参考价格以交易期间陕西、甘肃、青海、宁夏、新疆电网燃煤火电机组标杆电价(含脱硫、脱硝)的算术平均值为基础并考虑跨省跨区输电费确定。交易参考价格每年修订一次并报国家能源局西北监管局备案。

4.2.2　有限偏差范围外的不平衡电量交易价格

电量库存取冲抵后超过该电量库不平衡电量(存入和支取)3%(超过9000万kW·h)(单一省份多种类型电量库累加超过1亿kW·h)的部分为强迫存入(或支取)电量。其中：强迫存入电量按参考交易电价下浮30%结算；强迫支取电量按参考交易电价上浮10%结算。强迫存入(或支取)电量的支取(或存入)方为被强迫方，被强迫方支取(或存入)电价按照强迫存入(或支取)考虑跨省跨区输电费后进行结算。

4.2.3　交易结算

电量库交易结算采用日清月结方式，即按工作日清算各品种电量库交易电量，按月进行电量电费结算。电网企业调度部门每日将次日日前交易结果、前一日日内交易结果和交易实际执行情况等信息提供给电力交易机构。调控机构每月 3 日前，将上月各品种电量库冲抵情况和不平衡电量等信息提供给电力交易机构。

电力交易机构对实际发生的省间购(售)电量进行确认、分割、汇总，形成月度交易电量结算单，于每月 5 日(遇节假日延至节假日后第三个工作日)前，向各省交易中心发布。

各省交易中心收到电量结算单后如有异议，应在两个工作日内告知京交六部，京交六部在收到通知后应重新核对数据，在两个工作日内予以答复。电量结算单核对无误后，电力交易机构将电量结算单提交财务部门进行电量电费结算。

4.3　电量库交易价值实际算例分析

本算例基于西北区域的实际电量库交易结果，根据现有的电量库交易形式、电量库交易电量、上网电价政策等，分析了西北主要电量库在不同的能源置换形式下的电量库价值。通过调研结果，获取真实数据，研究西北电量库交易对推动西北地区新能源消纳、释放市场红利的效果，为西北地区的电量库交易发展提供支持。

西北地区主控区置换电量库和援疆电量库交易电量占西北电量库交易电量的 90%左右。本节以 2018 年实际交易数据为基础，主要测算西北主控区置换电量库和援疆电量库 2018 年典型月份的电量库价值。

4.3.1　主控区置换电量库价值测算

在新能源置换火电的电量库交易过程中，电量库的价值包括电量价值、容量价值和网络损耗。

1. 电量价值

电量价值是在组织电量库交易进行能源置换后，针对火电和新能源的不同上网电价而产生的交易费用差值，主要影响因素包括交易电量、火电上网电价、新能源上网电价，其计算公式如下：

$$\text{电量价值} = \text{交易电量} \times (\text{火电上网电价} - \text{新能源上网电价}) \tag{4-1}$$

2. 容量价值

容量价值是指为组织一定周期内可能产生的电量库交易电量而需要建设的虚拟电厂的容量成本，主要影响因素包括机组种类、成本、机组可调节容量比例和交易电量等，其计算公式如下：

$$容量价值=电量库交易电量所需装机容量\times单位容量电价 \tag{4-2}$$

式中，电量库交易电量所需装机容量计算公式如下：

$$\begin{aligned}电量库交易电量所需装机容量=&电量库交易电量\div被置换机组平均利用率\\&\div被置换机组可调节容量比例\end{aligned} \tag{4-3}$$

3. 网络损耗

网络损耗指电量库交易在电量库置换区域内运输产生的电量损耗对应的费用，主要影响因素包括网络损耗电量、上网电价等，其计算公式如下：

$$网络损耗=网络损耗电量\times上网电价 \tag{4-4}$$

本节中西北各省(区)的上网电价数据取值如表 4-1 所示。

表 4-1　西北各省(区)上网电价　　(单位：元/(kW·h))

能源类型	陕西	甘肃	青海	宁夏	新疆
火电	0.35	0.31	0.34	0.26	0.25
新能源	0.27	0.22	0.31	0.25	0.20
水电	0.23	0.20	0.25	0.22	0.18

本节中西北各省(区)火电和水电的容量市场电价取值如表 4-2 所示。

表 4-2　西北各省(区) 火电和水电的容量市场电价　　(单位：元/(MW·年))

能源类型	陕西	甘肃	青海	宁夏	新疆
火电	424313	403281	413695	403281	376227
水电	848626	806562	823790	806562	752454

西北各省(区)2018年火电和水电机组的平均利用小时数据如表4-3所示。

表 4-3　西北各省(区)2018 年火电、水电机组平均利用小时数　(单位：h)

能源类型	陕西	甘肃	青海	宁夏	新疆
火电	4428	4178	3313	4865	4639
水电	4001	4878	4306	4050	3334

主控区电量库 2018 年典型月交易电量数据如表 4-4 所示。

表 4-4　主控区电量库 2018 年典型月交易电量　(单位：万 kW·h)

跨省交易	3 月	6 月	9 月	11 月
陕西-甘肃	13379.50	29683.50	7751.22	8985.63
陕西-宁夏	8093.75	17631.86	10903.75	18962.55
宁夏-甘肃	9122.65	7152.40	17653.78	7740.20
甘肃-青海	3655.25	6396.75	16263.60	5321.25
青海-宁夏	4251.25	6667.13	16285.64	27639.80
总计	38502.40	67531.64	68857.99	68649.43

本节分析中电量库交易网络损耗率取 2.03%。其中电量库价值=电量价值+容量价值–网络损耗。经测算得到主控区电量库价值如表 4-5 所示。

表 4-5　主控区电量库价值　(单位：万元)

电量库价值	3 月	6 月	9 月	11 月
电量价值	3828.54	7347.32	6398.14	6577.53
容量价值	7665.55	13795.33	15059.71	15176.53
网络损耗	44.24	78.63	78.88	80.81
总价值	11449.85	21064.02	21378.97	21673.25

主控区电量库交易均为新能源，3 月份总计消纳新能源电量达 38502.40 万 kW·h，电量库价值达 11449.85 万元；在 6 月份总计消纳新能源电量达 67531.64 万 kW·h，电量库价值达 21064.02 万元；在 9 月份总计消纳新能源电量达 68857.99 万 kW·h，电量库价值达 21378.97 万元；在 11 月份总计消纳新能源电量达 68649.43 万 kW·h，电量库价值达 21673.25 万元。在 3 月份主控区交易电量较少，在 6 月、9 月和 11 月主控区交易电量差别较小，说明西北地区主控区全年交易电量集中在夏、秋、冬季，并且交易电量保持稳定。主控区电量库价值中，容量价值占比较大，基本保持在 70%左右。

通过图 4-1 可知道，在春、夏两季，陕西-甘肃和陕西-宁夏两种省间交易较为频繁，交易电量较多，交易价值比例较高；在秋、冬两季，青海-宁夏之间的省间交易电量较多，交易价值比例较高。春、夏两季陕西省间交易频繁是因为当季火电机组可调节容量较大，较易开展电量库交易，促进新能源消纳；秋、冬两季主要依靠青海-宁夏之间的交易促进新能源的消纳。

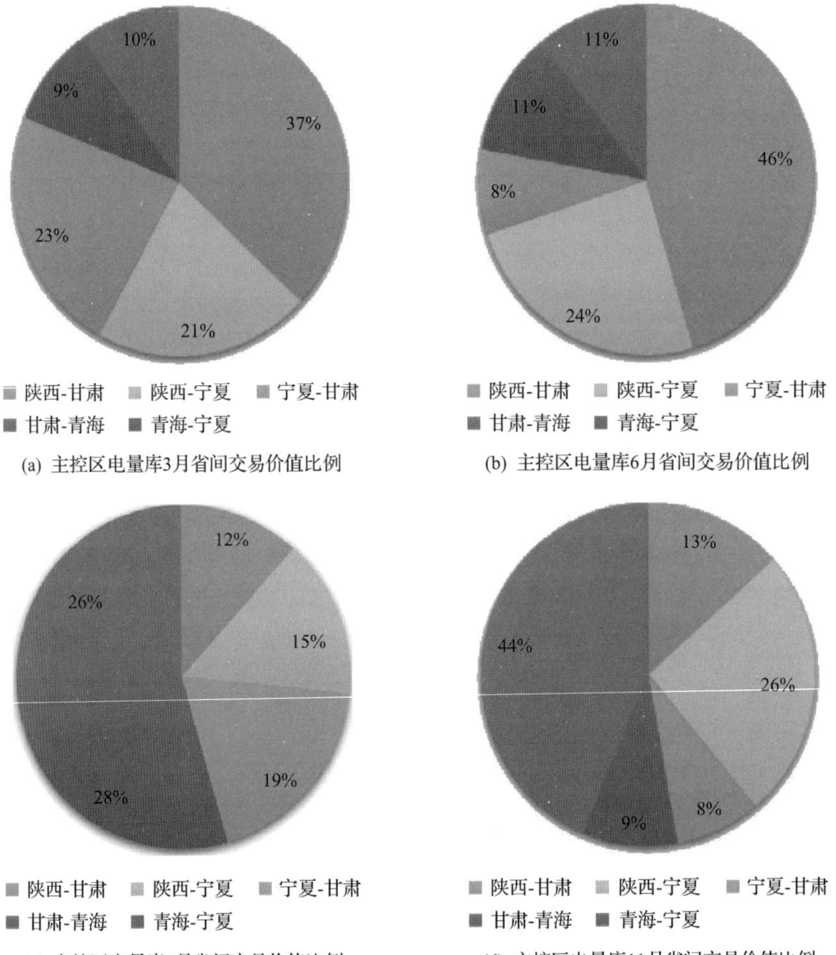

(a) 主控区电量库3月省间交易价值比例
(b) 主控区电量库6月省间交易价值比例
(c) 主控区电量库9月省间交易价值比例
(d) 主控区电量库11月省间交易价值比例

图 4-1　主控区电量库 2018 年典型月省间交易价值比例图（彩图扫二维码）

在新能源置换水电的电量库交易过程中，水电和新能源都是可再生能源，所以在这种置换方式下电量库价值主要包括容量价值和网络损耗。新能源置换水电方式下电量库价值测算方法和置换火电相同，主控区电量库价值如表 4-6 所示。

表 4-6　主控区电量库价值(新能源置换水电)　(单位：万元)

电量库价值	3 月	6 月	9 月	11 月
容量价值	7822.37	14030.36	13587.02	13849.47
网络损耗	37.56	64.72	68.39	67.99
总价值	7784.81	13965.64	13518.63	13781.48

主控区电量库在新能源置换水电方式下，3 月份电量库价值为 7784.81 万元，在 6 月、9 月和 11 月价值保持在 13500 万元以上。

主控区电量库通过新能源置换火电、水电的方式，灵活调用西北电网的调峰资源，发挥区域统一调度的运行优势和省间通道的输送优势，实现西北地区富余新能源在全区域的消纳，优化区域资源配置，产生极高的经济效益，促进西北电力市场的发展。

4.3.2　援疆电量库价值测算

援疆电量库主要是利用四鱼断面以东的电网调峰资源促进新疆新能源的消纳，是西北地区消纳新能源的重要手段。2018 年援疆电量库典型月交易电量数据如表 4-7 所示。

表 4-7　2018 年援疆电量库典型月交易电量　(单位：万 kW·h)

跨省交易	3 月	6 月	9 月	11 月
宁夏-新疆	2953.75	3362.35	8024.95	14235.60
陕西-新疆	3174.83	11124.49	3412.75	4063.75
甘肃-新疆	507.50	1428.75	8691.77	3772.50
青海-新疆	1284.38	1249.03	1216.13	4508.60
总计	7920.46	17164.62	21345.60	26580.45

援疆电量库价值测算方法与主控区电量库价值测算方法一致，因此得到 2018 年援疆电量库价值，如表 4-8 所示。

表 4-8　2018 年援疆电量库价值　(单位：万元)

电量库价值	3 月	6 月	9 月	11 月
电量价值	780.18	2044.42	1531.34	1931.91
容量价值	1475.18	3293.21	3863.96	4975.15
网络损耗	8.34	18.49	21.61	27.10
总价值	2247.02	5319.14	5373.69	6879.96

援疆电量库在 3 月份总计消纳新能源电量达 7920.46 万 kW·h，电量库价值达 2247.02 万元；在 6 月份总计消纳新能源电量达 17164.62 万 kW·h，电量库价值达 5319.14 万元；在 9 月份总计消纳新能源电量达 21345.60 万 kW·h，电量库价值达 5373.69 万元；在 11 月份总计消纳新能源电量达 26580.45 万 kW·h，电量库价值达 6879.96 万元。西北地区援疆电量库全年交易电量集中在夏、秋、冬季，并且交易电量保持稳定。援疆电量库价值中，容量价值占比较大，3 月和 6 月在 60%左右，9 月和 11 月基本保持在 70%左右。

通过图 4-2 可知，在春、夏两季，陕西-新疆之间的省间交易较为频繁，交易电量较多，交易价值比例较高；在秋季，甘肃-新疆之间的省间交易电量

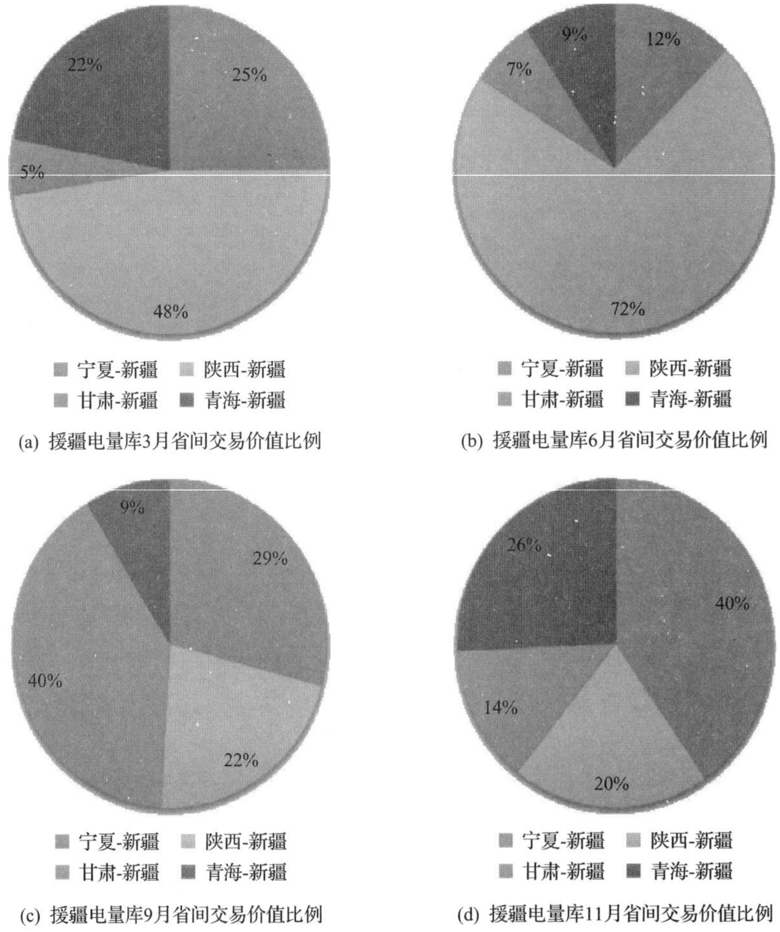

(a) 援疆电量库3月省间交易价值比例

(b) 援疆电量库6月省间交易价值比例

(c) 援疆电量库9月省间交易价值比例

(d) 援疆电量库11月省间交易价值比例

图 4-2　援疆电量库 2018 年典型月省间交易价值比例图(彩图扫二维码)

较多，交易价值比例较高；在冬季，宁夏-新疆之间的省间交易价值比例较高。在春、夏两季陕西火电机组可调节容量较大，较易开展电量库交易，以促进新能源消纳；秋、冬两季主要依靠甘肃-新疆和宁夏-新疆之间的交易促进新能源的消纳。

在新能源置换水电方式下，援疆电量库测算价值如表 4-9 所示。

表 4-9　2018 年援疆电量库价值（新能源置换水电）　（单位：万元）

电量库价值	3 月	6 月	9 月	11 月
容量价值	1609.29	3630.39	4361.71	5525.74
网络损耗	6.91	14.91	18.07	23.01
总价值	1602.38	3615.48	4343.64	5502.73

援疆电量库在新能源置换水电方式下，3 月份电量库价值为 1602.38 万元，6 月份电量库价值为 3615.48 万元，9 月份电量库价值为 4343.64 万元，11 月份电量库价值为 5502.73 万元。

援疆电量库通过新能源置换火电、水电的方式，实现新疆新能源在全西北区域范围内的消纳，大大减少新疆新能源弃电量的同时产生较高的经济效益，为建设交易品种丰富、交易机制完善、资源优化配置的西北电力市场提供参考。

西北电量库交易以电力系统为核心，以电力市场为导向，综合考虑西北各省（区）电源特性和负荷特性，测算全年各时间段的新能源发电能力和消纳能力，科学、合理地安排省（区）间的交易方式，发挥电量库能源存储、汇集、转换的枢纽作用，激发市场活力，释放市场红利，为西北电力市场和能源互联网的发展奠定基础。

第 5 章　能源互联网典型案例

5.1　案例 1：青海电网全清洁能源供电

5.1.1　引言

青海水电资源丰富，太阳能资源得天独厚，风能资源潜力巨大，是中国重要的区域能源接续基地。其中可开发利用水能资源 2314 万 kW、太阳能资源 10 亿 kW、风能资源 7500 万 kW，截至 2017 年 5 月底，青海电网清洁能源装机 1943 万 kW，占全省装机总容量的 82.8%，水电和光伏已成为青海电网第一、第二大电源。为了大力促进新能源发展，探索清洁供电新方式，2017 年 6 月 17 日至 23 日青海首次成功测试连续 168h 使用光伏、风电和水电为全省供电，实现了新能源发电高占比的全清洁能源零排放供电。此举打破了此前葡萄牙电网连续 107h 全清洁能源供电的纪录。

本案例在深入分析青海电源结构和负荷特点的基础上，全面分析了青海全清洁能源供电期间的运行特性，为其他省份开展全清洁能源供电工作提供借鉴。

5.1.2　青海电网结构和特征

1. 青海水电分布及出力特征

黄河发源于青海，上游从龙羊峡至青铜峡河段全长 918km，集中落差 1324m，开发条件优越，水能资源丰富。青海水电站较为集中，水能利用非常充分。黄河上游第一座梯级水电站龙羊峡水电站总库容为 247 亿 m^3，调节库容为 193.5 亿 m^3，具有多年调节能力。龙羊峡下游建成拉西瓦、公伯峡等百万千瓦及以上水电站 5 座，基本参数如表 5-1 所示，苏只、尼那等百万千瓦以下水电站 10 余座，共同组成梯级水电站群，图 5-1 为黄河流域水电站梯级纵剖面图。由图 5-1 可知，青海梯级水电站群间既有水的关联，也存在电的联系。除了龙羊峡水电站具有多年调节能力之外，其余水电站大多数为径流式电站，只有日调节能力，同时要兼顾防洪、防凌及灌溉供水等综合利用功能，水电站调节约束条件较多。

图 5-2 表示青海百万千瓦及以上装机的龙羊峡、拉西瓦、李家峡、公伯峡、积石峡水电站的典型日出力特性曲线。

由图 5-2 可知青海水电机组调节能力强、调节范围广、响应速度快，具备快速跟踪风电和光伏突变引起的功率偏差的能力。

表 5-1　黄河上游主要梯级水电站参数表

电站名称	装机容量/MW	调节库容/亿 m^3	调节性能
龙羊峡	1280	193.5	多年调节
拉西瓦	4200	1.5	日调节
李家峡	1600	0.6	日调节
公伯峡	1500	0.75	日调节
积石峡	1000	0.2	日调节

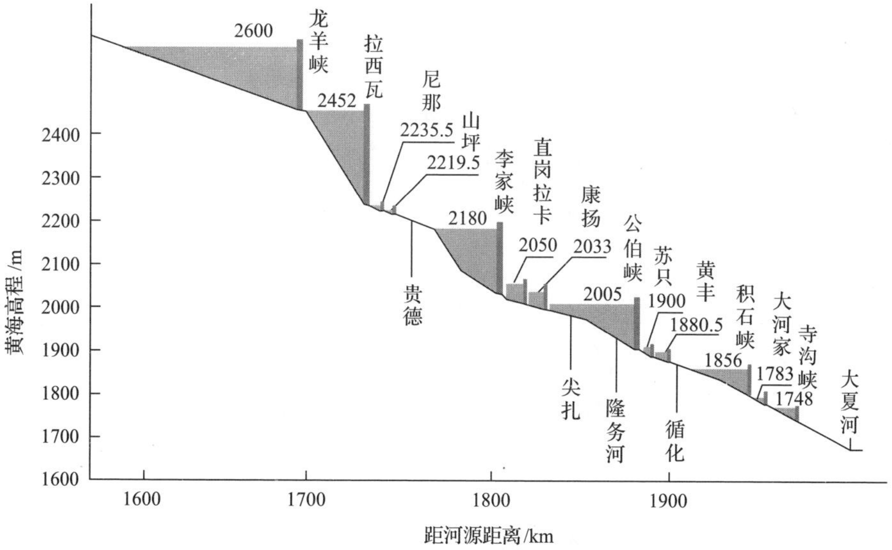

图 5-1　黄河流域水电站梯级纵剖面图

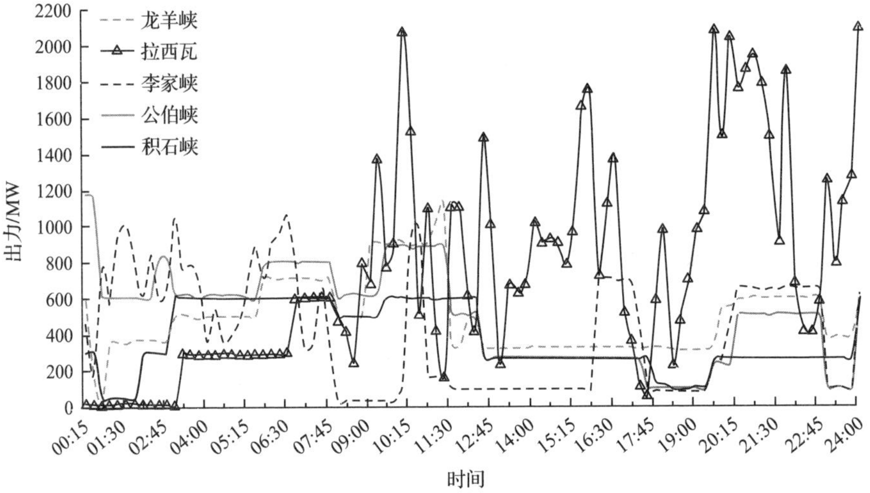

图 5-2　青海主力水电站典型日出力曲线

2. 青海太阳能发电特征

青海省地处太阳能资源丰富区，全年日照时数为 2500～3000h，年总辐射量达到 6600～7200MJ/m^2，太阳能资源仅次于西藏，位居全国第二。“十二五”以来，青海光伏以平均每年 100 万 kW 的速度快速增长，年均增速达 58%。截至 2017 年 5 月底，青海电源装机结构图如图 5-3 所示，青海光伏装机已达到 682 万 kW，占全省装机容量的 29.73%。

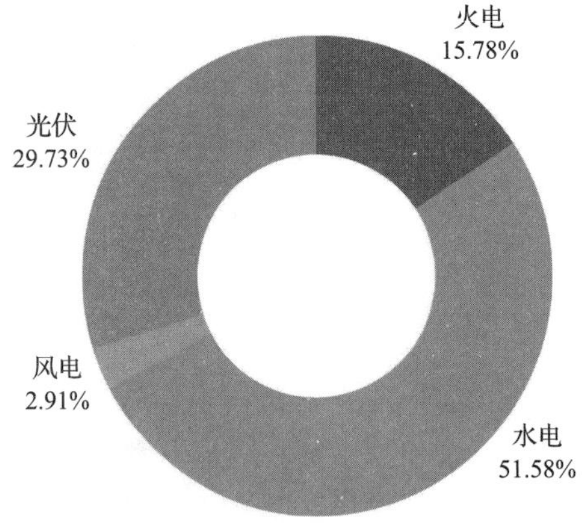

图 5-3　青海电源装机结构图

青海夏季典型日光伏出力特征如图 5-4 所示，从图 5-4 可以看出，日间光伏发电主要集中在 6:30～20:00，中午时段 11:30～15:00 达到全天光伏功率极值。晴朗天气光伏电站出力形状类似正弦半波，非常光滑；多云天气，受云层、温度等因素影响，光伏出力波动较大；阴雨天气，光伏出力较小，波动频繁。

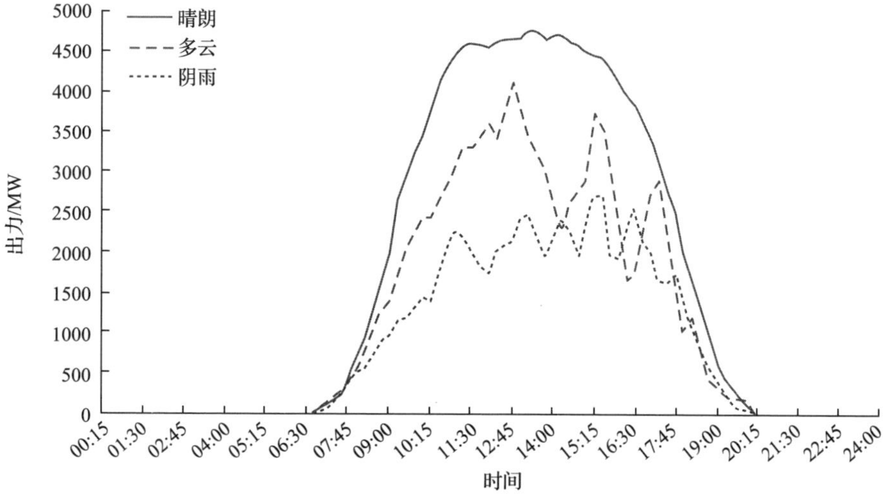

图 5-4　青海电网夏季典型日光伏出力曲线

3. 青海电网负荷特征

青海电网用电以重工业为主，高耗能工业比重偏大，居民用电水平和比重偏低，负荷率水平较高，峰谷差不大。青海电网夏季典型日负荷曲线图如图 5-5 所示。青海日负荷基本趋势平稳，早晚高峰特性不明显，受电解铝用负荷等因素影响，负荷呈现小幅突变。

由以上分析可知，青海电网实施全清洁能源供电的优势为：青海水电、光伏和风电装机占比高，清洁能源发电量占用电量比重高；青海水电调节平衡能力强；青海电网负荷率高、峰谷差小，负荷波动小。劣势为：青海水电约束条件多；光伏受天气因素影响大。

5.1.3　全清洁能源供电运行特性

1. 供电特性分析

青海于 2017 年 6 月 17 日至 23 日开展了全部采用清洁能源为全省供电的工作，时长 168h，实现了新能源发电高占比的全清洁能源零排放供电。

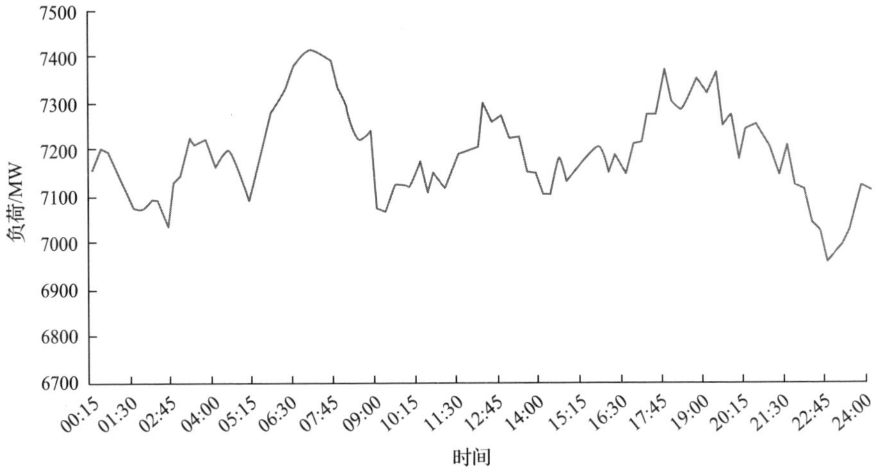

图 5-5　青海电网夏季典型日负荷曲线图

青海全清洁能源供电期间，累计用电量 11.78 亿 kW·h，其中，水电供电量为 8.52 亿 kW·h，占 72.3%，新能源供电量为 3.26 亿 kW·h，占 27.7%。其间，省内最大负荷为 736 万 kW，光伏等新能源最大电力(省内+购入)为 670 万 kW，占瞬时负荷比例达 91%，新能源单日电量占比最大达到 36.6%。全清洁能源供电期间实时电力分布图如图 5-6 和图 5-7 所示。这次青海全清洁能源供电实践在国内尚属首次，创造了全球电网全清洁能源运行的新纪录。

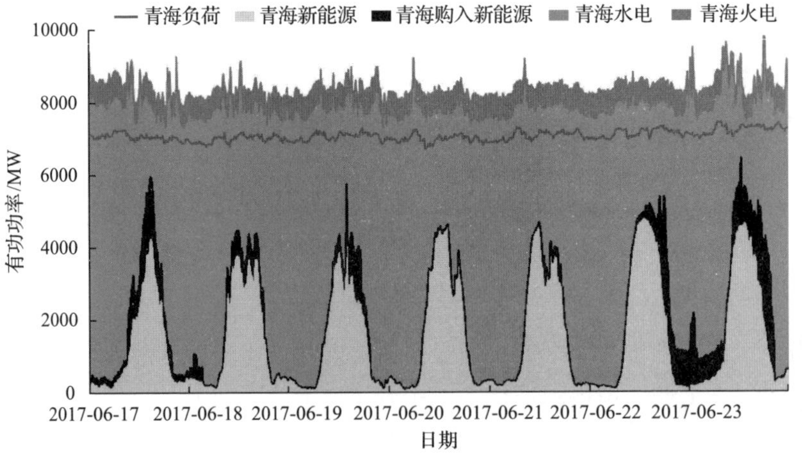

图 5-6　青海全清洁能源供电期间实时电力成分整体情况(彩图扫二维码)

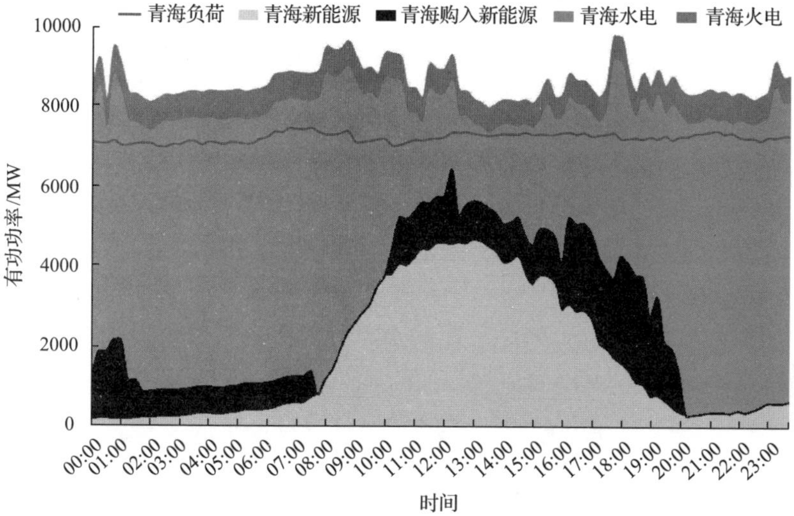

图 5-7　青海全清洁能源供电期间实时电力成分典型日情况(彩图扫二维码)

全清洁能源供电期间，西北电网发挥统一调度优势，积极组织协调，加大黄河水电出库流量，保证水电大发；组织签订青海跨省新能源购电框架协议，提高新能源占比；压减青海火电至最小开机方式，并全部跨省送出；安排其他省份水电调频，避免青海水电波动，实时保证全清洁能源供电；建立全清洁能源供电智能系统，实现精准监测、精确控制，全力保证全清洁能源供电。

2. 青海电网与葡萄牙电网全清洁能源供电对比分析

葡萄牙电网曾于 2016 年 5 月 7～11 日共 107h 实现全清洁能源供电，其间最大负荷达 656 万 kW，将青海电网与葡萄牙电网全清洁能源供电进行比对分析，如表 5-2 所示。

由表 5-2 可知，青海电网供电负荷与葡萄牙电网大致相当。与葡萄牙连续 4 天多的清洁能源供电相比，青海连续 7 天清洁能源高比例供电的难度更大，理由如下。

(1)持续时间更长。青海连续清洁能源供电 168h，比葡萄牙(107h)超出 61h。

表 5-2 青海与葡萄牙全清洁能源供电对比分析表

项目	青海	葡萄牙
电源结构/%	水(51.58) 火(15.78) 风(2.91) 光(29.73)	水(33.60) 火(9.5) 风(26) 光(2.3) 燃气轮机(25.3) 生物质能(3.3)
最大负荷/万 kW	736	656
历史最高/万 kW	903	820
日均用电量/(亿 kW · h)	1.686	1.269
发电量占比(分类型发电量占总用电量的比例/分类型发电量占总发电量的比例)/%	水(81.41/71.92) 火(9.92/8.76) 风(2.5/2.2) 光(19.36/17.11) 风+光(21.86/19.31) 购入(5.6/—) 青海新能源装机的 91%为光伏，发电时间短，受光照强度、天气影响新能源出力波动大	水(55.20/43.92) 火(4.21/3.35) 风(50.4/40.11) 光(1.29/1.03) 风+光(51.69/41.14) 葡萄牙新能源成分主要为风电，且集中式与分布式并重，受海洋性温带气候影响，风电资源常年较为稳定
交换电力及外送比例	6 回 750kV 联络线与甘肃相连，受入能力为 360 万 kW，占最大负荷的 48.9%，外送能力为 400 万～500 万 kW，外送能力大； 日均外送电量 2258 万 kW · h，占用电量的 13.39%，占发电量的 11.65%	9 回联络线与外网相连，交换能力为 310 万 kW，占供电时段全网最大负荷的 47.26%； 日均外送电量 3113 万 kW · h，占用电量的 24.53%，占发电量的 19.70%
日前计划安排复杂度	水电集中于黄河龙羊峡—积石峡区间，需要梯级联动，运用约束多。供电期间需大幅增发水电电量，月度计划需配合进行调整，方案复杂； 新能源装机的 91%为光伏，受天气影响变化幅度大，电网运行方式安排难度大	有调节能力的水电装机 410 万 kW，分布于境内三条主要河流，水库运用约束少，水电调节灵活性强； 新能源装机的 82%为风电，出力变化幅度小，有利于电网运行方式安排
实时调控运行难度	网内无抽水蓄能，实时调整灵活性低。网调、省调同时控制，配合、协调工作量大	抽水蓄能装机占总装机的 8.7%，可以平滑新能源出力，降低电网实时调控难度

(2)运行调节更困难。葡萄牙水电和燃气轮机等可调节电源占比为 58.9%，青海水电装机占比为 51.58%，同时省内主力水电厂承担着西北电网日常运行调节责任。

(3)供电结构更清洁。青海实现 100%依靠太阳能发电、风电和水电供电，葡萄牙调峰电源中还包含部分可灵活调节的燃气电站。

相较于葡萄牙以风电为主的全清洁能源供电，青海电网光伏比重大，在无抽水蓄能、燃气电站等优质调峰机组提供支撑的情况下，克服新能源发电间歇性、波动性的困难，实现了清洁能源最大限度的消纳。

5.1.4　结论

青海全清洁能源供电的成功，对于推动我国能源转型、促进清洁能源持续健康发展和高效利用意义重大，在全国范围内为促进清洁能源发展与消纳提供了良好的示范作用。下一步要统筹推进新能源与灵活调节电源和配套电网建设，有序引导新能源发展。打破省间壁垒，加快构建全国统一电力市场，尽快完善新能源交易机制和调峰补偿机制，通过市场机制实现新能源优先消纳。

5.2　案例 2：利用华中抽蓄电站消纳西北清洁能源

大规模新能源消纳一直是世界性难题。在中国，能源中心与负荷中心分布不均的矛盾由来已久。“三北”地区新能源聚集，电源结构单一，灵活调节电源比重偏低，特别是近几年用电需求增速放缓，用户侧消纳市场总量不足。怎样保证新能源平安上网、灵活消纳和安全送出，是新能源快速发展必须面对的挑战。目前，西北地区弃风、弃光现象严重，由于用电负荷特性与风力发电负荷特性不一致，低谷时段弃风现象尤为严重，甚至影响电网运行。

抽水蓄能电站是华中电力系统最经济的调峰电源，在水电比重较大的华中电力系统中有着大规模的抽水蓄能电站。从地理位置上看，华中电力系统处于“全国联网”的枢纽中心，也是全国电力系统的电力集散中心和潮流网节(分配)中心，如果能利用华中抽蓄电站消纳西北新能源，将对电网供电质量和安全有重大提升作用。

5.2.1　实施背景

1. 华中电网相关问题

华中电网由河南、湖北、湖南、江西省电网组成，目前形成了以葛洲坝电站外送为中心的环网，特别是湖北省中部形成了具有一定支撑作用的骨干网架，有 1 回直流线路与华东电网相连。2002 年 5 月华中电网与川渝电网实现交流联网。自 20 世纪 90 年代以来，华中地区电力需求一直呈增长之势，特别是峰谷差增长较快：统调用电量年平均增长 6.2%，最大峰谷差的年均增长率为 8.3%，平均峰谷差的年均增长率为 10.3%，特别是峰谷差的增长幅度远大于用电量的增长幅度，由此造成华中电网出现以下问题。

(1) 市场局部电力供应短缺，出现拉闸限电现象。

(2) 电源结构不能完全适应用电需求的变化，电网缺少从经济和技术上均能较好满足峰谷负荷变化要求的电源。

(3) 发电装备技术水平滞后，全网统调火电平均单机容量不到 150MW，调峰能力不够。

(4) 水电比重较大，丰水期需弃水调峰。水电出力季节性明显，调节能力差，全网汛期综合调峰能力不足，随着系统负荷峰谷差的加大，电网汛期调峰问题突出。

(5) 电网建设仍需加强，低压电网薄弱，用电潜力未完全释放，电力市场还待培育。

2. 抽水蓄能电站与水电扩机的对比

2010 年以后，华中地区的大中型常规水电基本开发完毕，增加常规水电调峰电源只能是水电扩机，而水电扩机的优势在于利用了原电站的主体工程，造价比较低廉，并且不需要消耗能源，但只能在地形地质条件较好、水库调节性能较高、水量利用率低、装机年利用小时数较高的水电站进行。抽水蓄能电站不受天然来水量的限制，不仅能调峰，而且能填谷，可以根据系统的需要，随时在抽水与发电两种工况间转换，维持电力供需的平衡。在维持现代电网的安全经济运行方面，抽水蓄能电站是必不可少的。

3. 蓄能机组与火电机组、燃气轮机调峰机组的经济

常规燃煤火电机组可采用压低出力及启停等方式开展调峰运行。火电机组深度调峰经济性较差，当压低出力到额定工况的 60%时，发电损耗及厂用电率都会相应增加。火电机组启停调峰需要投入大量的助燃油、代价较大，而且长期下去对机组的损伤较为严重，且 200MW 以上机组启停调峰在技术上还有一定困难。启停调峰对电网安全运行影响较大。

“西气东输”工程的实施，为华中电网兴建燃气机组创造了条件，燃气

轮机效率高，启动迅速、调峰性能好，但在负荷跟踪、快速启停等方面不如抽水蓄能电站和常规水电。

4. 西北地区弃风、弃光情况

2019 年二季度，西北地区弃风 37.9 亿 kW·h，同比减少 43.7%，弃光 10.5 亿 kW·h，同比减少 20.1%。截至 6 月底，西北地区合计弃风电量 58.9 亿 kW·h，同比减少 45.4 亿 kW·h，平均弃风率为 10.7%，同比下降 8.1 个百分点；弃光电量 23.1 亿 kW·h，同比减少 2.8 亿 kW·h，平均弃光率为 6.9%，同比下降 3.3 个百分点，新能源消纳情况大幅好转。其中，宁夏、陕西弃风弃光整体处于合理水平；新疆受益于准东直流投产，弃风率为 17.0%、弃光率为 10.7%，分别下降 12.0 个百分点和 9.0 个百分点；甘肃受益于辅助服务市场以及祁韶直流送电能力提升，弃风率为 10.1%、弃光率为 6.9%，同比分别下降 10.4 个百分点和 4.4 个百分点；青海上半年新增风光装机 213 万 kW，位居全国首位，在局部送出受限问题尚未完全解决的情况下，出现限电增加苗头，上半年弃光率为 6.3%，同比增长 3.1 个百分点。

5. 抽水蓄能电站与风光互补

大规模的新能源接入电网，由资源中心运送到负荷中心，考验着整个电力系统的友好性、灵活性和安全性，对电力系统技术和管理提出了更加严苛的要求。水电作为电网系统内重要的调节器、稳压器、平衡器，应如何在能源消纳中发挥其作用？我国是抽水蓄能装机容量最大的国家，抽水蓄能电站能够在送端电网发挥高效调节作用，在受端电网快速削峰填谷，与特高压输电配合，能促进清洁能源大范围输送和消纳，保障清洁能源安全入网。抽水蓄能电站在未来新能源大规模接入电网、电力系统智能化程度越来越高的趋势下，将扮演越来越重要的角色。华中四省每省均有一个 120 万 kW 容量的抽水蓄能电站，由于抽水蓄能电站启停迅速、运行调节灵活，在电网系统中可以充分发挥抽水蓄能电站与光伏、风电运行的互补性，减少新能源大规模随机并网对系统的冲击。利用华中抽水蓄能电站来消纳西北地区低谷时期的清洁能源，减少了华中地区火电机组单位发电煤耗，还增加了清洁能源的利用率并且缓解了西北地区的弃风、弃光问题。

6. 创新交易模式，提高资源利用率

作为一种交易创新模式，华中抽水蓄能电站在满足华中电网调峰调频等辅助服务需要的情况下，还有一定的富余能力可用于消纳西北低谷富余新能源。将西北弃风电量转换为华中电网高峰电能，实现节能减排。利用市场手段调用需求侧资源，消纳低谷时段新能源电量；最大限度地利用抽水蓄能电站，提高平均利用小时数，增加消纳的新能源电量，提高资源利用率。

5.2.2 实施成果

1. 华中电网利用抽水蓄能电站消纳西北新能源交易情况

(1)2017 年 5 月，在各方的共同努力下，利用灵宝背靠背直流工程低谷时段剩余输电空间，通过北京交易平台开展了利用华中抽水蓄能电站跨区消纳西北低谷新能源的首次交易。截止到 8 月底，共组织了 3 次此类交易，抽蓄交易总共成交 2.1 亿 kW·h 电量，其中甘肃送出 1.16 亿 kW·h、新疆送出 0.94 亿 kW·h，湖北消纳 1.36 亿 kW·h、江西消纳 0.74 亿 kW·h。华中抽水蓄能电站消纳西北新能源交易电量全部为低谷新能源电量，交易时段为 22:00 至次日 8:00，由国网湖北省电力有限公司、国网江西省电力有限公司分别代理，作为湖北白莲河、江西洪屏抽水蓄能电站抽水电量。抽水蓄能电站消纳西北新能源交易中国网湖北省电力有限公司、国网江西省电力有限公司的购电价格为 253 元/(MW·h)(落地价)，西北新能源电厂上网电价为 150 元/(MW·h)。根据政府价格主管部门核定的跨省跨区输电交易价格为 123 元/(MW·h)。为促进西北电力外送，交易输电价格下浮 18%，输电价格为 101.06 元/(MW·h)。

(2)2018 年利用华中抽水蓄能电站消纳西北清洁能源 1.76 亿 kW·h，其中送江西 1.12 亿 kW·h，送湖北 0.64 亿 kW·h，综合上网电价为 214.34 元/(MW·h)，落地价 350 元/(MW·h)。

(3)2019 年利用华中抽水蓄能电站消纳西北新能源 9 亿 kW·h，其中送湖南 3.07 亿 kW·h，综合上网电价为 216 元/(MW·h)，落地价为 333.16 元/(MW·h)；送湖北 2.44 亿 kW·h，综合上网电价为 216 元/(MW·h)，落地价为 351.52 元/(MW·h)；送河南 1.69 亿 kW·h，综合上网电价为 216 元/(MW·h)，落地价为 351.52 元/(MW·h)；送江西 1.8 亿 kW·h，综合上网电价为 216 元/(MW·h)，落地价为 351.52 元/(MW·h)，如表 5-3 所示。

2. 抽水蓄能电站消纳西北新能源交易效益分析

2014 年 7 月，国家发展改革委出台了《关于完善抽水蓄能电站价格形成机制有关问题的通知》(发改价格〔2014〕1763 号)，提出在竞争性电力市场形成前，抽水蓄能电站实行两部制电价，电网企业向抽水蓄能电站提供的抽水电量的电价按当地燃煤机组标杆的 75%执行；华中电网利用抽水蓄能电站消纳西北新能源交易电量为 2.1 亿 kW·h，按照抽水蓄能电站“抽四发三”的效率计算。

表 5-3　2019 年甘肃省利用华中抽水蓄能电站消纳西北新能源情况

省份	交易名称	组织电量/(亿 kW·h)	结算电量/(亿 kW·h)	综合上网电价/(元/(MW·h))	落地价/(元/(MW·h))	结算电量合计/(亿 kW·h)
湖南	7 月甘肃送湖南抽水蓄能发电权交易	0.45	0.52	216	333.16	3.07
	8 月甘肃送湖南抽水蓄能发电权交易	0.51	0.48	216	333.16	
	9 月甘肃送湖南抽水蓄能发电权交易	1.05	0.95	216	333.16	
	10 月甘肃送湖南抽水蓄能发电权交易	1.00	1.12	216	333.16	
湖北	7 月甘肃送湖北抽水蓄能发电权交易	0.46	0.55	216	351.52	2.44
	8 月甘肃送湖北抽水蓄能发电权交易	1.05	0.92	216	351.52	
	10 月甘肃送湖北抽水蓄能发电权交易	0.77	0.97	216	351.52	
河南	8 月甘肃送河南抽水蓄能发电权交易	0.53	0.69	216	351.52	1.69
	10 月甘肃送河南抽水蓄能发电权交易	1.00	1.00	216	351.52	
江西	8 月甘肃送江西抽水蓄能发电权交易	0.51	0.92	216	351.52	1.8
	10 月甘肃送江西抽水蓄能发电权交易	1.04	0.88	216	351.52	
合计		8.37	9.00			9

（1）2017 年西北低谷新能源电能替代华中高峰火电 1.575 亿 kW·h，按发电标准煤耗 320g/(kW·h) 计算，相当于节约标准煤 5.04 万 t，减少二氧化碳排放 12.3 万 t，社会效益明显。从企业效益来看，西北新能源发电企业参与

本次交易减少弃风，增加交易收入为 21000×0.15=3150 万元，可再生能源补贴收入为 11600×(0.45–0.2978)+9400×(0.4–0.25)≈3176 万元，合计增加收入 6326 万元。

(2)2018 年西北低谷新能源电能替代华中高峰火电 1.32 亿 kW·h，按发电标准煤耗 320g/(kW·h)计算，相当于节约标准煤 4.22 万 t，减少二氧化碳排放 10.3 万 t，增加交易收入 17600×0.21434≈3772 万元，可再生能源补贴收入为 11200×(0.4143–0.3078)+6400×(0.4161–0.3078)≈1186 万元，合计增加收入 4958 万元。

(3)2019 年西北低谷新能源电能替代华中高峰火电 6.75 亿 kW·h，按发电标准煤耗 320g/(kW·h)计算，相当于节约标准煤 21.6 万 t，减少二氧化碳排放 52.7 万 t，增加交易收入 90000×0.216=1.944 亿元，可再生能源补贴收入 30700×(0.45–0.3078)+24400×(0.4161–0.3078)+16900×(0.3779–0.3078)+18000×(0.4143–0.3078)≈1.011 亿元，合计增加收入 2.955 亿元。

因此，开展利用抽水蓄能电站消纳西北新能源交易，实现了社会效益和企业效益双赢。如今，抽水蓄能电站已成为接纳大规模清洁能源入网的首选“标配”，并成功应用于交易实践，取得了很好的效果，但同时还有一些问题需要进一步探讨和完善。虽然利用抽水蓄能电站消纳西北新能源交易取得了一定成效，但还处于探索阶段，现在还存在相关问题。

3. 抽水蓄能电站在华中电网中的作用

1)提升整个系统的调峰能力，经济而有效地解决电网调峰问题

随着人民生活水平的不断提高和第三产业的迅速发展，居民生产用电、第三产业用电比例不断增长，华中电网对调峰电源的要求更加迫切。2015 年华中电力系统峰谷差达到 26860MW，而水电只能承担 9200MW 左右：同时又出现了大量基荷电和弃水电能，若剩余的调峰任务全部由火电承担，则火电机组的调峰幅度达 40.7%，2020 年甚至达到 42.8%。由前述的调峰措施对比分析可知，用如此多的火电机组来解决系统的调峰问题显然是不经济的，投入抽水蓄能电站提升整个系统的调峰能力，可经济而有效地解决电网调峰问题。

2)保证电网安全稳定运行

随着我国社会主义市场经济体制改革的逐步深入，市场机制的逐步完善，商品供应部门必须按照市场要求来组织商品的生产，电能同样如此。而且随着经济社会的发展、法律法规的健全，用户利益会越来越受到重视，对于电

力系统的原因给用户造成财产损失的，如供电中断，系统电压频率的波动超出了法定界限，供电部门除了可能受到经济处罚外，还需承担法律责任，这是我国今后发展的必然趋势。2002 年华中电网电压合格率为 99.60%、频率合格率为 99.89%，这与现代大电网的要求还有一定的差距，而华北、华东电网有抽水蓄能电站后，已经达到了 99.99%。说明抽水蓄能电站在保证电网的供电质量、提高电网运行的安全性和可靠性等方面有明显作用。

3）提高系统整体经济性

抽水蓄能电站投入运行后，低谷时段抽水填谷，高峰时段发电调峰，使火电机组以较平稳的出力运行，缓解这些机组低谷时段深度压低出力、频繁调整出力、启停调峰的困难，解放原来承担调频、负荷跟踪、旋转备用、调相等任务的火电机组或设备，减少事故和煤耗，提高了系统整体的经济性。研究表明，华中电网 2015 年投入 4000MW 抽水蓄能电站后，系统火电煤耗可减少 30g/(kW·h)左右，经济效益十分显著。

4）提高水能资源利用率

华中电网水电比重较大，但调节性能参差不齐，而且多数电站往往还承担防洪、航运、灌溉等综合利用任务，调峰幅度有限，加上系统调峰能力不足，常常产生水电弃水调峰现象。若系统中有抽水蓄能电站投入运行，则可以充分吸收常规水电弃水电能，将其转化为优质峰荷电，从而减少弃水损失，提高水能资源的利用率。

5.2.3 存在的问题

(1) 由于抽水蓄能电站运营成本巨大，华中电网内现有 4 座装机均为 120 万 kW 的抽水蓄能电站，分别为河南宝泉、湖北白莲河、湖南黑麋峰、江西洪屏抽水蓄能电站，每年固定的容量电费都在 5 亿元左右，如表 5-4 所示。根据国家有关文件，对于执行容量电费政策的抽水蓄能电站，政府主管部门按照补偿固定成本和合理收益的原则，核定抽水蓄能电站的年容量电费，不另行核定电价。对于采用容量电费模式的抽水蓄能电站，电网公司对其一般采用租赁方式，按核定容量电费支付费用并承担相应的抽发损耗。华中电网内宝泉、白莲河、黑麋峰抽水蓄能电站都采用容量电费方式，此外，我国大多数抽水蓄能电站均采用该模式，这实际上是一种单一制容量电价机制。对于容量电费的消化与承担比例，政策规定，容量电费原则上由电网企业消化 50%，发电企业和用户各承担 25%。其中，发电企业承担的部分通过电网企业在用电低谷招标采购抽水电量解决；用户承担的部分纳入销售电价调整方案统筹解决。

表 5-4　华中电网主要抽水蓄能电站抽发损耗情况表

分类	河南宝泉	湖北白莲河	湖南黑麋峰	江西洪屏
装机容量/MW	1200	1200	1200	1200
年容量电费/亿元	5.07	4.86	4.84	7.00
2015 年实际发电量/(亿 kW · h)	9.17	4.28	6.25	0
2015 年实际抽水电量/(亿 kW · h)	11.46	5.33	7.57	0
2016 年计划发电量/(亿 kW · h)	20	10	16	3
2016 年实际发电量/(亿 kW · h)	20.01	10.01	16.02	3.01
2016 年实际抽水电量/(亿 kW · h)	24.67	12.46	19.25	8.97
2017 年计划发电量/(亿 kW · h)	18.5	10	16	13
火电标杆电价/(元/(MW · h))	355.1	398.1	447.1	399.3
2016 年抽发损耗成本/亿元	1.65	0.98	1.44	2.38
2017 年抽发损耗成本/亿元	1.58	0.98	1.48	1.4

(2) 2014 年 7 月，国家发展改革委出台了《关于完善抽水蓄能电站价格形成机制有关问题的通知》(发改价格〔2014〕1763 号)，提出在竞争性电力市场形成前，抽水蓄能电站实行两部制电价，电网企业向抽水蓄能电站提供的抽水电量的电价按当地燃煤机组标杆的 75%执行；鼓励通过市场方式确定电价，在具备条件的地区，鼓励采用招标、市场竞价等方式确定抽水蓄能电站项目业主、电量、容量电价、抽水电价和上网电价；电力市场化前，抽水蓄能电站容量电费和抽发损耗纳入当地省级电网(或区域电网)运行费用统一核算，并作为销售电价调整因素统筹考虑。

(3) 河南宝泉抽水蓄能电站年容量电费已落实，其中电网承担的 50%、用户承担的 25%通过销价疏导落实，发电企业承担的 25%通过招标解决。湖北白莲河、湖南黑麋峰抽水蓄能电站年容量电费中发电企业承担的 25%部分一直没有得到落实。

(4) 根据抽水蓄能电站电价政策及输配电价改革方案，电网企业承担 50%、用户承担 25%，即 75%的容量电费都通过输配电价的形式，由所在省用户承担。华中抽水蓄能电站采用租赁经营模式，抽发损耗由省电力公司承担，这意味着抽水蓄能电站用得越多，抽发损耗越大，省电力公司成本支出越多。

(5)近年来，国家能源局组织各地电网企业研究在各个地区建立电力市场辅助服务考核和补偿机制，华中地区的能源监管机构也分别根据电力系统运行情况出台实施了电力市场辅助服务机制的“两个细则”(《并网发电辅助服务管理实施细则》和《发电厂并网运行管理实施细则》)，根据考核政策的规定，发电厂所有考核费用全部用于补偿提供辅助服务的电厂，以省(市)为单位实行收支平衡，辅助服务补偿费用不足部分按各电厂实际上网电量比例分摊，富余部分按考核电量等比例返还。实际上，有偿辅助服务费用是在电厂间相互支付，电网不承担成本也不获得盈利。

(6)“两个细则”特别规定“电网公司所属电厂参与考核，不参与结算”，而华中电网区域抽水蓄能电站多为电网租赁运营，因此，华中区域抽水蓄能电站无法从辅助服务中获得任何经济补偿。2015 年以前，华中电网抽水蓄能电站都由所在地省电力公司负责调度，抽水蓄能电站是一种快捷有效的调峰调频手段，但也是一种“奢侈”的工具，要用 4kW·h 低谷电能换 3kW·h 高峰电能。从减少公司成本的角度出发，省级调控中心一般都把开启抽水蓄能电站作为最后的调峰措施，能不用则尽量不用，因此，2015 年及之前华中境内抽水蓄能电站利用率与设计相比，相对较低。

5.2.4　相关建议

利用华中抽蓄电站消纳西北新能源作为一种新型模式，还处于探索阶段，需要进一步明确规则，规范运行。基于这种交易模式所取得的节能减排的社会效益及相关方共赢的效果，在规范此类交易时首先需要一种积极支持的基本态度，其次要鼓励提升相关方的积极性，最后是实事求是地进行规范，为此提出以下建议。

(1)华中电网内抽水蓄能电站首先用于本网调峰、调频及黑启动等辅助服务，保障电网安全，只有富余能力才能用于区外新能源消纳：抽水蓄能电站的容量电费占其运营成本的大部分，主要由所在省承担，根据权责一致的原则，抽水蓄能电站首先用于保障自身电网的运行安全，只有在抽水蓄能电站有富余能力的情况下，才能根据抽水蓄能电站所在省电力公司的意愿开展此类交易。新能源消纳的责任主体在新能源所在省，利用华中抽水蓄能电站消纳西北新能源是一种市场行为，不能变为一种强制手段，否则就是本末倒置。

(2)通过市场化方式组织跨区新能源交易：利用华中抽水蓄能电站消纳西北新能源交易要按市场化方式组织，充分调动各方的积极性，实现多赢。由于华中地区抽水蓄能电站采用租赁经营，抽发损耗由省电力公司承担，因此，此类交易购电方为抽水蓄能电站所在省电力公司，购销价差收入用于补偿抽发损耗。根据 4kW·h 低谷电能换 3kW·h 高峰电能抽发关系，此类交易落地价应不高于抽水蓄能电站所在省火电标杆电价或平均上网电价的 3/4。

(3)建立电量库，签订开口协议：华中抽水蓄能电站实际运用电力曲线与利用抽水蓄能电站消纳西北新能源交易的电力曲线不一致，西北新能源电厂实际发电曲线也存在与交易曲线不一致的问题。如果拘泥于交易曲线与送受端电力曲线一致，交易将无法开展，必须分别在送受两端电网建立交易电量库，购、售、输各方签订开口协议，约定交易电量和价格，按月进行电量清算和结算。发电侧、受电侧分别由调度机构进行实时运行开展新能源电厂发电计划和抽水蓄能机组抽发计划的执行工作。

(4)完善和规范交易方式：建议能源监管机构组织相关方制定抽水蓄能电站消纳新能源交易规则，做到有章可循。同时明确各级行政部门在保障自身电网安全的情况下，不得阻碍新能源跨省跨区消纳，促进新能源更大范围消纳和实现节能减排。

(5)“西电东送”与“全国联网”的需要：华中电网处于我国正在实施的“西电东送”的中部通道，也是受端电网。三峡电站建成后，将华中、华东、川渝电网连成联合电网，并以华中电网为中枢，与华北、华南、西北、西南电网相连，促进我国电网的形成和发展，将取得水火共济和水电跨流域补偿调节等巨大联网效益。

5.3 案例 3：电力援疆疆电新能源外送市场化尝试

5.3.1 实施背景

1. 电能供需呈现新矛盾

2016 年，新疆全网电源总装机接近 8000 万 kW，新能源装机容量约 2700 万 kW，与装机规模的大幅度增长形成鲜明对比的是，同期新疆电网调度口径最大发电负荷不足 3000 万 kW，供需比接近 3，新能源装机规模的大幅增长与省内增长乏力的电力负荷之间的矛盾，给新疆电力工业发展带来了前所未有的挑战。

这种供需失衡的局面，在疆内经济产生三个方面的影响。一是新疆优势资源得不到充分发挥。2016 年新能源弃电率高达 37%，弃电规模约 168 亿 kW·h，新疆被列为新能源投资红色预警区域，暂停新能源新增项目的核准和建设，对新能源发展和建设影响巨大。二是发电企业利用小时数大幅度下降，面临大面积亏损的风险。2016 年全年公用火力发电利用小时数不足 3000h，为历年来最低水平，公用火力发电企业在非供暖期间已开始安排轮流全停，其余公用火电厂均维持最小单机方式。三是电力行业整体安全运行压力巨大，对疆内生产生活和维稳工作造成较大的影响。由于冬季热电机组供暖需要发电负荷支撑，而疆内用电负荷支撑严重不足，既无法满足居民供热需求，又无法满足电网安全要求，对电网安全、民生稳定产生不利影响。

2. 产业援疆进入新模式

在“十二五”期间，为落实中央要求，各省(市)援疆工作重点以基础设施和民生建设工程为主，对受援地区民生改善、社会稳定起到了至关重要的作用。“十三五”时期，各省(市)对口援疆工作进入了产业援疆、增强造血功能阶段，目的是推动各产业实体项目落地新疆，通过从“外部输血”实现“自我造血”转变，促进新疆经济社会发展、民生改善和长治久安。各省(市)产业援疆的落实，间接促使新疆电源装机容量跨越式发展，新能源装机呈现爆发式增长。但由于新疆用电负荷未出现较大规模的增长，新疆电网电力供需矛盾逐渐激化。

3. 电力市场建设新机制

2015 年 5 月，《国家发展改革委关于完善跨省跨区电能交易价格形成机制有关问题的通知》(发改价格〔2015〕962 号)(以下简称 962 号文件)要求通过市场化交易方式确定送受电量、电价，启动了跨省跨区电力市场化改革。962 号文件发布后，在北京交易中心和各省交易中心的摸索下，逐步建立并完善了跨省跨区外送合同确定、外送交易组织、外送计划安排、省间电量结算及偏差处理等一系列的外送实施方案。最终，在 2018 年实现北京交易中心《关于印发<北京电力交易中心跨区跨省电力中长期交易实施细则(暂行)>的通知》(京电交市〔2018〕51 号)文件的出台并获得国家能源局批复执行。省间外送电力市场的政策和规则基础逐步完备，为省间交易开展和交易规模扩大提供了支撑。同时，一大批大容量、长距离的交直流输电通道建成投产并完成输电价格核定，为省间外送交易的开展奠定了物质基础。

4. 省间外送面临新挑战

962 号文件发布后，各省对于省间外送市场均处于探索阶段，对购入外省电量对本省电力市场产生的影响未形成明确的认识。同时，各省用电量增速降低且均存在大量机组投产，全国各省发电能力普遍富余，电力电量以省内平衡为主，对外购电的意向不高。

综上，中央援疆政策是联系各援疆省(市)和新疆的纽带，对新疆全方面发展产生深远影响。通过疆内富余电量外送消纳，缓解新疆供需矛盾和冬季供暖、发电企业经营困难，同时国家电网大规模联网和专用送电工程的实施，为疆电外送提供了物质基础。但省间外送市场启动初期，各省基于省内电量偏富余的未来预期，对外购电呈现观望态度。故急需创新一种疆电外送新模式，有效利用新疆在政策层面上的优势打开各省购电市场，实现多方共赢的市场化送电，解决新疆电网困难。

5.3.2 具体措施

1. 基本思路及计划节点

“电力援疆+市场化”工作思路的核心是将疆电外送与中央援疆政策结合，以中央援疆政策为桥梁，赋予政府间签订外送协议以产业援疆内涵，降低疆电外送合同签订困难程度，主要分为三个阶段。

第一阶段(2015 年 6 月至 2016 年 12 月)是电力援疆工作开拓阶段，旨在形成“电力援疆”外送电概念，推动电力援疆工作从纸面到实际开展，实现首次援疆合同签订，形成创新和突破。

第二阶段(2017 年 1 月至 12 月)是电力援疆规范提升阶段，该阶段电力援疆工作能有效推进，主要通过改善合同签订方式、建立援疆电量保障机制和改善援疆转让等措施，提升电力援疆工作的效率，对电力援疆进行巩固和拓展。

第三阶段(2018 年 1 月至今)是电力援疆常态化、长期化开展阶段，该阶段是在电力援疆正常、高效开展的基础上，将电力援疆政府间合同签订延伸至未来数年，推进电力援疆常态化开展。

2. 具体措施

1)超前筹划分析，坚持需求导向，用足政策拓展疆外市场

(1)进行目标省份消纳空间及消纳电价、市场化购电等多方面分析。通过对 19 个援疆省份的逐一分析，推荐江苏、浙江、上海、广东、湖北、湖南、北京、天津、河北、山东等 13 个省(市)作为电力援疆工作目标省(市)。上述省(市)属于“三华”核心电网以及南方电网，其经济发达、网架结构坚强、网间调节互供电能力强，且社会总用电体量及外购电量大，具备在不影响援疆省份根本利益的情况下消纳部分新疆富余电力的能力。同时，购电省份一次能源相对贫乏，燃煤标杆电价和平均购电单价较高，具备疆电外送价格运作空间。

(2)进行疆电外送优劣势因素分析。优势方面：新疆具有丰富的一次能源，煤炭、水能资源预测储量分居全国第一、第四，风能、太阳能资源预测储量均位居全国第二位。一方面受资源丰富的影响，新疆发电成本较低，电价在全国处于较低水平；另一方面新疆丰富的水、风、光可再生资源对环境压力较大的中东部地区具有吸引力，特别是在全国环境治理力度逐步增大、配额制消纳政策逐步落地的背景下，中东部省(市)购入新疆清洁电力的需求不断增加。劣势方面：一是新疆远离购电省份市场，存在距离较远需多级输电通道转运、送电路径通道运行方式多、输电费及损耗大等困难；二是西北各省份电能均存在富余，外送电需求强烈、竞争激烈，但西北外送通道有限，处于西北电网末端的新疆外送存在受限等问题，外送条件较西北其他省份不具备优势。

2)借力产业援疆，汇聚各方力量，高位推动打破省间壁垒

(1)自治区政府明确电力援疆工作目标，交易中心紧锣密鼓开展工作，形成方案明确援疆工作开展模式和落实载体。

2016 年 6 月，自治区政府明确了将疆电外送列入产业援疆政策，要求全面推动电力援疆工作，力争取得实质性突破。新疆交易中心通过测算接纳疆电目标、电量、电价、组织方式等内容，提出政府间以签订框架协议(或合同、会议纪要)等方式锁定交易电量，消除各省(市)购入疆电的各种疑虑，最终形成电力援疆整体工作方案。

该方案经自治区政府批复同意，分别向 13 个省(市)对口援疆前方指挥部、新疆维吾尔自治区发展改革委、新疆维吾尔自治区工业和信息化厅、国家能源局新疆监管办公室、国网新疆电力有限公司以及受援地州下达了任务，下

发新疆跨省外送电工作方案，明确各部门的工作职责和任务，并召开多次专题会议以加快推进工作开展，以自治区政府函形式向 13 个省(市)、国家电网发出请求支持电力援疆工作的相关事宜。

(2)明确电力援疆工作推进各方职责，建立自治区政府引领、各方相互配合形成合力的组织机制。坚持“高位引领、各部门协调、受援地州落实主体责任、电力公司全面技术支撑”的总体思路，开始进行全面推进电力援疆工作，主要是三方面内容。一是由自治区政府分管领导亲自督导电力援疆工作推进，有效整合疆内各方力量和资源，确保电力援疆工作进展得更加顺利。自治区政府主导成立以各受援地州分管援疆工作的领导任组长、各援疆前方指挥长和自治区相关部门分管领导任副组长的电力援疆工作组，电力公司提供全面技术支撑的机制。二是促请自治区政府下发了《推进电力援疆推进激励工作方案(试行)的通知》(新政办发〔2016〕172 号)文件，明确按照“谁落实谁受益”的原则分配援疆电量、新能源送出比例和转让机制，充分调动了各地州市(兵团各师)争取援疆电量的积极性，超前规范了电力援疆各项工作。三是新疆交易中心促请自治区政府就电力援疆相关工作向中央援疆工作办公室、国家发展改革委进行汇报，推动电力援疆工作在国家层面列入产业援疆政策，向电力援疆常态化开展迈出坚实步伐。

(3)因地制宜施策，由点及面突破，通过示范效应建立互信。电力援疆工作推进初期阶段，援疆电量分配方案和对接工作均参照已确定的各援疆省(市)产业援疆任务，结合各相关省(市)售电量、外购电量、标杆电价和平均购电电价等指标综合确定，使电力援疆工作的推进存在一定阻力，主要是各援疆省(市)对落实援疆电量存在疑虑：一是电力市场供需形势变化较快，后续市场变化预期不确定造成困难；二是电力援疆为新生事物，无法确定实际运作的可行性。为降低电力援疆工作难度，力促各方达成一致意见，制定电力援疆工作流程，如图 5-8 所示。采取“因地制宜”的策略，以优先落实 2016 年度部分省(市)援疆电量试点为主，积累经验(如协议落实方式、输电通道、送购电时段和曲线、输电费用及损耗、组织方式等运营经验)，经过多方努力，实现了 2016 年电力援疆工作的创新和突破。北京、江苏、广东等七个省(市)明确购入援疆电量需求，陆续签订政府间框架协议，电力援疆工作取得实质性进展，年度外送援疆电量 30.5 亿 kW·h。2018 年电力援疆送电已送达 15 个省(市)，送电量突破百亿千瓦时。

(4)创新省间互保，建立跟踪机制，多措并举保障合同执行。目前新疆外送通道能力有限，且与购电省距离较远，需多级、多通道转运等，造成援疆电量外送规模有限。特别是 750kV 交流通道途经青海、甘肃等可再生能源大省。当甘肃风电、青海水电光伏大发时，新疆作为末端需让出送电通道，配合可再生能源优先消纳。

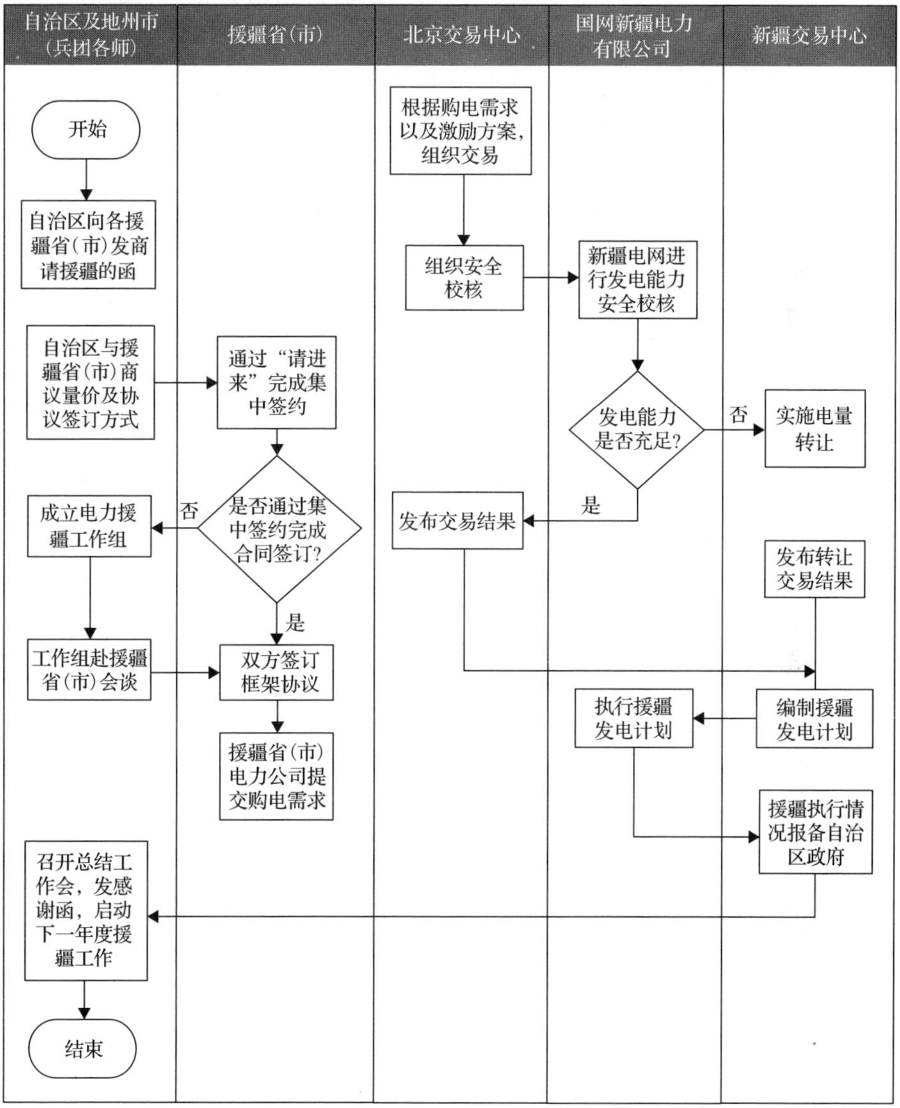

图 5-8　电力援疆工作流程图

一方面，为解决西北可再生能源消纳和疆电外送通道冲突问题，新疆交易中心提出创建“西北电网援疆电量库”机制，通过西北各省综合资源调配，以缓解疆电外送在西北输电通道的受阻情况。具体做法是在疆电外送输电通道能力富余时，加大外送电力度，向“西北电网援疆电量库”存入电量，在输电通道能力受阻或西北新能源大发期间，减少疆电外送电量，支取“西北电网援疆电量库”电量，以满足受援省(市)购电需求和各直流通道对援疆电力曲线、时段的要求。

另一方面，加强内部外送管理，形成“日跟踪、周通报、月会商”的长效外送计划跟踪机制。每日跟踪疆电外送计划曲线，累计疆电外送计划，及时跟踪、通报相关输送通道事故、检修信息；每周根据累计疆电外送计划进度情况，分析计划执行偏差的原因及提出建议、滚动预测月度计划完成情况，形成疆电外送计划跟踪报告。

(5)着眼新疆实际，落实区域协调、扶持政策保障援疆实效。由于南疆地区燃煤较少，南疆地区发电企业部分燃煤需由准东地区煤炭基地运输，输送距离较长，造成其发电成本较高，南疆地区发电企业普遍经营困难。同时，南疆地区是中央援疆的重点区域，也是电力援疆电量的主要发出地区，每年60%以上的援疆电量均由南疆发电企业发出。南疆各地区发电能力相对于援疆电量不足，大量援疆电量按照援疆激励政策要求实施转让，其转出电量由全疆公用火电替代发出，送出电价与替代电价差一般在2分/(kW·h)，通过合同转让转出援疆电量的南疆地区发电企业收益有限，无法改善南疆地区发电企业经营状况，且存在转出电量由全疆公用火电替代发出，补偿受益分散、资金回笼慢、操作复杂等问题。

为缓解南疆发电企业经营困难的问题，更大程度地发挥电力援疆对南疆地区的扶助作用，新疆交易中心经汇报自治区批准，增加一种区别于援疆激励政策的援疆电量疆内自主协商双边转让方式，提升对重点地区的扶持力度，即受援地区发电企业发电能力不足、援疆电量需转出时，其需转出的援疆电量由全疆公用火电参与替代变更为由转出发电企业自行寻找发电企业实施替代发电，其替代发电价格由自治区激励政策确定的0.18元/(kW·h)变更为替代双方自行协商确定。

援疆电量自主协商双边转让的两个变化调整，一方面减少了援疆电量转让替代电厂数量，转出电量由少数几家发电企业替代发出，利于援疆电量转让补偿资金回笼；另一方面是援疆电量转让替代电价自主协商，降低援疆电量转让价格，提升援疆电量转出发电企业获取的补偿收益，改善发电企业经营困难情况。援疆电量自主协商双边转让已在南疆部分发电企业实施，并取得了较好的效果。

5.3.3 实施效果

电力援疆工作在新疆电力行业整体经营状况改善、电网安全运行和电力市场建设方面均产生了积极作用，获取了较大的经济效益和社会效益。

1. 经济效益

自 2016 年启动电力援疆工作以来，已累计实现外送电量规模达 786 亿 kW·h（截至 2021 年 12 月底），实现了各受援地区及全疆发电企业收益超过 162 亿元，新能源企业获得国家可再生补贴资金增加约 55 亿元，有效改善受援地区发电企业经营状态，拉动了自治区经济发展，促进了优势资源转换，带动了相关产业的融合。

2. 社会效益

1) 支持自治区维稳、扶贫、供暖等民生扶持工作开展

援疆电量指标通过定点分配或实施援疆电量转让替发，实现全疆火电企业获取电量指标，获取援疆外送发电收益，改善全疆发电企业因发电指标不足造成的冬季供暖期困难和经营困难，对受援地区的社会发展、民生改善、维稳提升和长治久安起到积极作用。特别是南疆作为中央援疆重点帮扶地区，对应援疆省（市）的电力援疆指标约占总规模的 60%以上。电力援疆电量指标、外送收益均对南疆地区的民生改善起到积极促进作用。

2) 增强电网调峰能力，提升电网安全运行水平，促进新能源消纳

为最大限度地消纳新能源，新疆长期执行最小火电开机方式，网内调峰负备用，部分时段需西北大电网予以调峰支持。电力援疆外送为增量电量指标，可有效提升疆内火电机组负荷率及改善开机运行方式，提高了电网安全运行阈值，增强电网调峰能力，促进了新能源消纳。

3) 获得政府、发电企业等多方主体高度认同

目前自治区政府和相关部门已形成与各援疆省（市）的沟通协调机制，已实现与 15 个省（市）政府达成电力援疆合作意向，合计签订合同电量规模达到 820 亿 kW·h，得到各相关省（市）政府的理解和支持；已得到国家发展改革委

和国家能源局认可；国家电网先后出台了公司援疆 25 条意见等相关支持文件，并在电力央企范围内首次召开电力全方位援疆工作会议，全力以赴支持包括“政府间协议的电力援疆”工作的开展，尽全力帮助新疆实施各级电网的建设和补强，为电力援疆发展奠定了坚实基础，同时积极协调各援助省(市)消纳市场和送电通道，北京交易中心全力做好组织、协调、落实等工作。电力援疆逐步开创工作新局面。

4)促进新疆参与省间外送市场规则完善

自治区政府先后出台了“激励政策”和年度“跨省送电工作方案”，明确“谁落实、谁受益”的激励原则和电量分配机制，极大地调动了受援地州和相关发电企业的积极性，保障了电力援疆规模陆续扩大和援疆电量分配逐步规范，对电力援疆外送交易市场成员准入、交易电量出清方式、合同电量转让等细节内容进行明确，规范了电力援疆交易工作依法合规开展。

5)促进新疆电网快速融入全国统一电力市场

在 2016 年电力援疆工作开展前，新疆传统的送电市场仅有湖北、河南、青海等少数省份，存在送电区域窄、规模较小、类型单一等现象。2016 年启动“电力援疆+市场化”交易新机制后，疆电外送落地省(市)已扩展至 15 个省(市)，范围已涵盖华东、华中、华北以及南方电网等地区，初步实现了“电送全中国”。同时电力援疆还催生了“西北电网援疆电量库”交流送电新机制，促进了西北区域整体新能源消纳新模式，增强了各区域电网互联互通，对国家西电东送战略的实施和特高压交直流电网的建设具有巨大的促进作用。“电力援疆+市场化”跨省送电新模式，均在北京电力交易平台上组织实施，对全国统一电力市场的建设和发展起到了重要的支撑作用，也对新疆电力行业管理提升、快速融入全国统一电力市场、产业结构调整和升级起到积极的促进作用。

5.4 案例 4：清洁供暖市场化交易机制

5.4.1 背景与基本情况

为了促进西北地区清洁供暖项目有效落地实施，推广清洁供暖先进典型方案，本书技术人员赴“三北”地区开展调研，掌握清洁供暖项目规划建设实施情况，包括供暖形式、投资方式、采暖容量、供暖面积等内容。掌握“煤改电”供暖电价政策和补贴政策。现场调研典型示范项目，掌握项目运行机理、电价机制、供暖效率、投资收益情况等内容。通过调研，深入研究清洁取暖不同路径的经济技术特征，对不同类型的供暖用户提供科学合理的建议，发现了西北地区清洁供暖存在的问题，提出了推进清洁供暖发展的建议，对于推进西北地区清洁供暖科学、有序、健康发展具有重要意义。

5.4.2　存在的主要问题

1. 西北地区供热体制机制存在问题

一是西北地区缺乏对“煤改气”“煤改电”供热的统筹谋划，存在盲目投资和无序发展问题，导致部分省份出现天然气供应不足和配电网过载问题。二是城镇供热市场对社会投资开放不够，主要依赖政府补贴，缺乏科学合理的商业运营模式。

2. 清洁供暖的社会多元投资主体模式尚未形成

推进清洁供暖主要存在“改得起”“用得起”两个问题，涉及投资回收和运营效益，多元投资主体模式尚未形成。

3. 清洁供暖规模化发展初期对电价政策依赖性较高

由于清洁供暖广泛采用电锅炉、电热泵、电热膜等供暖设施，供暖项目对用电价格较敏感，对阶梯电价、峰谷电价的电价政策较为依赖。

4. 清洁供暖存在电网基础设施建设薄弱及受输送通道制约的问题

清洁供暖项目普遍位于配电网末端，电压等级较低，配电网建设较为滞后，由于大气污染防治需求，电采暖项目规模增长较快，电采暖项目具有明显的峰谷特性和季节性特点，对电网基础设施建设和输电通道要求较高。

5.4.3　主要问题成因及分析

1. 西北地区供热体制机制存在问题的成因与分析

一是长期以来，西北地区缺乏对煤炭、天然气、电、可再生能源等多种能源形式供热的统筹谋划，热力供需平衡不足，导致供热布局不科学、区域优化困难，迅速追求“煤改气”“煤改电”就会导致天然气供应不足和电力供应紧张。二是城镇供热市场化程度低，供暖区域已被相关燃煤供热企业划片，城镇供热市场对社会投资开放不够，供热企业靠政府补贴生存，拥有新技术和成本优势的清洁能源供热企业很难进入城镇供热市场，在经营管理模式、融资方式、服务范围和水平方面有待进一步提升。

2. 清洁供暖的社会多元投资主体模式尚未形成的成因与分析

从目前的技术水平来看，蓄热电锅炉规模大，初期投资较大，存在项目建设资金短缺或紧张现象。当前，华北地区清洁供暖改造资金绝大多数依靠政府财政补贴，如财政部等部门联合印发《关于开展中央财政支持北方地区冬季清洁取暖试点工作的通知》，提出开展中央财政支持北方地区冬季清洁取暖试点工作，试点示范期为三年，中央财政奖补资金标准根据城市规模分档确定，直辖市每年安排 10 亿元，省会城市每年安排 7 亿元，地级城市每年安排 5 亿元。由于西北五省（区）经济实力有限，政府主导的清洁能源供暖项目实施较慢。

大力推动城镇清洁供暖，成功引入社会资本十分必要，不仅可以避免出现社会资本无法进入的垄断现象，也可以为政府财政分担压力，提升清洁供暖服务质量。因此，国家有关部门提出，引导企业和社会加大资金投入，积极探索采取政府与社会资本合作（PPP）、特许经营等市场化模式建设运营清洁供暖项目，调动企业和社会资本参与清洁取暖改造。但是，大多数 PPP 项目周期长，需要大量的资金支持。西北经济状况欠发达，配套政策支撑不足使参与主体热度不高，造成 PPP 项目融资难、落地难问题。

3. 清洁供暖规模化发展初期对电价政策依赖性较高的成因与分析

目前，在以煤为主要消费能源的能源消费结构下，清洁供暖相较于传统供暖在价格上的优势不明显。据测算，以电供暖的技术类型运行成本均高于市政集中供暖的价格，按现有的能源价格估算，"气代煤"采暖成本约为散烧煤的 3 倍，"电代煤"的采暖成本约为散烧煤的 4 倍。因此，电价始终是制约电供暖发展的最主要因素，从西北各省（区）目前已有的供暖价格政策来看，甘肃、宁夏电价政策调整，导致清洁供暖成本上升，影响投资积极性，要促进清洁供暖快速发展，电价政策的支持力度还需进一步加大。甘肃、新疆等省（区）开展了风电清洁供暖工作（风电的上网电价不含国家补贴仅为 3 分/(kW·h)）。随着弃风比例的逐步下降，新建新能源发电的补贴政策逐步退出，以及储能技术的发展和广泛运用，风电清洁供暖也存在不可持续性和不可复制性等风险，其电价运行机制需深入探讨。

4. 清洁供暖存在电网基础设施建设薄弱及输送通道制约的成因与分析

西北地区配电网建设水平普遍较低，农村配电网建设更为滞后。推进清洁供暖将面临电网基础设施建设薄弱的问题。一是推进清洁供暖要合理规划，统筹做好电力、接网工程、供热站的衔接。大型集中式清洁供暖项目可能需要配备专用变电站，如甘肃瓜州规划建设的一座高压电锅炉项目配套 110kV 变电站，一年中除供暖季外其余时间变压器负荷基本闲置，投资成本回收存在较大问题。二是清洁能源远距离输送要提前规划并完善电网建设。西北地区清洁能源装机多远离负荷中心，部分地区利用弃风弃光电力进行清洁能源供暖受制于断面稳定限额。例如，陕西的弃风弃光主要集中在榆林地区，但榆林地区清洁能源的送出受制于陕北送关中的通道，清洁能源只能在榆林本地就地消纳，影响消纳规模。

5.4.4　主要做法或对策建议

1. 做法

1) 新能源直接交易典型项目经济技术分析

典型项目如图 5-9 所示。

甘肃瓜州联洋新能源供暖项目

供暖季	容量/MW	供暖面积/万m²	平均电价/(元/(kW·h))	到户电价/(元/(kW·h))	新能源让利/(元/(kW·h))	新能源签订电量/(亿kW·h)	电费成本/(元/(月·m²))
2016~2017年	12	18	0.5607	0.2651	0.2956	1.105	8.68
2017~2018年	120	18	0.605	0.3535	0.2515	0.919	4.67

容量增加而电网配套未落实，供暖面积未拓展，电锅炉负荷仅为45%的额定容量。

电价从大工业固定电价(0.5607元/(kW·h))，调整为大工业峰谷分时电价(0.6823元/(kW·h)、0.4632元/(kW·h)、0.244元/(kW·h))

虽然电价增加，但由于蓄热装置的投入、谷电吸纳能力增加，整体供暖成本降低，略高于市政价格。

容量：大马拉小车　　电价：平均电价增加　　方式：蓄热优于直热

图 5-9　甘肃瓜州联洋新能源供暖项目

供暖季中 2016～2017 年主要指 2016 年 11 月至 2017 年 3 月，其余类似

2）青海玛多清洁供暖示范项目经济技术分析

典型项目如图 5-10 所示。

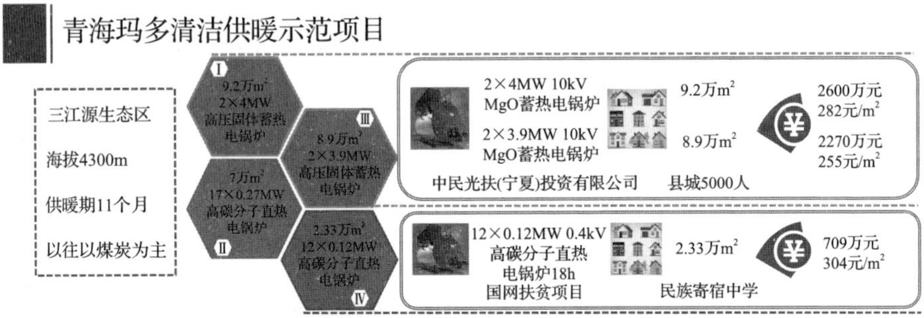

项目	电价/(元/(kW·h))	电量/(万kW·h)	运行时间/天	电费/万元	电费成本/(元/(月·m²))
玛多Ⅰ区	0.3973	802.97	123	319.02	9.08
玛多Ⅲ区	0.3973	357.08	64	141.87	7.87
玛多Ⅳ区	0.3973	328.62（教室）	252	130.56	7.60

环境：全清洁供暖　　成本：明显优于燃煤

图 5-10　青海玛多清洁供暖示范项目

3）水源热泵典型项目经济技术分析

典型项目如图 5-11 所示。

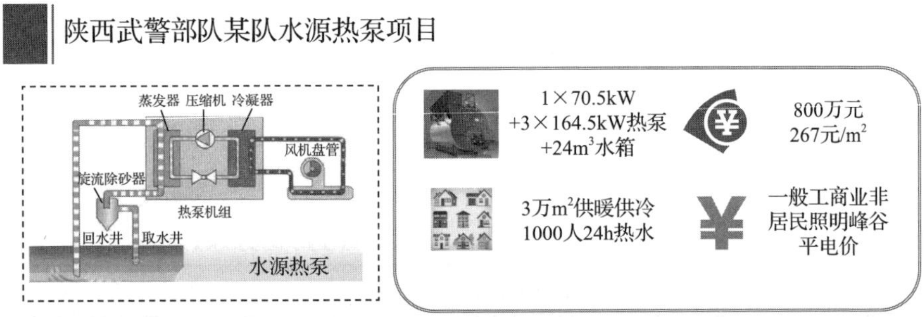

供暖季	容量/MW	供暖面积/万m²	峰/(元/(kW·h))	谷/(元/(kW·h))	平/(元/(kW·h))	到户电价/(元/(kW·h))	电量/(万kW·h)	电费成本/(元/(月·m²))	市政供暖/(元/(月·m²))
2016~2017年	1.248	3	1.1536	0.4118	0.7826	0.56	50 3个月	3.11	5.8
2017~2018年	1.248	3	0.5483	0.2983	0.5483	0.30	80 5个月	2.00	5.8

图 5-11　陕西武警部队某队水源热泵项目

4）干热岩供暖典型项目经济技术分析

典型项目如图 5-12 所示。

陕西四季春清洁热源公司干热岩供暖项目

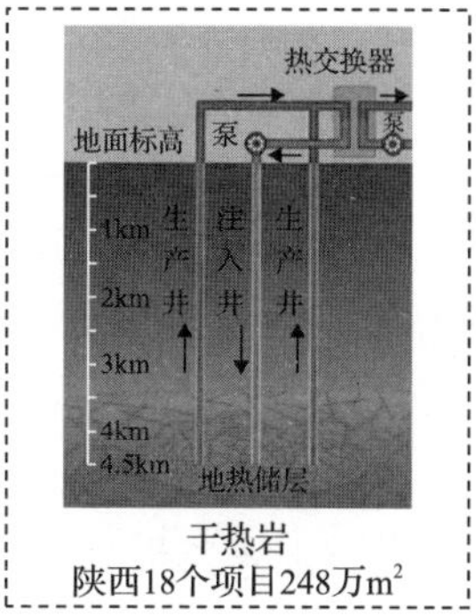

供暖季	供暖面积/万m²	电价/(元/(kW·h))	电量/(万kW·h)	电费成本/(元/(月·m²))	市政供暖/(元/(月·m²))
2016~2017年	10	0.4983	338.0 4个月	3.37	5.8
2017~2018年	10	峰平/谷 0.5483/0.2983	380.72 近6个月	2.00	5.8

图 5-12　陕西四季春清洁热源公司干热岩供暖项目

5）空气源热泵典型项目经济技术分析

典型项目如图 5-13 所示。

甘肃东川铁路物流中心空气源热泵供暖（供冷）项目

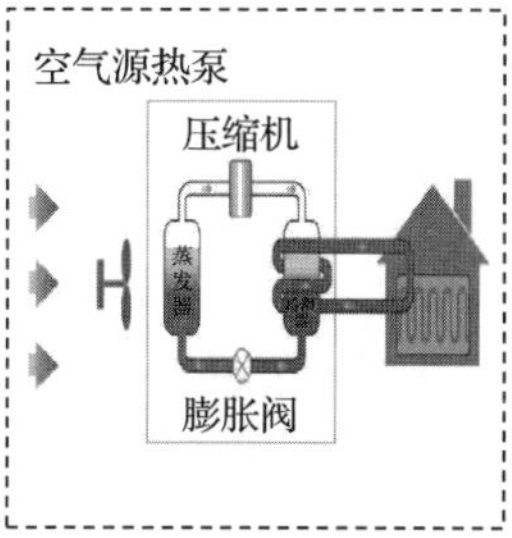

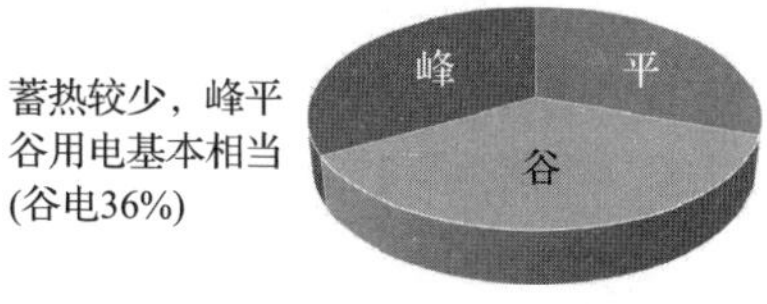

供暖季	容量/MW	供暖面积/万m²	谷/(元/(kW·h))	峰/平/(元/(kW·h))	用电量/(万kW·h)	到户电价/(元/(kW·h))	电费成本/(元/(月·m²))	市政供暖/(元/(月·m²))
2016~2017年	0.265	3	0.2634	0.5150	138.9	0.4290	3.97	5.0
2017~2018年	0.265	3	0.3918	0.7588	140.3	0.5092	3.97 (3.8~4.14)	5.0

图 5-13　甘肃东川铁路物流中心空气源热泵供暖（供冷）项目

6) 吉林洮南风电供暖典型项目经济技术分析

典型项目如图 5-14 所示。

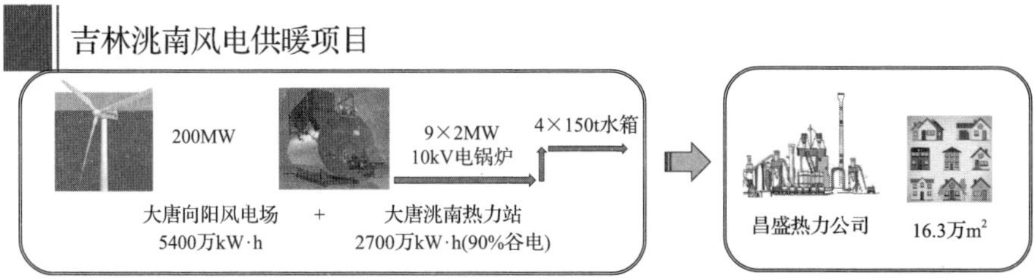

参数	峰(6h)/(元/(kW·h))	谷(10h)/(元/(kW·h))	平(8h)/(元/(kW·h))	容量费/(元/kV·A·月)	到户/(元/(kW·h))	用电量/(万kW·h)	电费成本/(元/(月·m²))	售热价格/(元/(月·m²))	市政供暖/(元/(月·m²))
取值	0.78415	0.28065	0.5324	2.1634	0.40	2700	11.05	2.392	4.33

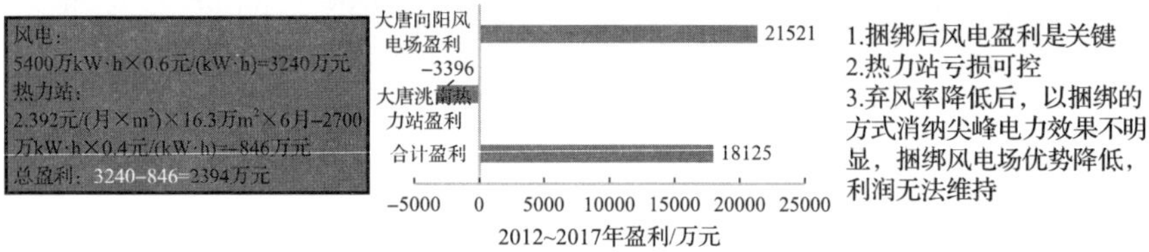

图 5-14　吉林洮南风电供暖项目

7) 辽宁大厦综合能源典型项目经济技术分析

典型项目如图 5-15 所示。

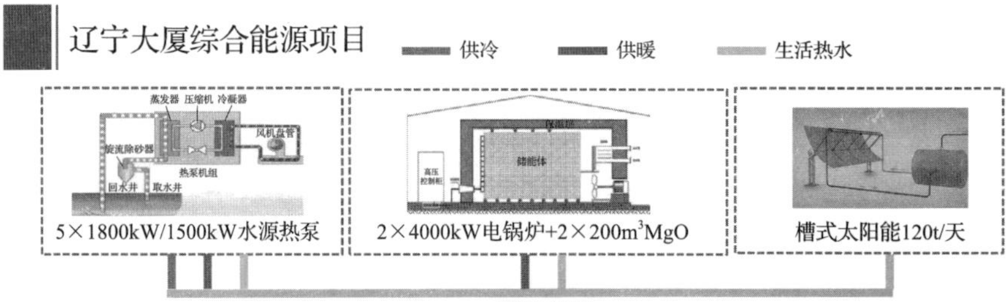

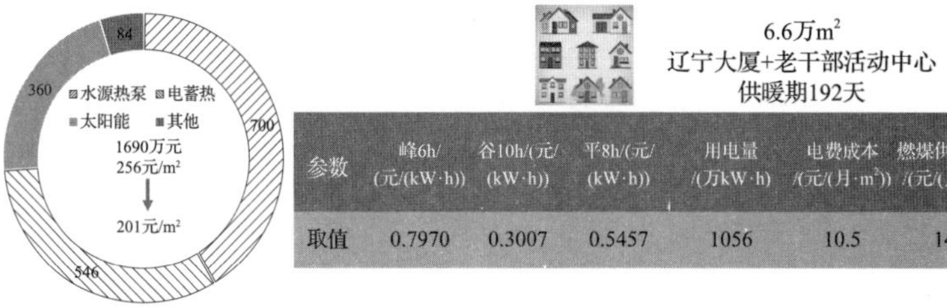

参数	峰6h/(元/(kW·h))	谷10h/(元/(kW·h))	平8h/(元/(kW·h))	用电量/(万kW·h)	电费成本/(元/(月·m²))	燃煤供热成本/(元/(月·m²))	市政供暖/(元/(月·m²))
取值	0.7970	0.3007	0.5457	1056	10.5	14.2	6.4

图 5-15　辽宁大厦综合能源项目

8）辽宁热电厂电蓄热改造典型项目经济技术分析

典型项目如图 5-16 所示。

辽宁热电厂电蓄热改造项目

基本情况								运行情况			
电厂	电蓄热台数	容量/万kW	蓄热类型	投退方式	散热限制	供热面积/万m²	最低负荷率/%	投退次数	利用小时/h	电量/(亿kW·h)	分摊合计/万元
丹热	4	26	MgO	分组	7h	2200	73~85	810	712	1.8516	9075.48
调兵山	4	28	MgO	分组	7h	670	50	741	712	1.9955	13796.91
阜新	10	40	水	连续		2000	50	64	230	0.9211	6891.22
合计	18	94	—	—	—	—	—	1615	1654	4.7682	29763.61

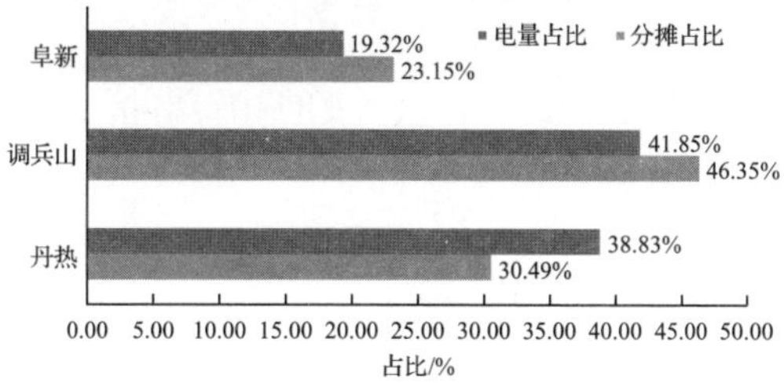

图 5-16　辽宁热电厂电蓄热改造项目

2. 建议

1）加快推进冬季清洁取暖统一规划

各级政府在推进冬季清洁供暖工作中起主导作用。系统科学地做好顶层设计对于推动西北地区清洁供暖至关重要。例如，陕西关中地区、新疆乌昌地区大气污染治理问题突出、工作任务较重。甘肃、新疆以及陕北地区新能源消纳矛盾比较突出。建议省级政府要把散煤治理作为冬季清洁供暖、治理雾霾的重要措施，做好重点城市冬季清洁取暖统一规划，加快推进和落实。一是明确因地制宜、多元发展，清洁能源与煤炭清洁利用并用的发展思路；二是科学合理规划和控制冬季供暖建筑面积，从需求端发力，控制新增总量并全部通过清洁供暖方式进行供暖；三是因地制宜，科学合理地选取冬季清洁供暖技术路径；四是在保障措施上，将配套制定资金支持、价格机制、电力直接交易、能源供应保障、体制机制改革、环保监管、技术装备和产业体系建设等多方面的保障措施。

2）调动企业和社会资本参与清洁取暖改造的积极性

为了进一步提高西北地区供热的市场化程度，建议各级地方政府支持和鼓励社会资本参与供热设施建设和运营，在风险可控的前提下，按照“谁投资、谁经营、谁受益、谁承担风险”的原则，积极探索采取 PPP、特许经营等市场化模式建设运营清洁供暖项目，促进企业成为供热设施建设的投资主体。针对 PPP 项目落地难、融资难等问题，建议地方政府出台更多优惠政策推动各类金融机构参与，完善相应的价格和收费政策。

3) 完善峰谷分时电价政策推进冷热双供电价出台

通过适当扩大峰谷电价价差、合理设定低谷时段等方式，充分发挥价格信号引导电力消费、促进移峰填谷的作用。进一步推动居民峰谷电价政策，居民电费按照“先峰谷、后阶梯”的方式计算，通过分线分表或适当增加电量基数等办法处理，消除分散电采暖的制约因素。对地热供暖和热泵供暖(制冷)用电执行居民用电价格以及在此基础上的峰谷电价。

4) 积极推广双蓄电能替代项目

针对电采暖项目在供暖期投入运行、非供暖期闲置，设备利用率低的问题，建议推广双蓄电能替代项目，夏季以冷水机组制冷，冬季以电热装置供暖，同时结合峰谷电价，在夜间低谷电时段启动，将冷水或热水储存在蓄能装置中，在白天高峰时段缓慢释放制冷或制热，提高设备利用小时数，提高设备能效水平，降低供暖制冷成本。同时实现供冷供热灵活调整，改善用户生活质量。

5) 大力开展清洁取暖技术宣传推广和研究工作

政府相关部门主导，电网企业主要负责，清洁供暖产业单位全力配合，推动全社会参与。针对城乡居民生活领域的散烧煤治理问题，学校、医院、公共事业单位的燃煤锅炉采暖问题，制定专项方案，逐个突破，以点带面，有计划、有步骤地推进清洁供暖工作。加大清洁供暖宣传力度，在全社会营造节能、环保的工作氛围。发挥产业联盟资源优势，加强电能替代技术交流和产业支持，保证清洁供暖实施方案的科学可行。

5.4.5　启示

1. 推动全面开展电采暖市场化交易

目前，区域内电采暖项目参与电力市场化交易仍存在限制，建议将清洁供暖项目作为增量负荷，纳入电力直接交易范围，与新能源企业开展直接交易，通过市场化手段降低清洁供暖项目的运行成本。推动开放跨省清洁供暖市场，可通过跨省交易进一步降低清洁供暖成本。

2. 积极推广蓄热式清洁供暖项目

加强电力需求侧管理，引导供暖用户主动参与需求响应，推广具备储能储热供暖的电采暖工程，利用夜间低谷时段富余的电能实施储热，白天电网负荷高峰阶段利用蓄能供暖，充分利用峰谷电价，增加低谷电力，降低运行成本，同时缓解电网低谷和高峰时段电力供需不平衡的压力，提高电力系统调峰能力和电力电量平衡能力。

3. 推进调峰辅助服务市场建设

加快推进西北调峰辅助服务市场建设进度，协调政府相关部门完善电力调峰辅助服务补偿规则和机制，推进储热蓄热等可调度电力负荷参与系统调峰的市场运营，调动各市场主体参与系统调峰的积极性，利用市场化手段激励市场主体开展储热蓄热改造，推进清洁能源消纳和清洁供暖共同发展。

4. 加快西北地区输配电网建设

新能源清洁供暖对电网的输送能力和供配电能力都提出了新的更高的要求。建议进一步加大新能源供暖配套电网的投入和建设力度，消除输配电瓶颈，贯通源-网-荷完整新能源产业链，保证新能源企业发得出、供暖用户用得上。

5. 推进清洁能源电采暖调度运行试点

对于通过市场化交易实施电供暖的项目，电力调度部门要根据电供暖直接交易需要，优化电力调度机制，以最大限度地促进可再生能源消纳、最低供热煤耗等为目标，科学搭配用于供暖的可再生能源电力与火电比例，统筹供暖需求和调峰需求，灵活调整、精心安排，切实保障清洁能源电采暖可靠实施。

5.5　案例 5：西北电网清洁能源与火电跨省跨区发电权交易机制

5.5.1　引言

国家电网有限公司西北分部着力调动西北地区发电企业参与清洁能源

发电权交易的积极性，扭转燃煤火电企业以发电为主，唯发电量、唯利用小时数论的传统观念，通过市场化方式给予火电企业合理补偿，保证火电企业的经营效益，以省间发电权、省间合约转让等交易为抓手，坚持跨省跨区并重，优化通道安排，扩大发电权交易规模，全力推动清洁能源替代，促进清洁能源在更大范围内优化配置，实现节能减排。

5.5.2 背景

21 世纪以来，为应对气候变化，加强环境保护，推动能源可持续供应，世界各国均高度关注能源革命，通过大规模开发利用风能、太阳能等可再生能源实现能源转型。当前，高装机、高占比、高渗透率的新能源消纳问题成为社会各界关注的焦点，随着新能源的快速发展，西北电源装机富余与售电市场增速缓慢、本地消纳空间不足之间的矛盾日益突出，亟须不断拓展新能源消纳空间。水电比重比较大的青海、甘肃、宁夏等黄河流域沿岸省份，由于无法进行准确的长期天气预报和水文预报，难以预测未来较长时期的发电能力，使得水电厂在合约市场的报价策略中有较大的市场风险和弃水风险，在丰水年水电大发期，水电电量大量富余，亟须不断拓展水电消纳空间。同时，近年来，环境问题受到世界各国的普遍关注，大气污染防治政策成为各国的基本环境政策，在我国，降低燃煤电厂的煤炭消耗和污染物排放成为各省(区、市)打赢蓝天保卫战的重要举措。

综上，清洁能源和燃煤电厂发电权交易机制实现了清洁能源消纳和燃煤发电企业低碳减排的统筹兼顾。发电权交易机制下，燃煤电厂的长期合约作为发电权在市场上交易，燃煤电厂出让发电权，减少或停止发电，清洁能源企业受让发电权，替代燃煤机组发电来满足电力需求，实现清洁能源消纳和节能减排双赢局面。

从经济学角度看，发电权交易是一种基于权益买卖的金融交易，这种交易机制一方面使得长期合约得以持续履行，另一方面促进低碳减排。其中，出让发电权的发电企业，获得权益来回收投资建设成本；受让发电权的发电企业，以清洁能源替代发电权出让企业的燃煤机组发电，拓展清洁发电空间。

从全社会角度看，发电权交易的实施可以优化资源配置、促进节能降耗和高污染燃煤机组落后产能退出，增加清洁能源供应，减少污染，保护环境，降低整体碳排放。此外，通过发电权交易，还可以避免发电机组因燃料供应不足、非计划停运等不能履行发电合同而对电网安全运行造成的风险。

5.5.3　内涵

认真贯彻落实国家关于发电权交易的有关指示，规范清洁能源发电权交易组织，理顺交易价格形成机制，建立交易结算机制，不断实现发电权交易品种和交易模式创新。率先开展新能源与火电跨省发电权交易，积极推进新能源与火电跨区发电权交易，率先开展新能源与自备电厂跨省发电权交易，率先开展黄河流域水电与自备电厂跨省发电权交易。

通过清洁能源与燃煤电厂发电权交易，扩大清洁能源市场份额，提高了新能源出力、发电效率和发电利用小时数，提升了水能利用率，降低了弃风弃光率；积极扭转燃煤发电企业以发电为主，唯发电量、唯利用小时数论的传统观念，通过市场化方式给予火电企业合理补偿，提升火电企业经营效益，实现清洁能源和燃煤电厂双方共赢。

通过清洁能源与自备电厂发电权交易，充分发挥自备电厂既是发电企业又是电力用户，发电机组和用电负荷双向调节、灵活上下网的优点。在拓展清洁能源消纳空间的基础上，通过灵活调节，解决和平抑新能源发电随机性、波动性、间歇性及不稳定问题。

通过发电权交易实现多方共赢，为清洁能源消纳拓展空间，助力燃煤电厂改善经营状况，助力大气污染防治，推动清洁绿色发展，推动清洁低碳、安全高效的能源体系构建。

5.5.4　理论基础

发电权交易采用的主要经济理论与方法是最优生产理论。

1. 生产要素的投入与替代

微观经济学假设企业生产会投入多种要素，而且这些要素之间可以发生替代关系。由于生产要素投入会产生边际收益递减规律，输电设备企业的生产函数会呈现出如图 5-17 所示的曲线，其中 C 为最优生产常数，q_1 表示劳动为 0 时的资本，q_2 表示资本为 0 时的劳动力。

图 5-17 中的曲线说明，在设备生产过程中，资本和劳动力投入存在替代关系，将图中 E 点和 D 点、F 点比较，相同产量情况下，E 点的生产成本最低，是最优生产点，对应的资本和劳动力的最优组合是 $E(q_1^*, q_2^*)$。图 5-17 可以用来说明包括电力企业最优生产问题在内的所有企业最优生产问题。若 D 点和 F 点要降低生产成本，分别要用资本替代劳动力和劳动力替代资本的生

产调整方案。

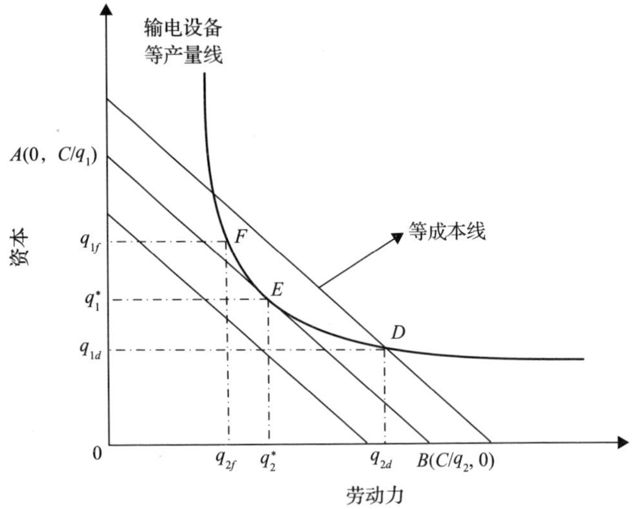

图 5-17　输电设备最优生产原理

2. 最优生产原理

由经济学理论：在产量不变的前提下，企业所需增加的生产要素 X 的数量与所需放弃投入的另一种生产要素 Y 的数量之比，称为生产要素投入的边际技术替代率，即

$$\mathrm{MRS}_{XY} = -\frac{\Delta Q_Y}{\Delta Q_X} \tag{5-1}$$

当两种要素的边际技术替代率不同时，必然会发生进一步的替代，直到两者相等。事实上，当且仅当两个要素的边际技术替代率相等时，即到达图 5-17 中的 E 点时，企业按这个规则生产才可以获得最小成本。

3. 发电权交易应用

如果把图 5-17 的坐标改为两个尽可能参与置换交易的发电企业，如图 5-18 所示，两者相互替代生产电能，根据最优生产原理，当两个电厂的边际技术替代率相等时，最低成本线与组合生产能力曲线相切，即在一定生产规模的情况下实现了最小成本的生产。这种分析不仅说明了替代生产产生净效益的原理，而且还说明了在什么情况下实现最优。图 5-18 说明了发电权交易的最优生产原理，如果把新能源企业作为纵坐标，把火电企业作为横坐标，E 点就是产量一定情况下总成本最小的最优生产方案，所对应的新能源与火电的发电量就是各自的最优发电量，如果实际发电量不是这样，就要通过发电权交易达到这种状态。例如，如果实际生产在 D 点，就需要用新能源发电替代火电发电，当火电电量从 q_{2d} 减少到 q_2^*，新能源电量从 q_{1d} 增加到 q_1^* 时，D 点回到了 E 点，即通过发电量替代实现了最优生产。

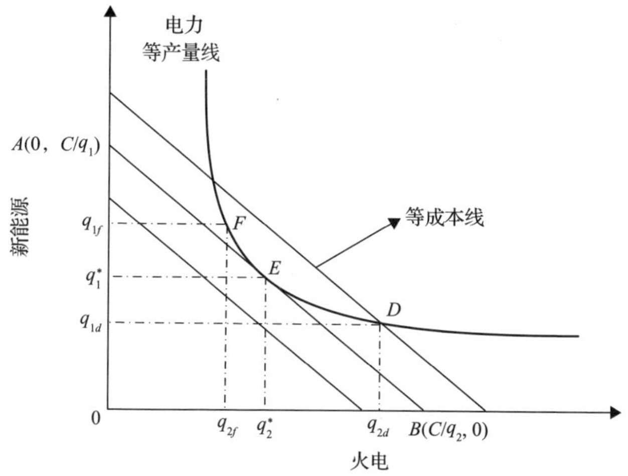

图 5-18　新能源与火电最优生产原理

根据上面的分析，发电权交易可以实现最优生产。除增量分配的效益外，E 点所对应的交易价格就是最优价格。发电权交易存在最优价格，这对我国发电权交易价格制定等有指导意义。

如果用不同类型电厂的成本曲线进行比较分析，可以非常直观地从图 5-18 上看出不同情况，如水火置换或风火置换或大小置换的最优点的特征，如谁应该多发电、最优点位置及其不同情境下的差异等。

4. 发电权交易市场特点

发电权交易(也称为发电权转让交易、替代发电交易)借鉴普通商品(如粮食期货、排污权、证券等)一、二级市场交易。首先，在一级市场(发行市场)，按照一定的规则，确定各类机组的年度初始发电权电量或发电份额，发电权电量也可以由发电机组在合约市场(包括政府制定的各类发电机组年度发电量计划)等市场中获得的发电许可份额和机组签订的中短期双边/多边交易合同等组成。其次，在二级市场(流通市场，由交易所市场(集中撮合交易)和场外市场(场外双边/多边协商交易)构成)，发电企业通过集中撮合交易或双边/多边协商交易，转让或购入发电权电量，实现发电企业之间的交易，即燃煤机组将部分或全部发电权电量有偿转让给有富余发电能力的清洁能源机组。

发电权交易具有以下特点：一是交易双方均为发电企业，允许发电企业充当购电主体的角色，其他电能交易中，交易一方为发电企业(发电企业一般充当售电主体的角色)，另一方为零售电公司或电力用户；二是在不考虑网损的条件下，交易前后系统内所有机组的发电份额之和保持不变，仅仅是发电份额在各机组间的分布发生变化，在其他电能交易中，往往是由发电企业针对系统负荷或系统负荷的增量开展竞争，交易后系统内所有机组的发电份额之和将发生变化。

5.5.5 主要做法

5.5.5.1 国内首个新能源与火电发电权跨省置换交易办法

为了促进新能源与火电发电权交易科学、规范、有序开展，2014 年国家电网有限公司西北分部出台了《西北电网新能源与火电发电权跨省置换交易暂行办法》，保证新能源企业在面临所在省消纳市场空间不足，本省火电已压减至最小运行方式时仍面临弃风(光)限电风险的情况下，通过市场交易方式，开展发电权交易，拓展新能源消纳空间。

1. 明确新能源与火电发电权交易市场主体

并入西北电网、取得发电业务许可证且并网装机总容量在 5 万 kW 及以上的风电、光伏等新能源发电企业可自愿参与置换交易，为置换交易的受让方。

并入西北电网、取得发电业务许可证的火电厂自愿参与新能源跨省置换交易，为置换交易的出让方；出让方所在省电网企业为置换交易的接纳输电方。

2. 规范新能源与火电发电权交易组织

新能源跨省置换交易可采取双边协商或集中撮合等方式。

1) 双边协商方式流程

(1)新能源发电企业和省外火电企业双方自主协商确定交易电力、电量、交易时段框架意向和置换交易价格，并提交交易意向。

(2)收到意向协议后，电力交易机构提交给电力调度机构、送出及接纳省电网企业进行安全校核，在三个工作日内提出安全校核意见。

(3)对于通过安全校核的置换交易，新能源受让方、火电出让方、送出输电方、区域跨省输电方、接纳输电方签订交易合同，并向能源监管部门备案。

(4)对于未能通过安全校核的置换交易，相关校核方要说明未通过安全校核的理由，并向能源监管部门备案。

2)集中撮合交易流程

电力交易机构向市场主体发布交易公告，包括新能源所在省由于电量不能平衡而引起的弃风、弃光形势预测，新能源发电企业受让电量空间、交易时段、输电价格及网损、电网安全校核相关参数、开市时间、交易申报方式、闭市时间等内容。

交易开市后，自愿参与交易的送端新能源发电企业申报受让报价和受让电力、电量及交易时段。自愿参与交易的受端火电企业申报出让报价和出让电力、电量及交易时段，出让报价以发电单位边际贡献(即政府核定的火电上网电价−单位变动成本)及辅助服务成本为基础自愿申报。

申报结束后，电力交易机构按照以下规则实现无约束市场出清：

(1)计算出让方火电企业的等效出让报价。

等效出让报价=火电出让报价+输电价格−(政府核定的火电上网电价−新能源所在省火电标杆电价)

(2)将出让方火电企业的等效出让报价由低到高排序，将受让方新能源发电企业的受让报价由高到低排序，当受让报价与等效出让报价之差大于或等于零时，出让方与受让方形成无约束交易。形成无约束交易的最高出让报价为边际出让报价，相应出让方为边际出让方；形成无约束交易的最低受让报价为边际受让报价，相应受让方为边际受让方。

(3)当出现报价相同的多个边际出(受)让方时，按照其申报电量比例无约束成交。

新能源跨省置换交易合同生效后，国家电网有限公司西北分部组织送出、接纳省调度机构依据新能源日前预测发电出力、送出省火电出力情况、跨省联络线输电能力、接纳省受电能力等因素履行置换合同，制定调度计划，并依据实际执行情况各方签订交易确认单。

3. 完成交易价格形成机制和交易结算机制

新能源跨省置换交易价格形成方式如下。

(1)通过集中撮合方式形成的置换交易价格为边际受让报价与边际等效出让报价的算术平均值，即撮合置换交易价格=(边际受让报价+边际等效出让报价)/2。

(2)通过双边协商方式形成的置换交易价格为各方达成的协议价格。

(3)受让新能源企业的可再生能源附加补贴仍执行现行标准，并由其所在省公司结算。

电网输电价格包括新能源送出输电方、区域跨省输电方的输电价格以及接纳省电力公司网损成本。新能源送出输电方、区域跨省输电方的输电价格执行国家现行跨省跨区输电价格(含损耗)政策。当被置换的火电发电量指标为西北电网跨省跨区外送电合同电量时，电网输电价格包括接纳省电力公司送电时的输电价格。新能源跨省置换交易的结算可由受让新能源企业与出让火电企业之间直接结算；也可按现行跨省跨区电能交易方式进行结算。

新能源跨省置换交易以保障电网安全稳定和可靠供电为基础，在省内及跨省输电通道有富余容量的前提下，按照平等自愿、清洁优先、信息透明、互惠互利的原则实施发电权交易，对于充分发挥市场在资源配置中的决定性作用、促进西北地区新能源健康发展和大范围消纳具有重要意义。

4. 成效分析

从技术角度看，《西北电网新能源与火电发电权跨省置换交易暂行办法》明确了市场主体，规范了双边协商或集中撮合等交易方式，建立交易价格形成机制和交易结算机制，组织架构完整，内容科学规范，可操作性强，适合广泛推广。

从管理角度看，《西北电网新能源与火电发电权跨省置换交易暂行办法》坚持市场化原则，通过市场化方式增加清洁电力供应，给予火电企业合理补偿，实现节能减排和资源有效利用。

5.5.5.2　清洁能源和常规火电发电权交易

清洁能源和常规火电发电权交易是指通过市场化机制，通过跨省跨区输电通道和省间电力交易平台，组织清洁能源与在役燃煤机组之间开展发电权交易，实现清洁能源替代低效、高污染机组发电，促进清洁能源减弃增发，火电企业获得合理补偿，实现资源优化配置。

1. 基本原则

1）电网安全

以确保电网安全运行为前提，与现有的电网运行管理体系和安全管理措施做好衔接，充分考虑能源供给安全，确保各地电力供需平衡。火电机组中保障安全电量、调峰调频电量以及供热机组以热定电等电量不参与发电权交易。

2）清洁发展

落实国家能源清洁化发展战略和节能减排政策，原则上由水电、风电、太阳能发电、核电等清洁能源发电机组替代常规火电机组发电。

3）市场运作

发挥市场在资源配置中的决定性作用，优先通过市场化方式促进能源资源合理流动和优化配置，协调有关各方的利益诉求。推动市场公平开放，提升市场效率与效益。做好发电权交易与各地电力市场建设相关工作的协调与衔接。

4）因地制宜

根据资源禀赋情况，突出重点，有针对性地开展发电权交易。在新能源大发期，组织新能源和燃煤发电机组开展发电权交易，减少弃风弃光。在夏季汛期水电大发期，组织富余水电和燃煤发电机组开展发电权交易，降低弃水风险。

2. 发电权交易分类

1）按照交易形式划分

按照交易形式可以划分为竞价模式和双边交易模式。

竞价模式是指参与发电权交易竞价的发电企业通过电力交易机构提供的平台进行发电权交易的投标。其中，发电企业分为两种角色：一种是发电权出售者，另一种是发电权购买者。交易买卖双方按照交易规则要求，进行交易申报，交易机构按照交易出清规则进行排序、撮合，确定买卖双方的成交结果。

双边交易模式是一种分散进行的发电权交易。准入的发电权买卖双方之间可以自由选择交易伙伴，并达成电量和电价的初步协议。初步协议必须由电力调度机构进行电网安全校核。校核通过后，交易买卖双方达成最终的交易结果。从国内发电权交易组织情况看，双边交易模式是目前主要的交易形式。

2）按照交易范围划分

按照交易范围可以划分为省内发电权交易、跨省发电权交易和跨区发电权交易。省内发电权交易是指省内机组之间替代交易。跨省发电权交易是指各省内的关停或低效机组电量交由省外电厂替代发电，然后再输送回本省。跨省发电权交易实现电力资源在区域内的优化配置，是省间电力市场的重要组成部分。

3. 交易组织方式

1) 申报

发电权出让方申报出让电量和出让价格；发电权受让方申报受让电量和受让价格。

发电权出让方报价是其愿意支付给受让方代替其发电的最高价格，不但要对出让对手的报价进行预测，还要对受让方报价进行预测。出让方在构造报价策略时，从宏观上讲有两种思路：一是以其上网电价为上限；二是以其发电成本为上限。出让方出售发电权的主要原因是：①不能正常发电导致无法完成计划电量，如机组检修等，此时如果不出让该部分电量，将损失该部分电量的获利机会，也有可能被考核和罚款；②发电能耗太高，自己发电不如转让发电权获得的收益高，或在节能调度的环境下无法被调度。事实上，出让方必须向受让方支付替代发电费用，若出让方的报价比其自身的发电成本高，则此时由其自身发电较出让发电权获利更多。但只要出让方报价比其上网电价低，出让方仍然可以通过出让发电权而获利。

发电权受让方报价是其愿意接受的出让方对自身替代发电所支付的最低价格，只要发电权交易成交价格高于其发电成本，通过发电权交易便可获取利润，因此受让方以发电成本为报价下限。

2) 一次撮合

交易中心按照一定规则对双方按报价进行排序。基于排序结果和预定原则依次对申报双方进行撮合。

3) 安全校验

由系统调度机构对初次撮合的结果进行安全校验。安全校验主要包括潮流计算和断面潮流的约束校核。如果校验结果不满足安全要求，则按规定的流程进行二次申报和撮合。

4. 发电权交易结算

在单一买方电力市场中，通常采用统一市场出清价结算。发电权撮合交易的结算价格由每一对撮合成功的受让方和出让方的报价决定，一般有 3 种结算方式：一是以交易双方报价的均价为成交价；二是以受让方的报价为成交价；三是以出让方的报价为成交价。

5. 跨省清洁能源发电权交易实例测算

假设西北电网陕西、甘肃、青海、宁夏、新疆各有一家典型有意参与发电权置换的火电企业，同时新疆、甘肃、宁夏有一家典型新能源企业有意受让发电权，其相关成本参数如表 5-5 所示。

表 5-5　发电权交易测算基本参数

项目		陕西	甘肃	青海	宁夏	新疆
受端火电	上网电价/(元/(MW·h))	396.4	330.9	355.0	286.1	250.0
	标准煤价(不含税)/(元/t)	700.0	626.0	710.0	521.0	281.0
	标准煤价(含税)/(元/t)	819.0	732.4	830.7	609.6	328.8
	供电煤耗率/(g/(kW·h))	321.0	330.0	340.0	328.0	340.0
	燃料成本/(元/(MW·h))	262.9	241.7	282.4	199.9	111.8
	其他变动成本/(元/(MW·h))	35.0	40.0	35.0	30.0	30.0
	发电变动成本/(元/(MW·h))	297.9	281.7	317.4	229.9	141.8
	边际贡献(含税)/(元/(MW·h))	98.5	49.2	37.6	56.2	108.2
	出让报价/(元/(MW·h))	108.5	59.2	47.6	66.2	118.2
电网环节	送出省(区)输电价/(元/(MW·h))	20.0	20.0	20.0	20.0	20.0
	区域输电价/(元/(MW·h))	10.0	10.0	10.0	10.0	10.0
	接纳省(区)输电价/(元/(MW·h))	20.0	20.0	20.0	20.0	20.0
	输电成本合计/(元/(MW·h))	50.0	50.0	50.0	50.0	50.0
新疆送出	送端火电标杆电价/(元/(MW·h))	250.0	250.0	250.0	250.0	—
	置换价格/(元/(MW·h))	12.1	28.3	−7.4	80.1	—
甘肃送出	送端火电标杆电价/(元/(MW·h))	330.9	—	330.9	330.9	330.9
	置换价格/(元/(MW·h))	93.0	—	73.5	161.0	249.1
宁夏送出	送端火电标杆电价/(元/(MW·h))	286.1	286.1	286.1	—	286.1
	置换价格/(元/(MW·h))	48.2	64.4	28.7	—	204.3

在双边协商交易中，火电发电企业在出让发电权时，其报价会高于其边际贡献值(即不进行发电权交易也可以获得的效益值)，但其报价会低于上网标杆电价与输电成本、辅助服务成本的差额。辅助服务成本需要新能源发电

完成后才可以测算，按照历史数据，简单地计为 90 元/(MW·h)，可以得到如表 5-6 所示的报价区间。

表 5-6　火电企业报价区间

报价区间	陕西	甘肃	青海	宁夏	新疆
报价下限/(元/(MW·h))	98.5	49.2	37.6	56.2	108.2
报价上限/(元/(MW·h))	256.4	190.9	215.0	146.1	110.0

从表 5-7 可看出，在双边协商的发电权交易中，新能源企业会优先选择和青海火电成交，然后依次是陕西、甘肃、宁夏，最后才是新疆，实际上新能源企业和新疆火电达成发电权交易的可行性极小，这是因为这种发电权交易给新能源企业带来的边际收益接近于零。

表 5-7　测算成交价格　　(单位：元/(MW·h))

类型	陕西	甘肃	青海	宁夏	新疆
火电所在省(区)标杆电价	396.4	330.9	355.0	286.1	250.0
扣除输电、辅助服务后价格	256.4	190.9	215.0	146.1	110.0
成交价格	177.45	120.05	126.3	101.15	109.1
新能源的边际收益	78.95	70.85	88.7	44.95	0.9

表 5-8 中计算出各省(区)新能源企业的等效火电发电权置换价格，结果表明新能源企业选择火电企业的次序与之前是一致的。也就是说：新疆和宁夏的新能源会积极和青海、陕西、甘肃等地的火电企业达成发电权交易，分析结果与实际情况是吻合的。

表 5-8　等效火电发电权置换价格　　(单位：元/(MW·h))

新能源	火电				
	陕西	甘肃	青海	宁夏	新疆
陕西	—	325.55	307.07	351.45	395.5
甘肃	251.95	—	242.2	285.95	330.0
青海	276.05	284.15	—	310.05	354.1
宁夏	207.15	215.25	197.4	—	285.2
新疆	171.05	179.15	161.3	205.05	—

从表 5-6～表 5-9 的测算结果可知，发电权出让方(青海、陕西、甘肃的火电企业)、输电企业、辅助服务企业都从发电权交易获得经济效益，发电权受让方清洁能源发电量增加，清洁能源发电企业和燃煤火电企业呈现多赢局面。

表 5-9　利益分享情况　(单位：元/(MW·h))

发电权置换情况	新能源企业	火电企业	输电企业	辅助服务企业
新能源置换青海火电	88.7	88.7	50	90
新能源置换陕西火电	78.95	78.95	50	90
新能源置换甘肃火电	70.85	70.85	50	90

5.5.5.3　清洁能源和自备电厂发电权交易

清洁能源与自备电厂发电权交易是指在保证电网运行安全、新能源全额保障性收购、水电站水库综合运用、满足网内用电市场和外送电的基础上，充分挖掘自备电厂调峰空间，通过加大自备电厂机组调峰力度，将新能源发电企业全额保障性收购电量以外的多发电量和汛期水电站富余发电量置换给自备电厂所属企业的用电负荷，建立清洁能源和自备电厂企业市场交易补偿机制，组织富余水电、风电、太阳能发电以及高效大机组等提供低成本清洁电源，与自备电厂企业开展市场化交易，促进清洁能源消纳电量的增加。

西北电网内自备电厂占比较高，装机容量达 3817 万 kW，占西北火电装机的 30%，利用自备电厂可调节资源就地消纳新能源，较之建设抽水蓄能、储能等调峰电源，具有见效快、成本低的优势。自备电厂既是发电企业又是电力用户，在发电权交易过程中要合理界定自备电厂的市场主体定位。自备电厂作为电力用户时按省输配电价标准开展交易。自备电厂作为发电企业时按照发电企业之间的发电权置换开展交易。

1. 基本思路

创新开展新能源替代自备电厂发电权交易，通过自备电厂机组大幅度参与电网调峰(应承担辅助服务之外的调峰能力)，以解决和平抑新能源发电随机性、波动性、间歇性及不稳定等问题，促进新能源发电空间和消纳电量空间增加，减少弃电量。

2. 基本原则

坚持电网安全，维护电力调度秩序，确保电力系统安全稳定运行和电力有序供应。坚持节能减排，促进产业结构优化调整。参与交易的新能源发电企业和自备电厂必须符合国家产业政策和有关节能环保的要求，实现全社会节能减排。

坚持市场化方向和市场主导。在清洁能源发电企业侧和自备电厂机组调峰和用电侧引入市场交易补偿机制，通过市场化手段，拓展新能源发电企业的发电空间。

3. 交易组织

1)准入条件

新能源企业的准入条件：符合国家产业政策，满足电力市场准入条件，在电力交易平台注册，有发电业务许可证，并且具备自动发电控制功能，原则上均可自愿参与，分散式风电、光伏企业可参与。

自备电厂企业的准入条件：符合国家产业政策，满足电力市场准入条件，具备下网电量计量手段，通过自备发电机组调整出力，实现联络线实质性下网负荷的自备电厂所属企业均可参与。

2)交易模式

替代交易的组织方式是按发电权交易模式开展交易组织(不同于发电企业与大用户直接交易)。可采取年度集中竞价(撮合)交易方式，对应可采取边际电价出清模式；也可采取挂牌交易方式组织。

自备电厂主要采取三种机组运行执行方式(目的是提高自备电厂参与的积极性，随着市场化扩大和市场完善，将逐步过渡到实时调峰方式)，即实时调峰、旋转备用调峰、停机备用调峰进行替代电量、补偿电价申报，出清方式按照优先级顺序出清(实时调峰和旋转备用调峰全部匹配出清后，再计算和出清停机备用调峰)，随着市场化交易步伐加快，逐步提升前两种方式的占比，直至取消停机备用调峰方式。

3)交易申报

新能源企业：按照要求申报交易周期内的电量和电价，考虑到新能源波动性的特点，可采取预挂牌的交易方式开展新能源和自备电厂发电权交易。

自备电厂企业：按照三种运行模式(实时模式、旋转备用模式和停机备用模式)进行电量和电价申报。其电价可按照三段式电价进行申报(或同一电价进行申报）；采取替代交易电量申报：应满足实时备用和旋转备用占比超过60%、停机备用占比在40%以下。新能源企业参考自备电厂限定的报价区间，只申报竞价电价，申报电量时只说明参与替代交易，不再申报具体交易电量（新能源企业月度发电量不同区域、不同机组发电能力差异比较大，逐步过渡到申报电量）。

4. 交易出清

第一阶段：按照“边际电价法”进行集中撮合出清和正式出清。新能源企业按照月度和年度分区域预计结算比例进行出清；自备电厂所属企业按照“实时调峰、旋转备用调峰、停机备用调峰”三种方式的中标电量进行联合出清，即将最后一笔成交价作为替代交易出清价格。第二、三阶段：新能源企业按照月度和年度分区域预计结算比例进行出清；自备电厂所属企业按照申报电量等比例出清。

5. 合同签订

清洁能源和自备电厂发电权交易采用“入市承诺书+交易结果确认单”签订电子合同模式。交易主体签订入市承诺书，依据提前确定的交易方案和交易实施细则，在交易平台出清交易结果后，以“入市承诺书+交易结果确认单”作为新能源发电企业“购售电合同”及自备电厂所属企业“供用电合同”的补充协议。

6. 调度执行

实时调峰方式（当新能源企业出现弃电时，调度机构可实时启动替代交易）、旋转备用调峰方式（根据新能源企业短期负荷预测情况，可能出现弃电时，调度机构可启动旋转备用替代交易）、停机备用调峰方式按月度计划执行，实现替代交易。调度机构根据交易机构编制的调峰替代月度交易计划及电网运行情况，对中标自备电厂下达调峰指令，包括调峰替代交易开始时间 T_1、自备电厂机组调峰幅度 ΔP、各机组状态（正常运行、停机备用、非停）。指令应连续，即两次指令的开始时间构成一次指令的完整闭环，确认各自备电厂的替代交易电量。

7. 电量计算和结算

针对新能源企业，均按照该新能源企业所在区域的月度实际结算系数统一计算后确定替代交易结算电量，以体现新能源企业不同区域的差异性和同一区域不同机组的差异性，做到公平对待新能源企业之间应得到的利益；针对自备电厂所属企业，参照月度交易计划，按照替代交易实际确定的电量进行结算。交易双方电量的结算采取“月度结算、年度清算”的方式执行，并按自然月份计量结算电量。根据自备电厂三种运行方式，调度实时记录起始和终止时刻、调峰幅度等，采取积分电量方式确认，营销部与自备电厂所属企业定期核对日调峰替代电量，并在联络线下网电网中计算扣减；结算时按直接交易顺推模式(或输配电价模式)执行；并以计算后的自备电厂替代电量为基准，对应确定新能源月度替代实际电量，再根据新能源实际运行情况，调度机构按三个条件的正态分布计算出每个区域新能源的替代电量结算分配系数(区域内系数一致)，新能源企业上网电量先扣除其他市场化电量后，按系数分配优先发电电量和替代电量。

8. 考核及偏差调整

新能源发电量不足时，先扣除少量优先发电电量，再扣除其他市场化电量，没有剩余则无替代电量(下月增发补足)，有剩余则按比例结算，无违约责任，自备电厂应在交易周期内完成合同电量(或合同可转让免于考核)，若未完成，则按电量超出 5%考核。因自备电厂所属企业原因造成实际执行交易电量与签订合同电量偏差超过 5%(含转让后或未能转让的)时，差额电量视为违约电量。违约电量按照最高成交价的 10%×违约电量计算违约金，违约金由自备电厂所属企业支付，并承担违约损失。因新能源企业原因造成实际执行交易电量与签订合同电量偏差超过 5%时，差额电量部分视为违约电量，由电网运营企业先期垫付，次月或次年一季度返还。按照交易最高成交价的 10%×违约电量计算违约金，违约金由新能源企业支付，并承担违约损失。

5.5.6 实施效果

1. 机制创新

2013 年以来，国家电网有限公司西北分部开展清洁能源发电权交易创新探索工作。2014 年，国内首笔甘肃新能源与陕西火电跨省发电权交易试点成功，结算电量为 5075 万 kW·h。2015 年，开展新疆新能源与疆内自备电厂发电权交易。2016 年，开展西北电网新能源与华中电网火电跨区发电权交易。2017 年，推广西北区域陕西、甘肃、宁夏新能源与本省(区)自备电厂发电权交易。2018 年，国内首笔新能源与自备电厂跨省清洁发电权交易成功试点，结算电量为 2.10 亿 kW·h；首次实现水电与自备电厂跨省发电权交易；首次实现西北新能源与直流配套火电发电权交易；首次组织新能源与水电跨省打捆替代火电发电权交易。2019年西北电网全面开展了多品种多类型发电权交易。

2. 经济效益

2019年，国家电网有限公司西北分部通过发电权交易，减弃增发清洁能源201.5亿kW·h，其中，省内交易142.5亿kW·h，跨区交易36.3亿kW·h，跨省交易22.7亿kW·h。省内交易方面，以清洁能源替代自备电厂为主，通过自备电厂的灵活调节能力，提升清洁能源本地消纳能力。跨区交易方面，以配合开展新疆、宁夏、安徽、山东、四川发电权交易为主，2019年6月首次实现西北、西南电网跨区水火电发电权交易（四川送青海、宁夏月度发电权）。跨省交易方面，以促进甘肃新能源外送和青海水电外送为主，着力调动西北地区发电企业参与市场化交易的积极性，加强火电企业的工作沟通，积极引导火电企业转变经营理念，推进外送合约进行西北跨省发电权合约转让，活跃省间交易市场。对于清洁能源企业，通过发电权交易，除了获得增量效益、扩大市场份额，也提高了清洁能源出力、发电效率、发电利用小时数、负荷率。对于燃煤火电机组，通过发电权交易，降低了运营成本，得到了经济补偿，改善了经营状况。

3. 生态社会效益

当前我国正处于全面推动绿色发展、加快构建生态文明体系阶段，迫切需要在现有发电权交易的基础上，挖掘交易潜力，扩大交易规模，通过清洁能源的发电权交易取得良好的生态社会效益：①推动清洁绿色发展，通过清洁能源发电权交易，降低了弃风弃光弃水率，增加了清洁电力供应，促进优化能源结构，服务国家清洁低碳转型；②促进大气污染防治，对于燃煤企业，通过发电权转让，节约了煤炭资源，减少了污染物排放，助力打赢污染防治攻坚战。

5.6　案例6：储能等可调度电力负荷参与系统调峰的市场运营机制研究

可调度电力负荷具备参与电力系统调峰的能力。从目前国内外相关工程应用实践来看，主流的可参与系统调峰的资源包括电储能资源、热电解耦资源及可中断负荷资源等。其中，电储能资源及可中断负荷资源可全年性使用，为方便后续研究调峰资源的区别，暂将其定义为全年性调峰资源；热电解耦资源由于其实现的是供热-供电之间的解耦，更多的是在供暖季节提供调峰资源，暂将其定义为季节性调峰资源。

5.6.1　储能资源

从技术路线角度看，常用的储能资源可分为以下两大类：电化学储能，如铅蓄电池储能等；机械储能，如抽水蓄能、压缩空气储能等。

1. 电化学储能的主要技术路线及工作原理

电化学储能电站按照应用场景的不同，可分为集中式和分布式两种布置形式。集中式电化学储能电站一般功率高、容量大，独立配置功率调节系统，直接接入电网，便于集中调度与控制，一般位于电源侧；分布式电化学储能电站一般功率低、容量小，与分布式发电单元并网装置在结构上进行复合，一般位于用户侧。分布式电化学储能电站虽然布置得分散，但其控制方式原则仍为“集中控制、统一调度”。电化学储能电站系统一般由电池模块、电池管理系统、储能变流器、储能电站监控与能量管理系统四大部分组成。

2. 机械储能的主要技术路线及工作原理

目前，抽水蓄能的技术已相对成熟，压缩空气储能已在国内已开展了工程实践的前期工作。

1)抽水蓄能

抽水蓄能电站是为了解决电网高峰、低谷之间供需矛盾而产生的，是间接储存电能的一种方式。它利用下半夜过剩的电力驱动水泵，将水从下水库抽到上水库储存起来，然后在次日白天和前半夜将水放出发电，并流入下水库，具体工作原理如图 5-19 所示。在整个运作过程中，虽然部分能量会在转化间流失(如抽水的 100%电量损耗了 30%，只有 70%能用于发电)，但相比之下，使用抽水蓄能电站仍然比增建煤电发电设备来满足高峰用电而在低谷时压荷、停机这种情况更为经济，效益更佳。除此以外，抽水蓄能电站还能担负调频、调相和事故备用等动态任务。因而抽水蓄能电站既是电源点，又是电力用户，并成为电网运行管理的重要工具，是确保电网安全、经济、稳定生产的支柱。抽水蓄能电站有发电和抽水两种主要运行方式，在两种运行方式之间又有多种从一个工况转到另一个工况的运行状态。

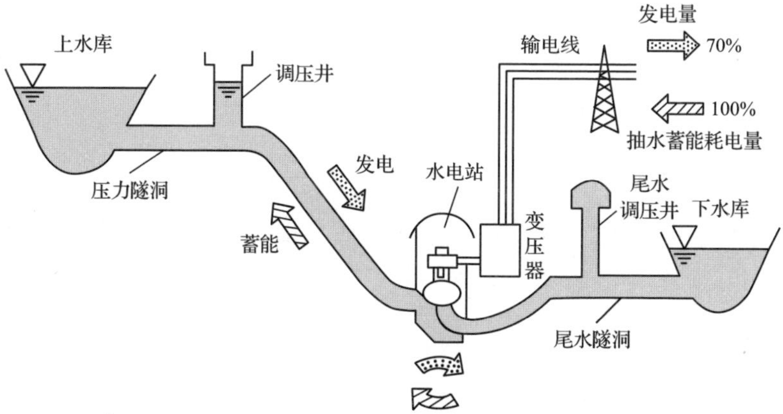

图 5-19　抽水蓄能电站的工作原理图

2)压缩空气储能

目前国内最为主流的压缩空气储能技术研究是基于压缩热回馈的非补燃压缩空气储能发电系统，即利用压缩过程中所回收的压缩热，加热透平进口的空气，实现了储能发电全过程无燃烧。

该系统主要由压缩子系统、回热子系统、储气子系统、透平发电子系统四部分组成，具体原理如图 5-20 所示。压缩子系统采用五级活塞式压缩机，排气压力为 10MPa，压缩机每级的排气温度为 150℃。回热子系统由常温水罐、中温水罐、高温水罐、高温泵等组成，采用加压水作为储热介质。

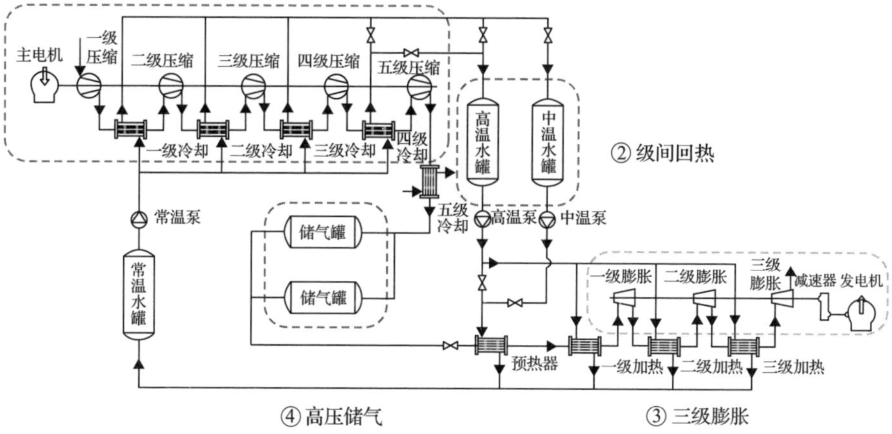

图 5-20　压缩空气储能发电系统的原理图

储气子系统由两个钢制压力储气罐组成，透平发电子系统包括空气透平、减速器和发电机等。空气透平为向心径轴流式，采用三级同轴布置，级间再热循环，带动发电机对外输出电能。

5.6.2 热电解耦资源

热电解耦资源主要通过储热装置的配置实现。目前主要的储热方法有显热储热、潜热储热和化学反应储热三种。

显热储热是利用物质的温度升高来存储热量。显热储热的介质不发生物态变化，密度变化小，成本较低，这种储热方式在各类储热方式中是最简单和最成熟的，应用也最广泛，可用于供暖和发电。

潜热储热是利用物质在凝固/熔化、凝结/气化、凝华/升华以及其他形式的相变过程中，吸收或放出相变潜热的原理来存储热量。根据相变温度高低，潜热储热又分为低温和高温两种。低温潜热储热主要用于废热回收、太阳能储存以及供暖和空调系统。高温潜热储热可用于热机、太阳能电站、磁流体发电以及人造卫星等方面。

化学反应储热是指利用可逆化学反应的结合热储存热能。发生的化学反应包括气相催化反应、气固反应、气液反应、液液反应等。

从目前的工程应用来看，采用水介质的显热储热技术最为成熟、应用也最为广泛。聚焦于配置方案，本节主要研究以下两种可实现调峰功能的储热方案：热电厂配置储热罐、电锅炉与储热罐配套。

5.6.3 可中断负荷

可中断负荷电价是电力公司与用户之前达成的合同电价，即在峰时段或紧急情况下，电力公司向用户发出请求信号，经用户响应后按照合同要求中断负荷而给予用户的一种优惠电价。国内外学者非常重视对可中断负荷的研究。美国电力公司首先将可中断负荷看成一种虚拟的备用发电容量资源，并将其引入电力系统辅助备用系统中。美国纽约的电力市场中，可中断负荷用户除了可与独立系统操作员(ISO)签订常规的可中断负荷合同外，还能以辅助备用容量资源的身份参与到日前现货市场和备用容量市场的竞价中去，使得可中断负荷的市场参与度更高。

具体到西北区域调峰问题，由于可中断负荷多是应用于高峰时段的调峰问题，西北区域目前多面临的是低谷调峰困难问题。因此，在应用场景下，本节暂不考虑可中断负荷的相关内容。

5.6.4　现有电力系统调峰补偿机制分析

从国内实践来看，现有调峰政策可归结为两大类：一是发电侧政策，即通过调峰辅助服务补偿机制实现；二是需求侧政策，利用峰谷分时电价补偿机制实现。

1. 发电侧-调峰辅助服务补偿机制

针对调峰辅助服务补偿政策，根据获取机制的不同，国内政策可主要分为两大类：一是市场化调峰辅助服务获取机制；二是非市场化调峰辅助服务获取机制。而这两类政策及主要机制设计在西北区域均有体现，因此，本节在政策梳理时也将以西北区域为例展开。

具体到西北区域，陕西、青海仍沿用《西北区域并网发电厂辅助服务管理实施细则》，采用非市场化调峰服务获取机制；甘肃、宁夏及新疆则分别根据其实际情况，制订了市场化的调峰辅助服务获取机制。从调峰资源角度，发电侧调峰服务主要由火电机组提供。

1) 非市场化调峰辅助服务获取机制——陕西、青海

调峰辅助服务分为无偿调峰辅助服务和有偿调峰辅助服务，两者均由调度机构根据系统实际调峰需求确定调峰服务提供方。当调用方达到有偿调峰条件时，即可获得补偿。其中，燃煤火电机组根据系统调峰需求，机组出力小于额定出力的 50%时即可界定为有偿调峰辅助服务。有偿调峰计量以单个发电机组为单位：

$$W = \int (K_B P_N - P)\mathrm{d}t, \quad K_B P_N > P \tag{5-2}$$

式中，K_B 为基本调峰系数 50%；P_N 为机组额定容量；P 为机组实际有功出力。

2) 市场化调峰辅助服务获取机制——甘肃、宁夏、新疆

调峰辅助服务同样分为无偿调峰辅助服务和有偿调峰辅助服务。其中，无偿调峰辅助服务由调度机构根据系统实际调峰需求确定调峰辅助服务提供方；各省(区)有偿调峰辅助服务市场机制设计的基本思路一致，均由各机组报价，调度机构按需获取。火电机组日内运行深度调峰产品采用“阶梯式”价格机制，发电企业在各档限价区间内自愿浮动报价，各省(区)具体分档及报价上、下限存在一定差异。甘肃、宁夏、新疆的辅助服务市场分档及报价区间分

别如表 5-10～表 5-12 所示。

表 5-10　甘肃调峰辅助服务市场分档及报价区间

档位	负荷率/%	报价下限/(元/(kW·h))	报价上限/(元/(kW·h))
第一档	40～50	0	0.4
第二档	<40	0.4	1

表 5-11　宁夏调峰辅助服务市场分档及报价区间

档位	负荷率/%	报价下限/(元/(kW·h))	报价上限/(元/(kW·h))
第一档	40～50	0	0.38
第二档	<40	0.38	0.95

表 5-12　新疆调峰辅助服务市场分档及报价区间

<table>
<tr><th>时期</th><th>档位</th><th>机组类型</th><th>负荷率/%</th><th>报价下限
/(元/(kW·h))</th><th>报价上限
/(元/(kW·h))</th></tr>
<tr><td rowspan="3">非供热期</td><td rowspan="2">第一档</td><td>纯凝机组</td><td>40～50</td><td rowspan="2">0</td><td rowspan="2">0.22</td></tr>
<tr><td>热电机组</td><td>40～45</td></tr>
<tr><td>第二档</td><td>全部火电</td><td><40</td><td>0.22</td><td>0.5</td></tr>
<tr><td rowspan="3">供热期</td><td rowspan="2">第一档</td><td>纯凝机组</td><td>40～45</td><td rowspan="2">0</td><td rowspan="2">0.22</td></tr>
<tr><td>热电机组</td><td>40～50</td></tr>
<tr><td>第二档</td><td>全部火电</td><td><40</td><td>0.22</td><td>0.5</td></tr>
</table>

注：在甘肃、宁夏等省(区)，调峰电量事后实行追补方案，即在调峰时段少发的计划电量调度机构需在其他时段予以补齐。新疆的政策与其他省(区)略有差异，其调峰不追补，视为已发出且直接转让的市场化电量。

调峰辅助服务按照档内出清价格进行结算。档内出清价格指当日单位统计周期内实际发生调峰补偿机组的最高报价。根据机组不同调峰深度所对应的渐高电价采用"阶梯式"补偿机制，具体补偿金额按照以下方式计算：

$$\text{火电厂调峰补偿金额}=\sum(\text{第 } i \text{ 档有偿调峰电量}\times\text{第 } i \text{ 档实际出清电价}) \tag{5-3}$$

2. 需求侧-峰谷分时电价补偿机制

需求侧的调峰政策主要集中于峰谷分时电价政策，即结合系统负荷曲线，将每天 24h 划分为高峰、平段、低谷等多个时段，对各时段分别制定不同的电价水平，通过高峰-低谷间电价差异，引导调峰资源主动响应系统的调峰需求。因此，从这一角度来说，需求侧调峰政策主要体现于各省销售电价不同时段间的价差空间。西北区域各省（区）销售电价峰谷价差的统计情况如表 5-13 所示。

表 5-13　西北区域各省（区）销售电价峰谷价差统计　（单位：元/(kW · h)）

省份	居民用户		一般工商业用户		大工业用户		最大值	最大值+补偿
	低值	高值	低值	高值	低值	高值		
陕西	—	—	0.70	0.74	0.60	0.65	0.74	—
甘肃	0.49	0.50	0.72	0.74	0.41	0.44	0.74	0.94
宁夏	—	—	0.47	0.50	0.25	0.34	0.50	0.70
青海	—	—	0.60	0.70	0.43	0.40	0.70	—
新疆	—	—	0.59	0.60	—	—	0.60	0.80

注：“—”表示该省（区）此类用户未出台相关政策。

需要单独说明的是，甘肃、宁夏及新疆除了正常的分时电价政策以外，还专门针对电储能设备单独出台了补偿政策。其中，甘肃、宁夏的电储能交易政策基本一致：储能调峰要求为充电功率在 1 万 kW 以上、持续充电时间 4h 以上；电储能用户可参与调峰集中交易，市场初期电储能用户申报价格的上、下限分别为 0.2 元/(kW · h)、0.1 元/(kW · h)。交易模式为日前申报、日内调用，由电力调度机构按照电网运行需要，根据日前竞价结果由低价到高价在日内依次调用。费用分摊方法参照实时深度调峰执行。

新疆的政策则略有不同，其具体规定为：风电、光伏企业购买到的电储能设施的电力为风电、光伏企业对应时段的新增发电空间。当储能用户如约履行合同时，电网企业按以下方式计算调峰服务费用：

$$\text{电储能设施获得的调峰服务费用} = \sum \text{成交电量} \times \text{成交价格} + \sum \text{调用剩余电量} \times \text{调用补偿价格} \quad (5\text{-}4)$$

$$\text{签订合同的风电、光伏企业支付给电储能设施的调峰服务费用} = \sum \text{成交电量} \times \text{成交价格} \quad (5\text{-}5)$$

5.6.5 西北区域调峰缺口分析

在本节研究中，将基于两种模式开展西北区域调峰缺口的测算工作：①模式一，西北五省(区)分省调度模式下各省(区)调峰缺口的计算，即在跨省跨区交易电量确定的前提下，测算各省(区)调峰缺口；②模式二，考虑五省(区)为调峰资源统一调度模式下，计算西北区域的调峰缺口。

1. 目标函数

本目标函数综合考虑新能源弃电量和发电煤耗，在满足负荷需求约束的情况下，尽量减少新能源弃电量和系统发电煤耗，目标函数可以描述为

$$\min \left(\begin{aligned} & \sum_{t=1}^{T}\sum_{i=1}^{G}(C_{it}(P_{i,t},U_{i,t})+Q_{it,\mathrm{up}}(U_{i,t-1},U_{i,t})+Q_{it,\mathrm{off}}(U_{i,t-1},U_{i,t})) \\ & +\lambda_1\sum_{t=1}^{T}\sum_{b=1}^{W}(W_{bt}^{(0)}-W_{bt})+\lambda_2\sum_{t=1}^{T}\sum_{b=1}^{V}(S_{bt}^{(0)}-S_{bt})+\lambda_3\sum_{t=1}^{T}\sum_{i=1}^{M}E_{it} \\ & +\lambda_4\sum_{t=1}^{T}\sum_{i=1}^{N}(H_{it}(P_{i,t}^{\mathrm{s}},U_{i,t}^{\mathrm{s}})+M_{it,\mathrm{up}}(U_{i,t-1}^{\mathrm{s}},U_{i,t}^{\mathrm{s}})+M_{it,\mathrm{off}}(U_{i,t-1}^{\mathrm{s}},U_{i,t}^{\mathrm{s}})) \\ & +\lambda_5\sum_{t=1}^{T}\sum_{b=1}^{B}l_{b,t}+\lambda_6\sum_{t=1}^{T}\sum_{b=1}^{B}h_{b,t} \end{aligned} \right) \tag{5-6}$$

式中，C_{it}为机组 i 在时段 t 的发电成本函数；$P_{i,t}$为机组 i 在时段 t 的有功出力；$Q_{it,\mathrm{up}}$和 $Q_{it,\mathrm{off}}$分别为机组 i 在时段 t 的启动和停机费用；$U_{i,t}$和 $U_{i,t-1}$分别为机组 i 在时段 t 和时段 t–1 的运行状态；λ_1、λ_2、λ_3、λ_4分别为弃风、弃光、弃水，以及因光热机组调峰运行而造成效率降低的惩罚因子；λ_5为失负荷惩罚；λ_6为失备用惩罚；W_{bt}为时段 t 内风电场 b 的出力；$W_{bt}^{(0)}$为时段 t 内风电场 b 的预测出力；S_{bt}为时段 t 内光伏电站 b 的出力；$S_{bt}^{(0)}$为时段 t 内光伏电站 b 的预测出力；E_{it}为水电机组 i 在时段 t 的弃水；$l_{b,t}$和 $h_{b,t}$分别为时段 t 节点 b 的失负荷量和失备用量；H_{it}为光热机组 i 在时段 t 的效率；$M_{it,\mathrm{up}}$和 $M_{it,\mathrm{off}}$分别为光热机组 i 在时段 t 的启动和停机费用；$U_{i,t}^{\mathrm{s}}$、$U_{i,t-1}^{\mathrm{s}}$分别为光热机组 i 在时段 t 和时段 t–1 的运行状态；$P_{i,t}^{\mathrm{s}}$为光热机组 i 在时段 t 的有功出力；G 为所有火电机组的集合；M 为所有水电机组的集合；W 为所有风电机组的集合；V 为所有光伏电站的集合；N 为所有光热机组的集合；T 为所有时段的集合；B 为所有节点的集合。

2. 约束条件

1) 电力电量平衡约束

电力电量平衡约束主要包括系统电力平衡约束、系统负荷备用约束、系统保安开机约束等。

(1) 系统电力平衡约束：

$$\sum_{j\in J} P_{tj} + \mu_t = L(t) \tag{5-7}$$

式中，P_{tj} 为 t 时刻电站 j 的发电出力；J 为电站集合；μ_t 为 t 时刻外购电/送出电；$L(t)$ 为 t 时刻系统负荷。

(2) 系统负荷备用约束：

$$\sum_{j\in J} R_{\mathrm{L},tj} \geqslant R_{\mathrm{LN},t} \tag{5-8}$$

式中，$R_{\mathrm{L},tj}$ 为 t 时刻电站 j 承担的负荷备用容量；$R_{\mathrm{LN},t}$ 为 t 时刻系统备用容量下限。

(3) 系统保安开机约束：

$$\sum_{j\in J} C_{j,t} \geqslant C_{\min,t} \tag{5-9}$$

式中，$C_{j,t}$ 为 t 时刻电站 j 的开机容量；$C_{\min,t}$ 为 t 时刻保安开机容量。

2) 电站运行约束

电站运行约束包括电站发电出力和爬坡约束、电站承担系统备用容量上下限约束、水电站电量平衡约束、抽水蓄能电站日电量平衡约束、火电机组启停调峰运行时最短开机和停机时间约束。

(1) 电站发电出力和爬坡约束：

$$\begin{cases} P_{t,j} - P_{t-1,j} \leqslant R_j^{\mathrm{up}} \\ P_{t,j} - P_{t-1,j} \leqslant -R_j^{\mathrm{down}} \\ P_{tj}^{\max} \leqslant P_{tj} \leqslant P_{tj}^{\min} \end{cases} \tag{5-10}$$

式中，R_j^{up} 为电站 j 的升功率速度；R_j^{down} 为电站 j 的降功率速度；P_{tj} 为 t 时

刻电站 j 的发电出力；$P_{tj}^{\max}$ 、$P_{tj}^{\min}$ 分别为 t 时刻电站 j 发电出力上、下限。

(2)电站承担系统备用容量上下限约束：

$$0 \leqslant R_{tj} \leqslant R_{tj}^{\max} \tag{5-11}$$

式中，R_{tj}、$R_{tj}^{\max}$ 分别为电站 j 在 t 时刻承担的系统备用容量及其上限。

(3)水电站电量平衡约束：

$$\begin{cases} \sum_{t=1}^{T_j}(P_{\mathrm{H}tj} + P_{\mathrm{Q}tj}) = E_{\mathrm{H}j} \\ E_j^{\min} \leqslant E_{\mathrm{H}j} \leqslant E_j^{\max} \end{cases} \tag{5-12}$$

式中，$P_{\mathrm{H}tj}$、$P_{\mathrm{Q}tj}$ 分别为 t 时刻水电站 j 的发电出力和弃水电力；T_j 为水电站 j 的调度周期；$E_{\mathrm{H}j}$ 为水电站 j 的发电量；$E_j^{\max}$ 、$E_j^{\min}$ 分别为水电站 j 的日发电量上下限约束。

(4)抽水蓄能电站日电量平衡约束：

$$\begin{cases} \sum_{t=1}^{T} P_{\mathrm{P}jt} = \eta_j E_{\mathrm{PV}j} \\ E_{\mathrm{PV}j} = \sum_{t=1}^{T} L_{\mathrm{P}jt} \leqslant E_{\mathrm{PV}j\max} \end{cases} \tag{5-13}$$

式中，$E_{\mathrm{PV}j\max}$ 和 η_j 分别为抽水蓄能电站 j 的最大抽水库容及抽水-发电转换效率；$E_{\mathrm{PV}j}$、$P_{\mathrm{P}jt}$、$L_{\mathrm{P}jt}$ 分别为抽水蓄能电站 j 的抽水电量、时刻 t 发电出力及抽水负荷。

(5)火电机组启停调峰运行时最短开机和停机时间约束：

$$\begin{cases} t_{\mathrm{R}jmd} \geqslant \underline{t}_{\mathrm{R}j} \\ t_{\mathrm{S}jmd} \geqslant \underline{t}_{\mathrm{S}j} \end{cases} \tag{5-14}$$

式中，$t_{\mathrm{R}jmd}$ 、$t_{\mathrm{S}jmd}$ 分别为 m 月 d 日火电机组 j 启停调峰运行时的连续开机小时数和连续停机小时数；$\underline{t}_{\mathrm{R}j}$ 、$\underline{t}_{\mathrm{S}j}$ 分别为火电机组 j 启停调峰运行时连续开机小时数和连续停机小时数下限。

3)光热电站约束

光热电站约束包括光热电站热平衡约束、启动时刻 k 的热量约束、储热罐热平衡约束、机组热电转换约束、地区间联络线功率约束。

(1)光热电站热平衡约束：

$$\begin{cases} H_t^{热熔盐} - H_t^{热吸收} + H_t^{热放出} - H_t^{热机组} \\ -H_t^{热弃} - H_t^{热开机} = 0 \\ 0 \leqslant H_t^{热吸收} \leqslant H_{\max}^{热吸收} \\ 0 \leqslant H_t^{热放出} \leqslant H_{\max}^{热放出} \\ H_t^{热机组} + H_t^{热开机} \leqslant H_{\max}^{热汽机} \\ \sum H_t^{热吸收} = \sum H_t^{热放出} \end{cases} \tag{5-15}$$

式中，$H_t^{热熔盐}$为熔盐吸收的热功率；$H_t^{热吸收}$、$H_t^{热放出}$为 t 时刻储热罐吸收、放出的热功率；$H_t^{热机组}$为 t 时刻供机组发电的热功率；$H_t^{热开机}$为 t 时刻供机组启动的热功率；$H_{\max}^{热汽机}$为机组启动和发电的热功率；$H_t^{热弃}$为 t 时刻平衡热功率；下标 max 表示上限。

(2)启动时刻 k 的热量约束：

$$H_k^{热开机} + H_{k-1}^{热开机} = H_0^{热开机} \tag{5-16}$$

式中，$H_0^{热开机}$为机组开机时刻的热量。

(3)储热罐热平衡约束：

$$\begin{cases} E_t^{热罐} = (1-\gamma)E_{t-1}^{热罐} + \eta_{吸} H_{t-1}^{热吸收} \\ \qquad - \eta_{放} H_{t-1}^{热放出} \\ E_{\min}^{热罐} \leqslant E_t^{热罐} \leqslant E_{\max}^{热罐} \end{cases} \tag{5-17}$$

式中，$E_t^{热罐}$为 t 时刻储热罐存储的热量；γ 为储热罐的热耗散系数；$\eta_{吸}$为储热罐的吸热效率；$\eta_{放}$为储热罐的放热效率；$E_{\min}^{热罐}$为储热罐最小储热值；$E_{\max}^{热罐}$为储热罐最大储热值。

(4)机组热电转换约束：

$$\begin{cases} P_t^{电机组} = f(H_t^{热机组}) \\ P_{\min}^{电机组} x_t^{启停} \leqslant P_t^{电机组} \leqslant P_{\max}^{电机组} x_t^{启停} \end{cases} \tag{5-18}$$

式中，$x_t^{启停}$ 为表述机组启停状态的变量；$P_t^{电机组}$ 为机组发电功率；下标 min 表示下限；下标 max 表示上限。

4）地区间联络线功率约束

地区间联络线功率约束包括暂态稳定极限约束和热稳定极限约束：

$$\mu_{L,tj} \leqslant \mu_{tj} \leqslant \mu_{H,tj} \tag{5-19}$$

式中，μ_{tj} 为 t 时刻第 j 条联络线的功率；$\mu_{H,tj}$ 和 $\mu_{L,tj}$ 分别为 t 时刻第 j 条联络线功率的上、下限。

3. 调峰缺口计算的实现方式

调峰缺口计算是以产生最小煤耗，最大接纳水能、间歇性新能源为目标，计算间歇性电源由于系统调峰能力不足而造成的弃电量。通过配置一定量的全年性调峰资源及季节性调峰资源，达到全年 5%的弃风弃光率控制指标，进而反算各省调峰缺口。考虑到西北区域弃风弃光问题在供暖季最为突出，因此在调峰缺口计算时，也对季节性调峰缺口与全年性调峰缺口进行了区分。基于西北区域的自然条件、火电装机类型等，综合考虑区域典型弃风、弃光时段，提出西北区域典型调峰资源配置方案。

1）储能装置配置方案（全年性调峰资源）

考虑到西北区域暂无合适的抽水蓄能及压缩空气储能场址条件，暂以电化学储能技术路线进行典型配置方案设计。选择目前常用的电化学储能技术路线——磷酸铁锂电池储能、铅碳电池储能。相关配置的典型方案如表 5-14 所示。

表 5-14　储能典型配置方案设计

项目	磷酸铁锂电池储能	铅碳电池储能
充电功率/MW	50	50
放电功率/MW	50	50
储能装置储能容量/(MW · h)	200	200
能量转换效率/%	90	90
静态投资/万元	48346	33000
定员/人	5	5

续表

项目	磷酸铁锂电池储能	铅碳电池储能
人员工资/(万元/年)	8	8
年运行维护费/(万元/年)	50	50
寿命/年	25	10
(电池)使用寿命/年	12.5	5

其中，针对磷酸铁锂电池储能方案，主要技术要点如下：由50个1MW/4MW·h集装箱式储能单元组成，磷酸铁锂电池放电深度(depth of discharge, DOD)按90%考虑；厂家保证电池充放电次数大于6000次，运行15年后容量不低于80%；储能电站寿命按照25年设计，中途需更换电池1次。

针对铅碳电池储能方案，铅碳电池DOD按80%考虑，铅碳电池充放电次数大于2000次，寿命按照5年考虑。储能电站寿命按照10年设计，中途需更换电池1次。

2)储热装置配置方案(季节性调峰资源)

根据前述分析，储热装置常见的应用场景为热电厂配置储热罐储热方案、电锅炉与储热罐配套储热方案。本次典型方案的设计也同样基于前述两种应用场景展开。

(1)热电厂配置储热罐储热方案

这里基于常压储热方案进行选型设计，场景选为2×350MW热电厂，供热面积按1000万m^2，调峰时段按每天7h方案计算，即计算机组每天在最低负荷(额定功率的40%)工况下运行7h的情况。

可以将机组运行划分为三个时段：

第一时段，蓄热时段，此时段机组运行在最大采暖抽汽工况；

第二时段，机组额定抽汽工况，此时段机组的抽汽满足实际采暖热负荷的要求；

第三时段，放热时段，此时段为调峰时段，机组运行在40%额定发电负荷工况。

蓄热系统在蓄热时，理论上只要机组此时可提供的抽汽量大于实际供热负荷所需的抽汽量，此工况就都可以作为蓄热过程的机组运行工况，只是蓄热时间长短的差别。在机组调峰时段之外的其他时间，蓄热系统均可进行蓄热过程。本章选用最大供热抽汽工况作为系统蓄热过程工况。

①蓄热系统计算分析

蓄热系统的计算分为以下四个步骤：

(a)计算调峰时段机组可提供的抽汽能力对应的供热量

根据热平衡图提供的抽汽参数，抽汽的焓值减去热网加热器出口疏水焓值并考虑热网首站换热效率，可算出对外供热功率，对外供热功率乘以调峰时间即可算出调峰时段机组对外提供的供热量。

(b)计算机组的小时蓄热能力

机组小时蓄热能力为机组最大供热能力工况下可对外供热功率与实际供热负荷的差值。

最大供热能力为机组最大抽汽工况对应的供热量，实际供热负荷为机组设计供热量，这两个供热量之间的差值为机组的小时蓄热能力。

(c)计算蓄热系统的容量

调峰时段要求的对外供热总量，减去调峰时段机组可提供的供热总量，为蓄热系统在本时段需要对热网系统释放补充的总热量，根据热网供回水温度可计算出蓄热系统总的储存热水量，从而确定系统的容量。

由放热过程持续时间即调峰时间，进而计算放热过程中热水的流量。

蓄热过程持续时间可根据工程具体情况确定，即可根据调峰时段需要对热网系统释放补充的总热量和机组的小时蓄热能力确定蓄热过程持续时间。根据总的储存热水量和蓄热过程持续时间计算蓄热过程的热水流量。

(d)计算储热罐的容积

得到蓄热系统总的蓄热水量就可以确定储热罐的容积。一般来说单个储热罐容积在 20000m^3 以下为宜，这样不会由于单个储热罐容积过大而增加罐体的加工制造成本。除去必需的热水容量，储热罐容积还要留有一定的设计余量，本章取总容积的 10%。根据算例计算结果如表 5-15 所示。

表 5-15　超临界供热机组(2×350MW)蓄热调峰计算结果

运行时段	项目	单位	7h 设计方案
蓄热时段	蓄热过程机组发电负荷	MW	2×271.87
	蓄热时间	h	7.6
	蓄热过程抽汽量	t/h	2×500

续表

运行时段	项目	单位	7h 设计方案
蓄热时段	机组抽汽总热功率	MW	726.7
	机组对外供热功率	MW	463.5
	机组对外供热所需抽汽量	t/h	2×319
	蓄热功率	MW	263.2
	蓄热所需抽汽流量	t/h	2×181
	总蓄热量	GJ	7161.6
	蓄热过程热水流量	t/h	5505.6
放热时段	第一放热时段机组发电负荷	MW	2×140
	放热时间	h	7
	放热过程机组抽汽量	t/h	2×130
	放热过程机组对外供热功率	MW	185.0
	蓄热系统放热功率	MW	278.5
	总对外供热功率	MW	463.5
	总放热量	GJ	7018.3
	放热过程中蓄热系统的热水流量	t/h	5945.07
第一时段储热罐计算结果	储热罐容积	m^3	2×23800
额定供热负荷运行	额定供热时段机组发电负荷	MW	2×302.7
	运行时间	h	9.4
	额定供热时段抽汽量	t/h	2×319
	机组对外供热功率	MW	463.5
	蓄热功率	MW	0

②热电厂配置储热罐储热方案的技术经济参数

基于前述设计方案测算，热电厂配置储热罐储热方案（7h 调峰）的主要技术经济参数如表 5-16 所示。

表 5-16　热电厂配置储热罐储热方案主要技术经济参数

项目	参数
装机容量/MW	2×350
供热面积/万 m^2	1000
改造前最低负荷率/%	80
改造后最低负荷率/%	40
蓄热调峰时间/h	7
储热罐容积/m^3	2×23800
静态投资/万元	10250
全年用煤增量/t	8557.52
充热过程节约的煤耗/(克标准煤/(kW·h))	(5359–5139)/30=7.3
放热工程增加的煤耗/(克标准煤/(kW·h))	(6864–5359)/30=50.2
原供暖季平均煤耗/万 t	178.63
现供暖季平均煤耗/万 t	190.94
现供暖季日发电量/(MW·h)	5793.20
全供暖季发电量/(MW·h)	695184.00

(2)电锅炉与储热罐配套储热方案

①一次网、二次网供、回水温度取值

根据《民用建筑供暖通风与空气调节设计规范》(GB 50736—2012)第5.3.1 条：散热器供暖系统应采用热水作为热媒；散热器集中供暖系统宜按75℃/50℃连续供暖进行设计，且供水温度不宜大于 85℃，供回水温差不宜小于 20℃。第 5.4.1 条：热水地面辐射供暖系统供水温度宜采用 35～45℃，不应大于 60℃；供回水温差不宜大于 10℃；

所以本次选型计算时一次热网循环水供/回水温度取 95℃/55℃，二次热网循环水供/回水温度取 80℃/50℃；

②储热、放热时间

储热时间按 6h 计，此时不仅满足对外供热热负荷，多余的热量还可存储到储热罐中。储热系统放热时间按 18h 计。

为了进行储热方案比较，分析不同场景下的功率和设备配置，不同场景对应的储热罐容积、电锅炉功率如表 5-17 所示。

表 5-17　不同场景下的供热参数计算配置表

参数			住宅	居住区综合	学校、办公	医院、托幼	旅馆	商场	食堂、餐厅	影院、展览馆	大礼堂、体育馆
供热负荷计算		供热面积/万 m^2	40	10	5	6.2	12	10	0.2	0.3	2.5
		热指标/(MW·h)	45	55	70	60	55	60	130	105	150
		计算热负荷/MW	18	5.5	3.5	3.72	6.6	6	0.26	0.315	3.75
热网循环水流量计算	供水参数	压力/MPa	0.8	0.8	0.8	0.8	0.8	0.8	0.8	0.8	0.8
		温度/℃	95	95	95	95	95	95	95	95	95
	回水参数	压力/MPa	0.3	0.3	0.3	0.3	0.3	0.3	0.3	0.3	0.3
		温度/℃	55	55	55	55	55	55	55	55	55
	流量/(t/h)		385.4	117.77	74.95	79.66	141.3	128.5	5.57	6.75	80.3
储热罐计算		放热时间/h	18	18	18	18	18	18	18	18	18
		计算热水质量/t	6937.8	2119.9	1349.0	1433.8	2543.9	2312.6	100.2	121.4	1445.4
		有效容积/m^3	7211.7	2203.6	1402.3	1490.4	2644.3	2403.9	104.2	126.2	1502.4
		设计容积/m^3	8500	2600	1700	1760	3200	2900	130	150	1800
电锅炉计算		边供边储时间/h	6	6	6	6	6	6	6	6	6
		电锅炉效率/%	0.99	0.99	0.99	0.99	0.99	0.99	0.99	0.99	0.99
		电锅炉功率/MW	72.7	22.2	14.1	15.0	26.7	24.2	1.1	1.3	15.2

不同场景对应的储热罐、电锅炉设备配置如表 5-18 所示。

表 5-18　不同场景对应的储热罐、电锅炉设备配置

场景名称	储热罐	电锅炉
住宅	1 台 8500m^3	3 台 25MW
居住区综合	1 台 2600m^3	3 台 8MW
学校、办公	1 台 1700m^3	2 台 8MW
医院、托幼	1 台 1800m^3	2 台 8MW
旅馆	1 台 3200m^3	3 台 10MW
商场	1 台 2900m^3	3 台 8MW
食堂、餐厅	1 台 130m^3	1 台 3MW
影院、展览馆	1 台 150m^3	1 台 3MW
大礼堂、体育馆	1 台 1800m^3	2 台 8MW

③电锅炉与储热罐配套储热方案的技术经济参数

基于前述设计方案测算，选择最为常见的住宅场景方案，测算电锅炉与储热罐配套储热方案的主要技术经济参数，如表 5-19 所示。

表 5-19　电锅炉与储热罐配套储热方案主要技术经济参数

项目	参数
装机容量	3 台 25MW
供热面积	40 万 m^2
蓄热调峰时间	6h
储热罐设计容积	8500m^3
静态投资	9375 万元
供暖调峰天数	120 天
供暖季用电量	54000MW · h

5.6.6　西北区域调峰补偿机制的有效性分析

本节将基于下述研究框架开展研究工作：首先，针对存在调峰缺口的省份，基于典型调峰资源设计方案，对可适用的调峰资源进行社会经济比较，从全社会福利角度对解决调峰缺口的配置方案进行横向比较排序，以优选调峰缺口配置方案；而后，以优选的调峰缺口配置方案对调峰补偿的需求以及当前各省份调峰政策的补偿标准进行比较，以分析各省份调峰补偿机制的有效性。

根据前述西北区域调峰缺口的分析，在 2020 水平年存在调峰缺口的省(区)包括陕西、甘肃及新疆。

1. 陕西

2020 年陕西电网调峰缺口为 200 万 kW(季节性调峰缺口(供暖季))。可提供季节性调峰能力的配置方案包括：磷酸铁锂电池储能、铅碳电池储能、热电厂配置储热罐储热方案、电锅炉与储热罐配套储热方案。

1) 不同配置方案的社会经济比较

社会经济比较指标选为单位调峰能力提升的年费用，包括固定资产投资、运维费用以及全口径煤炭消耗增量成本。需要说明的是，社会内流转费用，如税费等，不计入计算范畴。

基于第 4 章西北区域典型调峰配置方案，测算各类调峰资源的年费用，如表 5-20 所示。

表 5-20　陕西省调峰资源的年费用　(单位：元/(kW·年))

配置方案	成本
热电厂配置储热罐储热	52.98
电锅炉与储热罐配套储热	241.32
磷酸铁锂电池储能	1045.6
铅碳电池储能	1420.78

从社会成本的角度看，热电厂配置储热罐储热方案最为经济。电锅炉与储热罐配套储热次之，铅碳电池储能方案由于投资成本较高，且作为季节性调峰资源使用存在一定的资源浪费，其经济性最差。考虑到目前陕西省尚有多台热电机组未进行灵活性改造，改造 14 台 35 万 kW 等级的供热机组即可满足陕西调峰缺口。

2) 现有调峰政策的激励效果分析

下面基于各种调峰资源的配置方案，测算在现有政策框架下各类调峰资源的调峰补偿需求，与目前的补偿水平相比较，判定现有调峰政策的激励效果及有效性。

其中，热电厂配置储热罐储热方案由于一般安装在电厂侧，与热电厂联合运行，因此，其适用的政策主要是发电侧调峰辅助服务政策；电锅炉既可安装在发电侧，又可安装在用户侧，因此根据其安装位置的不同，分别对安装在发电侧、用户侧两种政策情景进行了补偿需求分析；电池储能则主要享受需求侧政策，由于电池储能配置在用户侧时可降低用户支付的总容量电费水平(即降最大电力需量，简称降需)，因此，在测算中也分别针对考虑降需与不考虑降需两种方案进行了分析。

对于发电侧政策，其补偿需求对应的是调峰电量补偿单价；对于需求侧政策，其补偿需求计算结果对应的是峰谷价差的价差需求。

通过比较调峰资源的调峰补偿需求(表 5-21)以及现有补偿水平(表 5-22)，可以看出：

表 5-21　陕西省调峰资源的调峰补偿需求　　(单位：元/(MW · h))

调峰资源	配置方案	成本	备注
季节性调峰资源	热电厂配置储热罐储热(发电侧)	319.92	以补偿电量为基数
	电锅炉与储热罐配套储热(发电侧)	264.22	假定所有电量获得补偿
	电锅炉与储热罐配套储热(需求侧)	32.00	计算购电单价
	磷酸铁锂电池储能(不考虑降需)	2856.69	价差需求
	磷酸铁锂电池储能(考虑降需)	2008.07	
	铅碳电池储能(不考虑降需)	3513.69	价差需求
	铅碳电池储能(考虑降需)	2598.15	
全年性调峰资源	磷酸铁锂电池储能(不考虑降需)	966.11	价差需求
	磷酸铁锂电池储能(考虑降需)	687.11	
	铅碳电池储能(不考虑降需)	1182.11	价差需求
	铅碳电池储能(考虑降需)	881.11	

表 5-22　陕西省调峰资源的现有补偿水平　　(单位：元/(MW · h))

用户场景	成本
发电侧补偿水平	300
需求侧补偿水平	600～740

(1)陕西主要短缺的是季节性调峰资源，而从社会经济角度看最优的热电厂配置储热罐储热方案并未获得有效的经济激励；

(2)各类调峰资源中仅磷酸铁锂电池储能(考虑降需)作为全年性调峰资

源时，在现有政策上才达到设定盈利目标。由于需求侧政策属个体决策行为，业主可自行通过峰谷价差使用磷酸铁锂电池储能营利，但从社会经济角度看，存在资源浪费。

基于前述调峰政策的有效性分析，结合陕西调峰缺口实际情况，提出如下政策建议。

(1) 建议陕西省在发电侧开展发电侧调峰辅助服务市场的建设，报价分档可参照国内主流分档方式：分为负荷率为 40%～50%(第一档) 及负荷率＜40%(第二档) 两档，且第一档补偿标准的设定应高于 320 元/(MW·h)，考虑到煤价的波动情况，可做适当调整。

(2) 考虑到电锅炉在发电侧应用时经济效益较好，但其社会效益却逊于热电厂配置储热罐储热方案的问题，建议在陕西发电侧调峰辅助服务政策设计中，明确电锅炉电量不作为调峰电量计算补偿。

(3) 磷酸铁锂电池储能(考虑降需) 作为全年性调峰资源时，在现有政策上达到设定盈利目标，但存在社会资源浪费的问题。考虑到分时电价调整的涉及范围较大，建议现阶段暂不调整分时电价政策，后续根据负荷曲线的变化情况择机调整。

2. 甘肃

2020 年甘肃电网存在 500 万 kW 季节性调峰缺口 (供暖季) 以及 300 万 kW 全年性调峰缺口。可提供季节性调峰能力的配置方案包括：磷酸铁锂电池储能、铅碳电池储能、热电厂配置储热罐储热方案、电锅炉与储热罐配套储热方案。可提供全年性调峰能力的配置方案包括磷酸铁锂电池储能、铅碳电池储能。

1) 不同配置方案的社会经济比较

基于第 4 章西北区域典型调峰配置方案，测算各类调峰资源的年费用，如表 5-23 所示。

从社会成本的角度，解决季节性调峰缺口的最优配置方案为热电厂配置储热罐储热方案，电锅炉与储热罐配套储热次之，铅碳电池储能方案由于投资成本较高，且作为季节性调峰资源使用时存在一定的资源浪费，其经济性最差。

表 5-23 甘肃省调峰资源的年费用 （单位：元/(kW·年)）

调峰资源	配置方案	成本
季节性调峰资源	热电厂配置储热罐储热	54.3
	电锅炉与储热罐配套储热	250.92
	磷酸铁锂电池储能	1046.19
	铅碳电池储能	1423.67
全年性调峰资源	磷酸铁锂电池储能	1061.81
	铅碳电池储能	1438.31

解决全年性调峰缺口的最优配置方案为磷酸铁锂电池储能方案，铅碳电池储能次之。

2) 现有调峰政策的激励效果分析

下面基于各种调峰资源的配置方案，测算在现有政策框架下各类调峰资源的调峰补偿需求，与目前的补偿水平相比较，如表 5-24 和表 5-25 所示，对现有调峰政策的激励效果及有效性进行判定。

表 5-24 甘肃省调峰资源的调峰补偿需求 （单位：元/(MW·h)）

调峰资源	配置方案	成本	备注
季节性调峰资源	热电厂配置储热罐储热	326.67	以补偿电量为基数
	电锅炉与储热罐配套储热(发电侧)	280.29	假定所有电量获得补偿
	电锅炉与储热罐配套储热(需求侧)	–32.00	计算购电单价
	磷酸铁锂电池储能(不考虑降需)	2856.26	价差需求
	磷酸铁锂电池储能(考虑降需)	2007.64	
	铅碳电池储能(不考虑降需)	3513.26	价差需求
	铅碳电池储能(考虑降需)	2597.72	
全年性调峰资源	磷酸铁锂电池储能(不考虑降需)	965.68	价差需求
	磷酸铁锂电池储能(考虑降需)	686.68	
	铅碳电池储能(不考虑降需)	1181.68	价差需求
	铅碳电池储能(考虑降需)	880.68	

表 5-25　甘肃省调峰资源的补偿水平　（单位：元/(MW·h)）

用户场景	成本
发电侧补偿水平	400～1000(40%负荷以上)
需求侧补偿水平	410～740(考虑电储能交易)

通过比较调峰资源的调峰补偿需求以及现有补偿水平，可以看出：

(1)甘肃季节性调峰资源与全年性调峰资源短缺并存，从季节性调峰资源政策的有效性来看，热电厂配置储热罐储热方案为全社会福利角度最优方案，由于热电厂配置储热罐储热方案最低负荷可降至 40%，因此对应的调峰报价上限为 400 元/(MW·h)，而目前该方案的补偿需求为 327 元/(MW·h)，即当前报价上限可涵盖补偿需求，在市场有序竞争的环境下，其诉求可得到合理补偿。

(2)对于次选方案电锅炉与储热罐配套储热方案，虽然其在全社会福利角度非最优选择，但其投资经济性优于热电厂配置储热罐储热方案，存在激励政策上的反向激励问题。

(3)对于全年性调峰缺口，在考虑与用户联合运行、降低用户容量电费的情况下，两种技术方案均可实现正向的投资激励作用。

基于前述调峰政策的有效性分析，结合甘肃调峰缺口实际情况，提出如下政策建议。

(1)考虑到电锅炉在发电侧应用时经济效益较好，但其社会效益却逊于热电厂配置储热罐储热方案的问题，建议在甘肃发电侧调峰辅助服务政策设计中，明确电锅炉电量不作为调峰电量计算补偿。

(2)对于全年性调峰缺口，在考虑与用户联合运行、降低用户容量电费的情况下，两种技术方案均可实现正向的投资激励作用，因此当前分时电价政策可暂不做调整，后续若需求侧储能资源投资超过全年缺口需求，应及时调整相关政策：优先调整电储能交易补偿政策，若未达到预期政策目标，再调整分时电价政策。

3. 新疆

2020 年新疆电网调峰缺口为 300 万 kW(供暖季季节性调峰缺口)。与陕西相似，可提供季节性调峰能力的配置方案包括磷酸铁锂电池储能、铅碳电池储能、热电厂配置储热罐储热、电锅炉与储热罐配套储热。

1)不同配置方案的社会经济比较

基于第 4 章西北区域典型调峰配置方案，测算各类调峰资源的年费用，如表 5-26 所示。

表 5-26　新疆调峰资源的年费用　（单位：元/(kW·年)）

配置方案	成本
热电厂配置储热罐储热	45.79
电锅炉与储热罐配套储热	189.17
磷酸铁锂电池储能	1042.39
铅碳电池储能	1420.11

从社会成本的角度看，热电厂配置储热罐储热方案最为经济。电锅炉与储热罐配套储热次之，铅碳电池储能方案由于投资成本较高，且作为季节性调峰资源使用存在一定的资源浪费，其经济性最差。考虑到目前新疆尚有多台热电机组尚未进行灵活性改造，改造 21 台 35 万 kW 等级的供热机组即可满足新疆调峰需求。

2)现有调峰政策的激励效果分析

基于各种调峰资源的配置方案，测算在现有政策框架下各类调峰资源的调峰补偿需求，如表 5-27 所示，与目前的补偿水平相比较(表 5-28)，判定现有调峰政策的激励效果及有效性。

表 5-27　新疆调峰资源的调峰补偿需求　（单位：元/(MW·h)）

调峰资源	配置方案	成本	备注
季节性调峰资源	热电厂配置储热罐储热方案(电量追补)	283.32	以补偿电量为基数
	热电厂配置储热罐储热方案(电量不追补)	400.77	以补偿电量为基数
	电锅炉与储热罐配套储热(发电侧)	313.63	假定所有电量获得补偿
	电锅炉与储热罐配套储热(需求侧)	–32.00	计算购电单价
	磷酸铁锂电池储能(不考虑降需)	2838.08	价差需求
	磷酸铁锂电池储能(考虑降需)	1989.46	
	铅碳电池储能(不考虑降需)	3495.08	价差需求
	铅碳电池储能(考虑降需)	2579.54	

续表

调峰资源	配置方案	成本	备注
全年性调峰资源	磷酸铁锂电池储能（不考虑降需）	947.50	价差需求
	磷酸铁锂电池储能（考虑降需）	668.50	
	铅碳电池储能（不考虑降需）	1163.50	价差需求
	铅碳电池储能（考虑降需）	862.50	

表 5-28　新疆调峰资源的补偿水平　（单位：元/(MW·h)）

用户场景	成本
发电侧补偿水平	220～500（40%负荷以上）
需求侧补偿水平	590～600（考虑电储能交易）

通过比较调峰资源的调峰补偿需求以及现有补偿水平，可以看出：

(1) 新疆主要短缺的是季节性调峰资源，而从社会经济角度看最优的热电厂配置储热罐储热方案并未获得有效的经济激励。

(2) 对于次选方案电锅炉与储热罐配套储热方案，其虽在全社会福利角度非最优选择，但投资经济性优于热电厂配置储热罐储热方案，存在激励政策上的反向激励问题。

(3) 调峰资源中的磷酸铁锂电池储能（考虑降需）作为全年性调峰资源时，在现有政策上达到了设定盈利目标。由于需求侧政策属个体决策行为，业主可自行通过峰谷价差使用磷酸铁锂电池储能营利，但从社会经济角度，这样存在资源浪费的问题。

基于前述调峰政策的有效性分析，结合新疆调峰缺口实际情况，提出如下政策建议。

(1) 由于从社会经济角度看最优的热电厂配置储热罐储热方案并未获得有效的经济激励，建议新疆后续调整发电侧调峰辅助服务补偿标准，其中补偿标准的第一档建议调整至 283 元/(MW·h) 以上。

(2) 考虑到电锅炉在发电侧应用时经济效益较好，但其社会效益却逊于蓄热罐方式的问题，建议在新疆发电侧调峰辅助服务政策设计中，明确电锅炉电量不作为调峰电量计算补偿。

(3) 磷酸铁锂电池储能（考虑降需）作为全年性调峰资源时，在现有政策上达到设定盈利目标，但存在社会资源浪费的问题。建议现阶段暂不调整分时电价政策,暂建议取消电储能交易的相关补贴政策,以降低其预期收益。

5.7 案例 7：新疆南疆三地州储能和新能源发电试点

5.7.1 实施背景和政策依据

1. 实施背景

1)平衡可再生能源发电出力

为了促进可再生能源的消纳和利用,需要其他电源以及储能等提供调频、备用容量辅助服务和控制、调度等技术支持。储能系统具有灵活的充放电能力,配置于光伏电站中能够平滑新能源出力,减少其对电网的冲击。新型储能设备由于具备响应速度快、输出功率大、储能效率高、循环寿命长的特性,已经成为平衡和稳定可再生能源发电出力的关键支撑技术之一。

2)实现电力系统削峰填谷

实现电力系统负荷侧的削峰填谷是当前新型储能系统最基本、最直接的功能。电力系统运营商(主要是电网公司)和用户侧储能用户通过“低买高卖”方式在系统低谷负荷时期储电和在高峰负荷时期放电套利,同时这种方式还可以在电网调峰能力不足或低谷负荷下降明显等情况下起到快速响应的作用,削峰填谷有利于改善电力系统负荷特性,降低系统成本。

3)储能技术在南疆地区具有重要意义

一是南疆地区位置偏远,位于大电网延伸的末端,峰段由于消纳能力不足,弃光严重,冬季夜间电采暖负荷增加,出现电力不足,需要大电网供电;二是受潮流断面阻塞影响,南疆新能源送出受限,而本地消纳能力不足,造成弃风弃光;储能可以将新能源就地消纳,减少电力的外送容量,实现对电网侧负荷的移峰填谷,大大提高了新能源利用率,同时缓解了冬季供暖负荷增加以及环境污染的问题。

2. 政策依据

2014 年开始,多项与储能发展相关的政策陆续出台,如《关于推进电能替代的指导意见》《国家能源局关于促进电储能参与“三北”地区电力辅助服务补偿(市场)机制试点工作的通知》等,其中都把发展和利用储能作为重要的工作内容,政策的发布都为提高储能的认知度、确立储能发展的重要性做出了贡献。

2017 年 9 月 22 日国家发展改革委、财政部、科学技术部、工业和信息化部、国家能源局联合印发的《关于促进储能技术与产业发展的指导意见》(发改能源〔2017〕1701 号)提出：研究推动储能参与电力市场交易获得合理补偿的政策和建立与电力市场化运营服务相配套的储能服务补偿机制；结合电力市场建设研究形成储能应用价格机制。

2017 年 11 月国家能源局新疆监管办公室下发《新疆电力辅助服务市场运营规则(试行)》，提出鼓励发电企业、售电企业、电力用户、独立辅助服务商等投资建设电储能设施，并首次尝试在辅助服务市场开展电储能相关交易。

2020 年 2 月，国家电网有限公司的《2020 年改革攻坚重点工作安排》中，明确了国家电网 2020 年改革攻坚工作的重点安排，其中有："促进新业务发展的体制机制。落实工业芯片、IGBT、储能、智能终端、北斗及地理信息等新业务实施方案。"

2020 年 6 月 28 日，《自治区发展改革委关于印发〈新疆电网发电侧储能管理暂行规则〉的通知》(新发改规〔2020〕6 号)提出了通过市场化的经济补偿机制激励电储能装置参与调峰，促进风电、光伏等清洁能源消纳。

5.7.2　具体措施

1. 储能的几种运行模式

《国家能源局关于促进电储能参与"三北"地区电力辅助服务补偿(市场)机制试点工作的通知》中指出：

(1) 合理配置电储能设施。鼓励发电企业、售电企业、电力用户、电储能企业等投资建设电储能设施。鼓励各地规划集中式新能源发电基地时配置适当规模的电储能设施，实现电储能设施与新能源、电网的协调优化运行。鼓励在小区、楼宇、工商企业等用户侧建设分布式电储能设施。

(2) 促进发电侧电储能设施参与调峰调频辅助服务。在发电侧建设的电储能设施，可与机组联合参与调峰调频，或作为独立主体参与辅助服务市场交易。其中，作为独立主体参与调峰的电储能设施，充电功率应在 10MW 及以上、持续充电时间应在 4h 及以上。电储能放电电量等同于发电厂发电量，按照发电厂相关合同电价结算。

(3) 促进用户侧电储能设施参与调峰调频辅助服务。在用户侧建设的电储能设施，充电电量既可执行目录电价，也可参与电力直接交易自行购买低谷电量，放电电量既可自用，也可视为分布式电源就近向电力用户出售。

用户侧建设的一定规模的电储能设施，可作为独立市场主体或与发电企业联合参与调频、深度调峰和启停调峰等辅助服务。

2. 南疆光伏储能联合运行项目

2019 年 7 月 23 日，新疆维吾尔自治区发展改革委下发《关于开展发电侧光伏储能联合运行项目试点的通知》(新发改能源〔2019〕618 号)，公示了首批发电侧光伏储能联合运行试点项目名单，共 36 个光储项目满足试点条件，总规模为 221MW/446MW·h，试点项目于 2019 年 10 月 31 日前建成投运，所在光伏电站于 2020 年起每年增加 100h 优先发电电量。

光储电站由光伏发电系统和储能系统两部分构成，而这两部分系统具备互相独立又互相补充的关系，这也为光储电站多模式运行提供了条件。光储电站的监控系统通过对光伏发电系统和储能系统的前景监测与综合控制，实现对光储联合发电方式的自动组态、平滑切换以及智能优化。具体实现方式如下。

1) 跟踪发电计划

“跟踪发电计划”控制策略主要是在较短时间范围内，控制中心通过结合光伏超短期预测技术对光伏发电的实际功率与调度给定的计划功率之间的差值进行实时的补偿。当两者差值为正时，储能系统充电以抵消实际功率余量；当两者差值为负时，储能系统放电以补充实际功率差量。储能系统通过充放电使得光伏发电功率尽可能接近计划值，使其联合功率更具有确定性。

2) 平滑出力波动

“平滑出力波动”控制策略主要是通过风电系统、光伏系统、储能系统三部分之间的电能互补来实现的。储能系统的监控模块根据平滑控制程序要求和光伏出力情况，控制储能系统的电能充放量。当光伏出力波动不满足相关要求时，通过储能系统出力来实现光伏出力波动的平滑控制；当光伏出力满足相关要求时，储能系统不动作。通过储能的充放电降低光伏出力的波动性。

3) 削峰填谷

“削峰填谷”控制策略主要针对在较长的时间范围内，控制中心基于预定时间内短期预测功率的均值与光伏发电的实际功率，控制储能系统充放电，使得在较长的时间范围内光伏发电出力处于一个比较稳定的范围内，以达到储能系统对光伏发电出力“削峰填谷”的控制作用。同时根据实时的储能电池功率与电池剩余能量确定储能系统的动作量，实现储能系统能量的最优控制和高效利用。

5.7.3 实施效果

光储电站区域内有一个装机 50MW 的光伏电站，与其达成一对一形式的双边合约，交易价格为 30 元/(MW·h)。光储电站的出力补偿能力 P_t 为 20MW，进行出力补偿时调节成本为 20 元/(MW·h)；光伏电站的历史光伏出力预测精度为 75%，光伏的上网电价为 540 元/(MW·h)，该区域的光伏出力预测精度考核标准为 80%。

次日光储电站按时序为光伏电站进行出力补偿时，当某时段光伏电站功率预测绝对偏差大于 15.109MW 时，光储电站尽量补偿光伏电站功率预测绝对偏差至 15.109MW；当某时段光伏电站功率预测绝对偏差小于或等于 15.109MW 时，光储电站不对光伏电站进行出力补偿。

在 0:00 时刻，光伏电站功率预测偏差为 6.721MW，其绝对值小于出力补偿基准值，光储电站便不为光伏电站进行出力补偿，光储补偿量为 0；在 0:15 时刻，光伏电站功率预测偏差为 22.924MW，其绝对值大于出力补偿基准值，光储电站便为光伏电站出力补偿 –7.815MW，如表 5-29 所示。

表 5-29 光伏部分时段出力补偿情况

时间	功率预测/MW	实际功率/MW	预测偏差/MW	补偿量/MW	时间	预测功率/MW	实际功率/MW	预测偏差/MW	补偿量/MW
0:00	13.605	20.326	6.721	0.000	3:00	11.055	20.123	9.068	0.000
0:15	13.605	36.529	22.924	–7.815	3:15	11.055	10.267	–0.788	0.000
0:30	13.605	0.000	–13.605	0.000	3:30	11.055	19.989	8.934	0.000
0:45	13.605	24.382	10.777	0.000	3:45	11.055	8.493	–2.562	0.000
1:00	12.968	16.952	3.985	0.000	4:00	10.628	9.076	–1.552	0.000
1:15	12.968	0.000	–12.968	0.000	4:15	10.628	29.249	18.621	–3.512
1:30	12.968	7.548	–5.420	0.000	4:30	10.628	28.240	17.613	–2.504
1:45	12.968	17.250	4.283	0.000	4:45	10.628	28.342	17.715	–2.606
2:00	12.113	0.000	–12.113	0.000	5:00	11.475	19.869	8.349	0.000
2:15	12.113	46.730	34.618	–19.509	5:15	11.475	0.000	–11.478	0.000
2:30	12.113	0.000	–12.113	0.000	5:30	11.475	20.440	8.965	0.000
2:45	12.113	0.000	–12.113	0.000	5:45	11.475	31.853	20.378	–5.269

当天光储电站为光伏出力补偿后，光储电站的出力补偿曲线和光储电站的功率曲线如图 5-21 和图 5-22 所示。

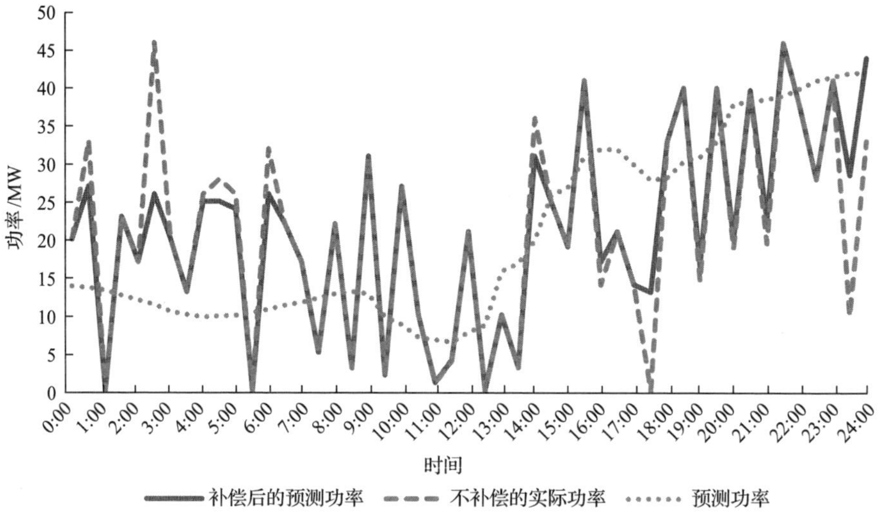

图 5-21　光储电站的出力补偿曲线

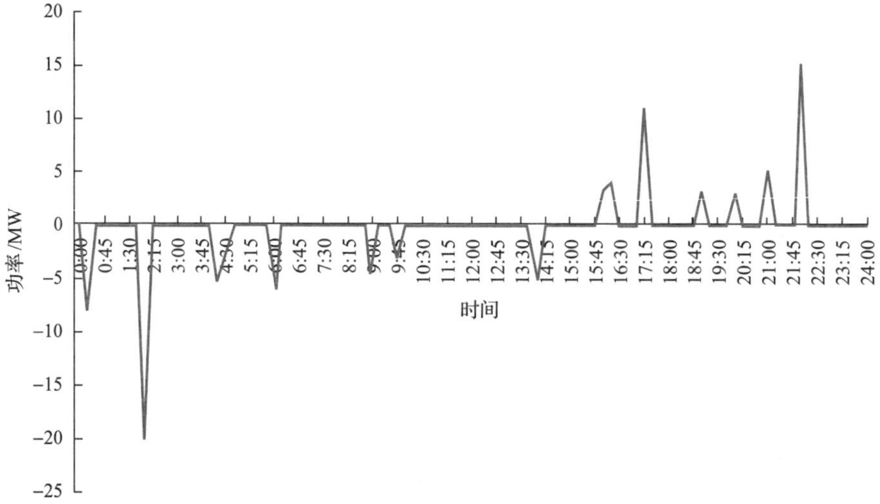

图 5-22　光储电站的功率曲线

如图 5-21 所示，光储电站主要帮助光伏电站补偿了功率预测偏差大的时段的出力，光伏电站进行出力补偿后，功率曲线波动率有所减小。光伏电站当天的光伏出力预测精度由 75.67% 提高到 79.47%，受到的考核金额由

1168.96元减少到144.09元，考核金额减少1024.87元，其中光储电站为光伏电站进行出力补偿的总量为25.09MW(包括正负补偿)，如表5-30所示。

表5-30　光储电站与光伏电站交易与否的利润情况　(单位：元)

电站	不进行出力补偿	进行出力补偿后	增额
光储电站	0	250.9	250.9
光伏电站	–1168.96	–869.79	299.17

在光储电站的出力补偿服务下，光伏电站的功率预测准确率得到提高，能为电网运行调度提供更可靠的依据；光伏电站的输出功率波动率也有所下降，能有效降低光伏出力波动对电网的不良影响，提高光伏电站的功率预测准确率。此外，通过出力补偿服务交易机制，交易双方的收益均有所上涨，实现互利共赢。

基于实际运行数据可知，在跟踪发电计划策略下，通过控制储能系统对光伏联合发电出力与计划发电值之间的偏差进行实时出力补偿，使光储发电按照计划值进行出力，出力偏差可以控制在3%以内；在平滑光伏出力策略下，光储联合出力波动率可以控制在5%以内。

现阶段仅仅对光储联合运行项目对光伏发电计划预测跟踪及平滑出力方面的效果进行验证，由于目前风光储联合体的电力辅助市场机制及市场化的体系尚未建立，其运营的实际经验有待于进一步验证。

5.8　案例8：基于区块链的双边协商交易社区

区块链技术作为当前最热门的新兴信息技术之一，已广泛应用于金融、能源、物流、医疗健康、文娱传媒、法律服务等各门类。区块链技术在能源行业也已有不少应用研究案例，目前主要集中在电费支付、能源交易、需求侧响应、电动汽车、能源补贴等方面。区块链作为一种分布式记账技术，具有去中心化、不可篡改、可追溯、隐私保护等特点，非常适合多方协作、多方共识且具有隐私安全的业务场景。

目前国内各电力交易中心的电力交易平台主要为电力批发市场提供支撑服务，市场主体在参加电力交易中心组织的交易之前，都是通过线下协商的方式达成发电企业与电力用户(售电公司)之间的意向协议或售电公司与电力用户之间的代理协议。这种线下协商的模式，存在协商成本高、协商效率低下等问题；同时，由于缺乏一个公开透明且可信任的媒介，交易中容易出现内部串通、区域保护与恶性竞价等问题。为解决市场主体双边协商中存在的问题，陕西电力交易中心创新实践，开发了基于区块链技术的电力双边协商交易社区，这是国内区块链技术在电力交易方面应用较早的项目。

5.8.1 项目建设目标

(1)建设基于区块链技术的双边协商交易社区(服务侧 Web、用户侧 APP/Web)。

(2)提升双边协商交易效率、促进市场主体降本增效。

(3)创造安全、公平公正透明的市场环境，规范市场主体交易行为，促进电力市场健康可持续发展。

(4)探索区块链技术在电力行业的应用，为后续电力交易业务的进一步深化应用做好技术储备。

5.8.2 项目主要建设内容

基于区块链技术的双边协商交易社区包括管理端与用户端，管理端由交易中心、调度机构、政府主管部门使用，用户端由发电企业、售电公司、电力用户等市场主体使用。管理端实现对协商平台所有业务的管理，包括市场成员管理、交易管理、合约管理、市场监管、统计分析以及系统管理等功能。用户端网页版包括为参与双边协商交易的市场成员提供注册/登录、量价信息发布、交易公告查看、市场成员量价信息查看、交易双边协商、合约签订等功能。用户端移动版利用移动互联网技术为市场主体提供服务，为其解除时空限制，从而能够随时随地开展双边协商，把握每次机会。

在技术方面，项目设计了基于市场主体的注册准入制度和社区管理员审核机制，有效防止节点作恶，同时提高区块链的可扩展性；在保证市场主体隐私安全的前提下，将节点运行在移动设备上，降低市场主体成为节点的门槛；使用成熟的端对端加密协议，防止第三方窃取信息的同时，有效保护双边交易的协商记录；采用基于手机号码的账户模式，只有签订合约时才需要对用户进行身份验证，大幅提升用户体验。

5.8.3 系统业务结构

电力双边协商交易社区成员涉及政府机构、发电企业、售电公司、电力用户、电网企业、电力交易机构以及第三方机构，社区治理呈现多主体协作的特点，这方面与区块链技术特点非常契合。使用区块链进行社区治理，可以突破传统电力市场双边协商交易的局限，将双边交易从电力交易机构集中管理模式过渡到市场主体、电力交易机构和第三方机构共同协作的分散化管理模式，更好地适应国家电力体制改革要求。

利用区块链点对点交互、多方共识的特性，实现各市场主体高效协同；通过区块链数据确权、可追溯的特性，对交易相关信息进行身份标识及存证，明确市场主体责任，有效保护市场主体利益；通过智能合约对隐私数据进行细粒度权限控制，做到加密数据只有交易方可以查看，有效保护交易主体的隐私；利用区块链不可篡改、隐私保护的特性，将协商存证等信息上链确保双边协商交易的权威性。图 5-23 是电力双边协商交易社区业务架构。

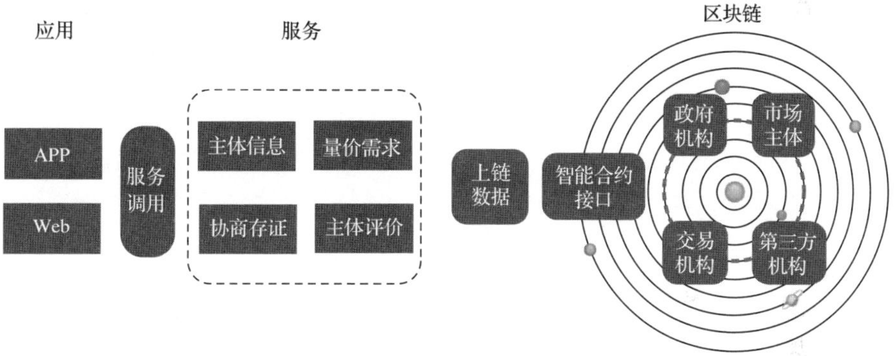

图 5-23　电力双边协商交易社区业务架构

5.8.4　系统架构

在技术上，电力链是双边协商交易社区运作的基础设施，采用联盟链的方式搭建。相对公有链，电力链不允许节点任意参与区块链网络。电力链的节点都是预先选定的且节点数有限，因此电力链的交易速度更快，具有更高的扩展性，并能很好地保护交易的隐私性。系统总体架构见图 5-24。

从技术角度来看，电力链由资源层、服务层、应用层和展现层共四部分组成。电力链是基于点对点(P2P)网络的网络协议。由于区块链具有去中心化特点，因此只能通过维持一种扁平化、去中心化的 P2P 共识网络来实现电力链。

电力链是一套基于 Fabric(超级账本)项目的规范和标准，并针对电力交易特点进行相应改造和专用可插拔模块的开发。电力链的搭建需要多个功能组件的有效协作，这些组件包括网络通信、区块链数据结构、账本状态存储、交易模块、智能合约执行环境、共识机制等。

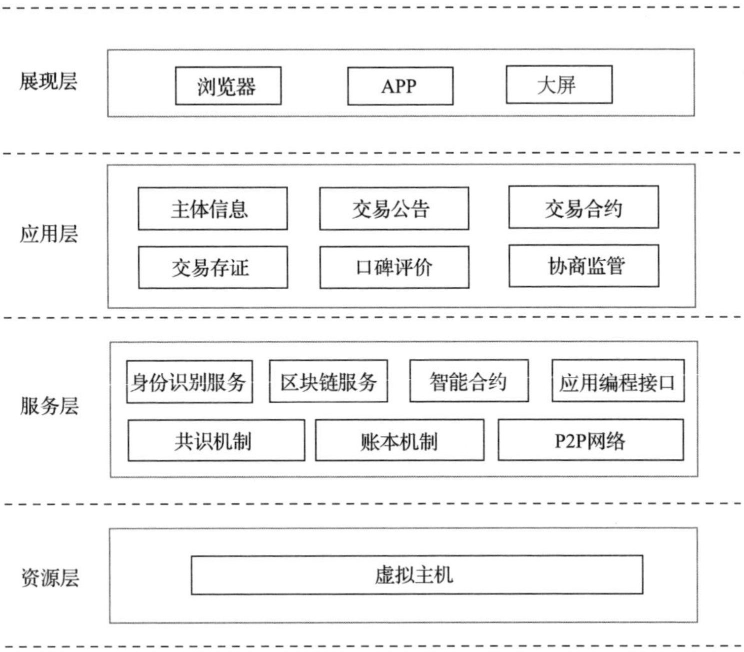

图 5-24　双边协商交易社区系统总体架构

为保证双边交易的私密性，电力链在技术实现上要支持多种加密算法，以确保满足相应的加密和隐私管理需求。由于电力交易主体有一定的准入条件，因此电力链要基于 PKI(公钥基础设施)加密算法实现交易中的身份识别和审计功能。电力链对用户和交易者除了单纯提供基于 PKI 的身份识别功能外还应该支持对这些访问和识别操作的归档功能，包括交易相关者之间的加密请求，以便实现对涉及所有权变更的相关用例进行基于文档的审计追踪。

5.8.5　在线双边协商交易流程

传统线下协商主要通过电话、现场交谈的方式实现，存在耗时成本高、协商过程不可追溯、协商结果随时变动与市场主体双方的权益无法保障等问题。基于区块链技术的双边协商交易社区能够很好地解决这些问题，交易流程见图 5-25。

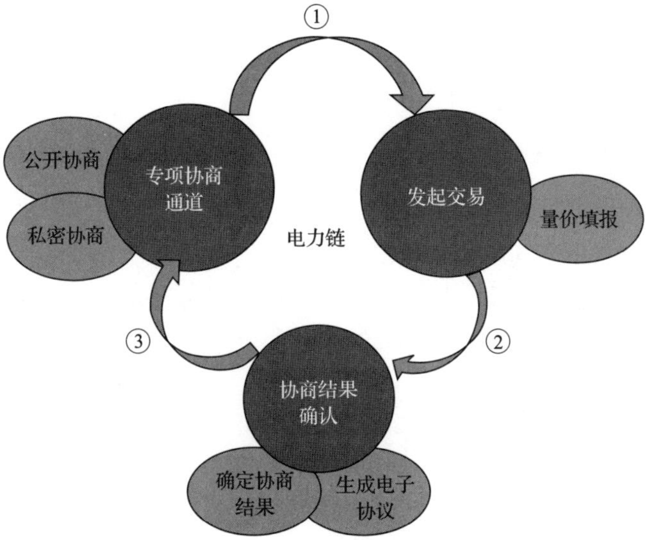

图 5-25　基于区块链技术的双边协商交易流程

应用基于区块链技术的双边协商交易社区，市场主体登录成功后，能够查看最新交易数据统计分析展示，接收市场交易动态提醒、协会消息提醒等；系统可以根据市场主体自身的电量信息等条件匹配推荐协商交易需求。具有协商意向的购售双方市场主体进入协商区。协商区是市场主体开展协商及交易活动的区域，包括多人公开的协商社区以及一对一的私密协商。协商社区中主体可自由发布协商需求信息或是查看协商需求信息，私密协商中协商双方在达成交易意向时可在私密协商中发起交易流程，填报交易量价信息，双方进行确认，确认后的交易信息将在电力链存储生成智能合约。系统最后将生成的智能合约传送至电力交易平台，实现和电力交易平台的对接。

5.8.6　系统成效

系统实施中同时结合了中心化和去中心化的优势，在保证区块链网络安全和市场主体隐私安全的前提下，将双边协商交易业务由线下转移到线上开展，在业务和技术上有以下创新之处。

1. 基于许可链构建交易社区，有效加强市场主体的信任程度

基于许可链进行市场成员管理，建设市场主体、电力交易机构和第三方

机构多方协同的电力交易协商社区；引入社区管理员角色，批准成员加入和审核社区公开信息，保证市场主体信息及需求信息的真实性。将主体信息、量价需求、协商存证、主体评价等信息上链，基于区块链不可篡改的特性，构建一个安全、可信的协商环境。

2. 基于区块链点对点交互特性，大幅提升协商效率

基于区块链点对点交互、账本共享的特征，在有效保证市场主体交易信息准确、及时共享的同时，解决了市场主体之间信息交互不够充分的矛盾。将双边协商交易业务由线下转移到线上开展，通过点对点、社区广播、标准化套餐等多种形式，精准锁定交易对象，提高信息交互和协商效率，节约时间和人工成本。

3. 全方位的数据安全和隐私保护解决方案

采用分布式存储技术，将数据存储在不同节点，大大提高了数据的可靠性；对电量、电价等隐私数据进行加密上链，使用智能合约技术对隐私数据进行权限控制，做到只有交易双方才可查看隐私数据；通过端对端消息加密，杜绝了市场主体协商记录被监控、记录的危险。使用分布式存储、非对称加密、智能合约以及端对端消息加密等技术，从技术上为双边交易线上开展提供了全方位的安全解决方案。

4. 基于节点优化和账户模式创新大幅提升用户体验

为了降低市场主体成为节点的门槛，设计了两类实体节点(全节点、移动节点)，在全节点中设计了三种逻辑节点(背书功能节点、排序功能节点、提交功能节点)，使区块链节点可以运行在移动设备上，方便市场主体快速接入和使用操作；并采用免账号注册模式，用户只在签订合约时才需要输入 PIN 码，大幅度提升了用户体验。

5.8.7 展望

区块链作为一种分布式记账技术，具有去中心化、不可篡改、可追溯、隐私保护等特点，非常适合多方协作、多方共识且具有隐私安全的业务场景，与电力交易多方协作的特点非常契合，具有广阔的应用前景。本书作者团队将立足区块链在双边交易中的实践经验，继续深化区块链在双边交

易、分布式交易中的应用，努力提升用户体验，打造技术领先、高效务实的电力交易平台。

5.9　案例 9：阿勒泰多能互补联合调度促进新能源消纳

5.9.1　实施背景

1. 发展现状

1) 阿勒泰地区可再生能源装机富余区域弃电严重

阿勒泰地区辖 6 县 1 市，截至 2018 年底，该地区电网内已投运电源装机总容量达到 306.92 万 kW(覆盖发电企业 72 家)，其中，火电容量 29.4 万 kW，占比为 10%；水电容量 121.96 万 kW，占比为 40%；风电容量 136.46 万 kW，占比为 44%；光伏容量 19.10 万 kW，占比为 6%。

2016～2018 年，阿勒泰地区可再生能源(水、风、光)弃电规模较大，总弃电规模于 2016 年达到 21.468 亿 kW·h(含地区电网内小水电等)；2017 年达到 18.32 亿 kW·h；2018 年达到 17.526 亿 kW·h，新能源弃电问题严峻，如表 5-31 所示。

表 5-31　阿勒泰地区可再生能源弃电情况

参数	2016 年	2017 年	2018 年
水电发电量(含地调)/(亿 kW · h)	27.33	31.99	34.99
水电弃电量(含地调)/(亿 kW · h)	4.48	4.24	4.36
弃水比/%	14.08	11.70	11.08
风电发电量/(亿 kW · h)	17.23	18.81	19.76
风电弃电量/(亿 kW · h)	16.25	13.41	12.42
弃风比/%	48.54	41.62	38.60
光伏发电量/(亿 kW · h)	1.115	2.27	1.99
光伏弃电量/(亿 kW · h)	0.738	0.67	0.746
弃光比/%	39.83	22.79	27.27
可再生能源总弃电量/(亿 kW · h)	21.468	18.32	17.526

2)阿勒泰地区无有效的方式解决可再生能源消纳问题

一是阿勒泰地区水电装机规模大，2018 年底容量已达到 121.96 万 kW，占总装机的 40%，且受冬季寒冷因素影响，丰枯差异巨大。呈现为丰水期时间更短(6 月至 9 月中旬)，发电出力季节性更加集中，枯水期时间更长(9 月下旬至次年 5 月下旬)，与弃风问题叠加后造成严峻的季节性弃电问题。二是阿勒泰地区位于新疆最北部，电网处于末端且通道资源较差，随着特高压吉泉直流在该地区建设的配套新能源(50 万 kW)以及该地区新增水电、光伏的陆续投运，电网内供需矛盾加剧，现有运行方式难以解决可再生能源消纳问题。

2. 政策依据

2016 年 7 月 15 日，新疆维吾尔自治区人民政府印发《关于扩大新能源消纳促进新能源持续健康发展的实施意见》(新政发〔2016〕79 号)，提出“坚持节约、清洁、安全的发展方针，着力加强新能源供给管理、着力拓展新能源消纳市场、着力优化电网系统调度、着力加强可再生能源保障性收购监管，遏制弃风、弃光居高不下的势头，把弃风、弃光控制在合理的范围内，促进新能源持续健康发展。”

2017 年 11 月 8 日，《国家发展改革委 国家能源局关于印发〈解决弃水弃风弃光问题实施方案〉的通知》(发改能源〔2017〕1942 号)提出“加快电力市场建设步伐，完善促进可再生能源电力消纳的交易机制、辅助服务机制和价格机制，不断提高可再生能源发电的市场竞争力。”

2018 年 5 月 21 日，国家能源局新疆监管办公室联合省级电力管理部门下发《关于印发〈新疆电力中长期交易实施细则(试行)〉的通知》(新监能市场〔2018〕69 号)，鼓励符合准入条件的发电企业、售电公司、电力用户和独立的辅助服务提供商等市场主体，通过双边协商、集中竞价(撮合)、挂牌交易等市场化方式，以多年、年、季、月、月内多日(含周交易)为周期，开展电力交易。

2019 年 9 月 21 日，新疆维吾尔自治区发展改革委批复《关于阿勒泰地区多能互补联合调度增加可再生能源消纳交易实施方案的复函》，指出阿勒泰多能互补交易实施方案符合国家电力体制改革精神，以市场化方式推进电力资源配置，促进了可再生能源的消纳。

5.9.2　具体措施

1. 基本思路

根据阿勒泰地区电网运行特性和清洁能源装机、消纳情况，创新开展清洁能源市场化消纳机制(水火风光多能互补)，构建电力中长期交易并适时开展现货交易模式试点。引进清洁能源友好型的可中断负荷，其中 80%以上的电量以中长期双边交易为主要消纳方式，剩余的 20%及以下电量通过参与日前现货交易初级阶段试点模式来消纳清洁能源弃电量，降低阿勒泰地区弃电规模，实现阿勒泰地区清洁能源健康、可持续发展，间接促进塔城地区清洁能源发展，达到新疆节能减排的目的。

2. 具体措施

1) 中长期交易

经与阿勒泰政府沟通，在交易初期已有意向的投资方引进负荷约 10 万 kW，电压等级为 110kV。故暂定交易规模约为 5.0 亿 kW·h，初期交易时段为 2019 年 6 月 1 日至 12 月 31 日；中期交易时段 2020 年全年，负荷规模为 20 万 kW 左右。在网源荷多能互补联合调度的基础上，落实年度以上长期电力交易协议合同，在月度、月内(多日)市场逐步清算年度协议偏差电量。其中：

第一阶段组织要求：2019 年 6 月 1 日至 8 月 31 日，火电不参与交易，水电和新能源总体按照弃电比例进行交易电量分配，预计水电占比 50%，新能源占比 50%。2019 年 9 月 1 日至 12 月 31 日，水电不参与交易，预计火电占比 15%，新能源占比 85%。

第二阶段组织要求：2020 年 1 月 1 日至 4 月 30 日，预计火电占比 20%，新能源占比 80%；2020 年 5 月 1 日至 8 月 31 日，火电不参与交易，水电和新能源总体按照弃电量比例进行交易电量分配，预计水电占比 50%，新能源占比 50%；2020 年 9 月 1 日至 12 月 31 日，水电不参与交易，预计火电占比 15%，新能源占比 85%。

以此比例为参考，由电力用户与发电企业签订年度双边交易协议后，报交易中心。交易中心将及时组织落实交易；调度机构将及时落实剩余电量，组织现货交易并执行。

2) 日前及日内现货

根据预测，在区域内新能源、水电存在弃电时，开展新能源企业参与现货交易试点（火电、水电及非参与市场交易的发电企业暂不参与现货交易试点），来平抑电力用户造成的部分偏差电量。阿勒泰地区新能源企业现货交易作为中长期交易的补充，交易电量规模不高于用户总电量的 20%。

(1)现货交易试点周期。当前阶段，阿勒泰地区现货交易以日前+日内的模式组织实施，即日前组织市场主体申报并出清，根据试点工作的进行情况，适时组织开展日内现货及实时现货交易。

(2)市场价格形成。在试点初期，阿勒泰地区电力现货市场暂时采用双方仅申报电量、不申报电价的形式。中期宜采用系统边际电价出清机制，即按照新能源企业申报分时电力和电价、电力用户同时申报电力和电价的模式组织出清；并按照高低匹配的方式，将卖方新能源企业报价按照从低到高排序，买方用户报价按照从高到低的顺序排序，令报价最低的卖方和报价最高的买方优先成交，其余按照买卖双方报价差递减的原则依次出清。同时新能源企业申报的电价上限不高于与用户成交的中长期交易电价。

(3)现货交易申报。参与交易的电力用户可自行（或由阿勒泰地区调度）通过现货交易申报系统代为申报有关现货交易信息。新能源发电企业自行申报，内容主要包括次日发电出力预测、以 15min 为周期的电力及电量；电力用户申报次日用电需求曲线，具体包含基本用电曲线（中长期交易逐日分解电力曲线）和增量用电曲线（现货曲线）。

(4)执行方式。调度机构在交易执行日通过自动发电控制系统下发新能源发电指令，由新能源场站具体执行。除安全原因外，现货曲线在日内不做调整。

电力用户应在交易执行日的现货交易时间内按照交易出清结果足量增加用电负荷。

电力用户实际用电曲线与基本用电曲线（中长期交易逐日分解电力曲线）的差值部分，认定为现货执行电力。

5.9.3 实施效果

1. 电力平衡分析

通过可中断可调整负荷结构对电量平衡进行分析，即冬季负荷轻，仅为 20 万 kW，此时应避免大规模火电进入阿勒泰电网，否则将抬升发电上网电价，并造成用电成本提升（间接影响公司输配电价和基本电价体系）；夏季负荷重，可达 40 万 kW 以上，此时应避免夏季水电大发与新能源大发叠加造成的弃电规模扩大。

2. 高比例消纳后经济情况分析

可再生能源高比例消纳、低电价消纳经济方案的具体分析：分别按照年度新增产业用电量 23.4 亿～33 亿 kW·h 进行分析，发现新增产业用电量大，则冬季打捆火电比例高，电价抬升明显，如图 5-26 所示。不同季节有不同用电价格特性(特别是水电价格与季节相关性较强)，故尽量采取综合措施(长期协议、打捆方式等)，实现低电价诉求，使综合到户电价达到 0.3 元/(kW·h)左右(110kV 输配电价不变，基本电费满足要求)。

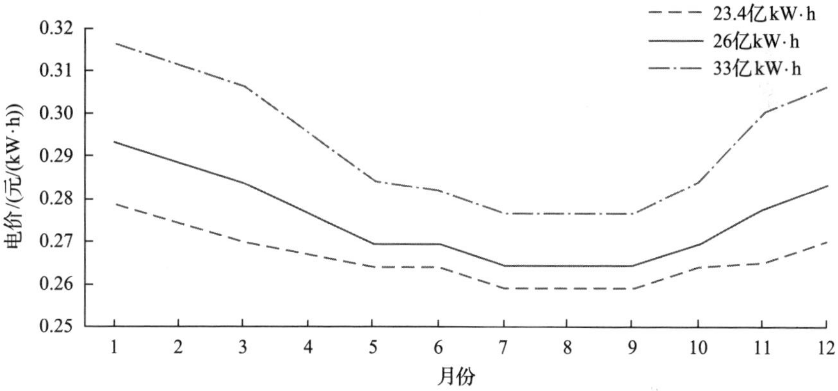

图 5-26　各月交易电价趋势

3. 可再生能源收购小时

按国家和新疆发展改革委确定的原则执行可再生能源保障性收购，2019～2020 年风电保障性收购指标确定为 1100h，阿勒泰地区全网收购风电电量约 14.64 亿 kW·h；光伏为 650h，阿勒泰全网收购光伏电量约 1.21 亿 kW·h。合计消纳新能源电量约 19.1 亿 kW·h，可满足保障性收购要求。

当前，我国正处在传统能源体系向现代能源体系转型的关键时期。以建立清洁、低碳、高效的多种能源生产供给体系为目标，以市场需求为主导，构建多种供能方式协同、多元主体开发共享、多品种能源融合、供需智慧互动的现代能源体系，需要从能源的结构、供应方式及供需关系等方面进行根本性的变革。阿勒泰多能互补作为一种新的能源生产利用的方式，能够有效地促进可再生能源的消纳，提高输电效率与能源使用效率；同时，能够更好地改善局域供能系统，促进能源集成化、智能化、高效化应用。因此，多能互补正是传统能源体系向现代能源体系过渡的重要措施手段。

5.10　案例 10：清洁能源和常规能源打捆交易实践

5.10.1　研究思路

随着清洁绿色低碳能源战略持续推进，新能源需求不断增大，新能源跨省外送输电比例持续增加。新能源边际成本较低，但新能源随机性、间歇性和波动性客观存在，纯新能源无法实现大规模稳定外送，常规火电能够提供稳定出力，但发电成本相对较高，经跨省外送至落地端后缺少竞争优势。本节基于能源互联网技术，调动多能源资源参与电力系统调节，创新开展清洁能源与常规能源水火风光灵活匹配打捆外送交易技术手段的研究，实现清洁能源的灵活消纳和稳定外送。

5.10.2　研究特点

能源互联网下水火风光灵活匹配打捆交易是指在清洁能源发展快、占比高，有通过跨省跨区进行电力交易需求的省份，通过多能源耦合技术，平抑新能源随机性、间歇性和波动性的影响，通过灵活匹配方式将水火风光按照一定比例打捆，合理配置外送电价，将打捆后的电能作为整体参加外送交易，提高电能外送的可靠性和稳定性。能源互联网下多能源协调打捆运行示意图如图 5-27 所示。

1. 量价曲线配比打捆

电力交易中，将清洁能源与常规火电电量按一定比例组织起来，考虑送受端价格承受能力、电网送出和接纳能力，利用水风光低价优势和资源互补优势，实现稳定外送。某典型年新能源大发月份青豫直流打捆外送曲线如图 5-28 所示。

2. 多能源配比打捆

能源互联网下，通过多能源耦合技术，根据新能源的出力特性，将其他能源与新能源曲线耦合匹配打捆，平抑新能源的随机性、间歇性和波动性。通过高峰风光与低谷水电互补特性，实现新能源分时段匹配打捆；通过电储能实现新能源灵活存取打捆；通过电储热实现电-热耦合打捆。能源互联网下多能源耦合配比打捆示意图如图 1-11 所示。

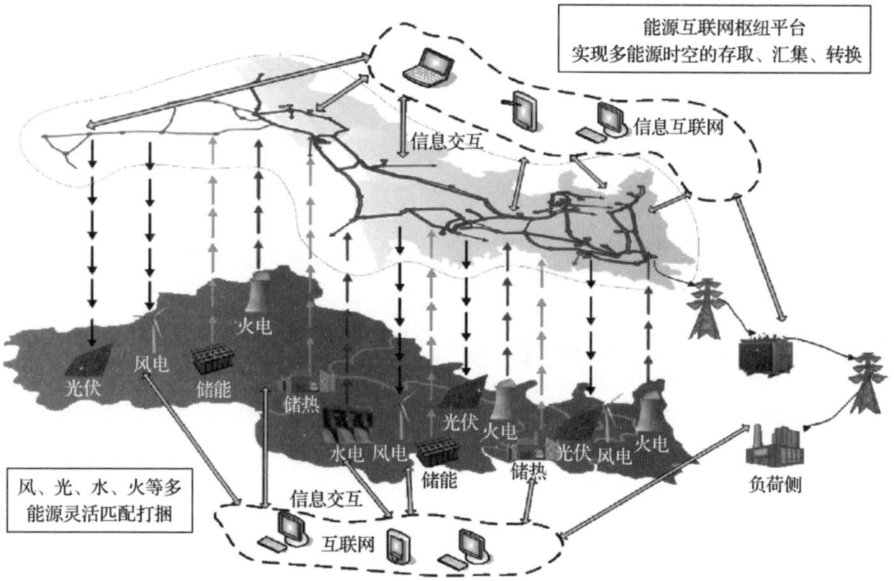

图 5-27　能源互联网下多能源协调打捆运行示意图

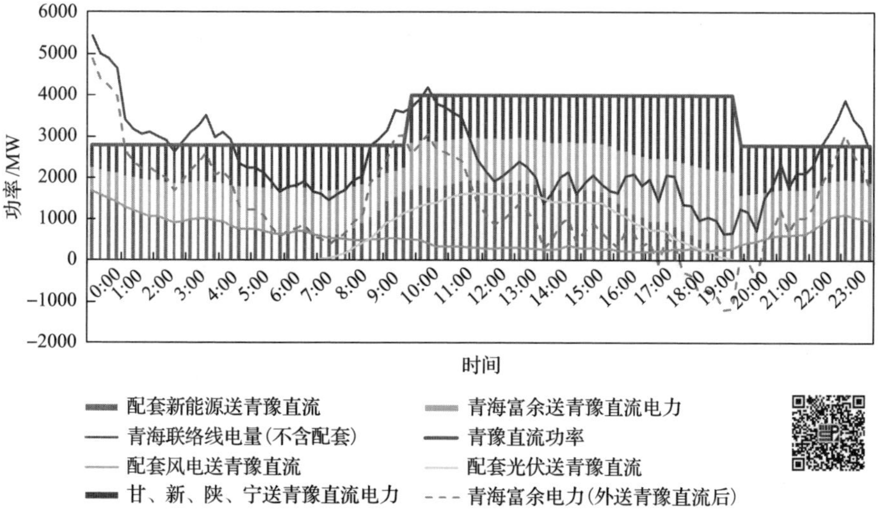

图 5-28　量价曲线配比打捆示意图(彩图扫二维码)

3. 多交易配比打捆

对于两笔及以上交易，当单独一笔交易不能满足电网特性要求，而与其他笔不同需求的交易曲线叠加后可形成符合电网运行特性的电力送出曲线时，可将该两笔及以上交易打捆联合外送。多交易配比打捆示意图如图 5-29 所示。

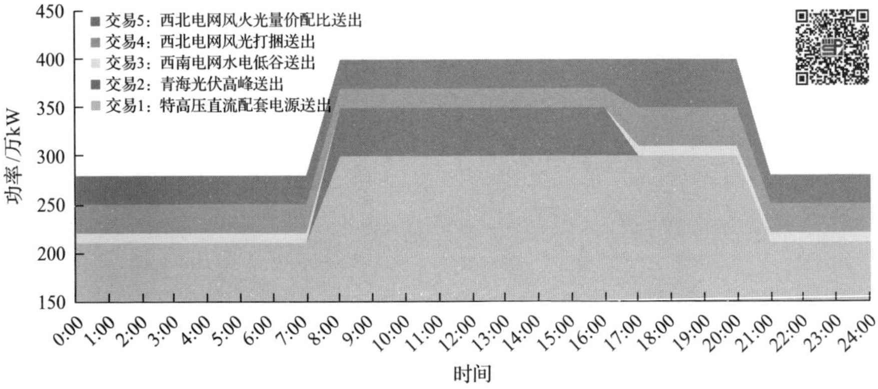

图 5-29　多交易配比打捆示意图(彩图扫二维码)

5.10.3　打捆比例配置

打捆比例配置以保证电网运行安全、水库运用(防洪、防凌、供水)安全和电力电量平衡为基础，以提高新能源消纳水平、提高特高压直流输电通道利用率、增大新能源市场化规模为目标，综合考虑送端电网和受端电网发电特性、负荷预测、供需匹配、价格承受能力和重要输电通道的输送能力等因素确定，基本原则如下。

(1)参照清洁能源与常规能源的装机容量比例确定。年度打捆交易以该地区上一年度装机总量为基础，综合考虑下一年度新增装机容量确定；月度打捆交易以该地区上一月度装机总量为基础，综合考虑下一月份新增装机容量确定。

(2)参照清洁能源与常规能源的发电量的比例确定。年度打捆交易由该地区上一年度发电量乘以新增装机比率确定；月度打捆交易以该地区上一月度发电量为基础，综合考虑下一月度新能源发电预测、季节性特征以及常规能源新增装机容量确定。

(3)按照年度(月度)新能源消纳目标任务(弃电量、弃电率)，统筹考虑负荷预测、常规能源发电能力和调峰能力，综合测算清洁能源与常规能源的打捆比例。

原则上，打捆比例不高于清洁能源与常规能源装机容量比例，不低于按照年度(月度)新能源消纳目标任务(弃电量、弃电率)测算的比例。某地区外送交易年度、月度和月内短期打捆外送分配表见表5-32～表5-34。

5.10.4　打捆交易方式

打捆交易按照集中竞价、双边协商和挂牌交易三种方式开展。

1. 集中竞价方式

(1)按照交易总量和打捆比例分解得到清洁能源交易电量和常规能源交易电量。

(2)按照送受端电力需求，确定电力交易总曲线，按照送端电网新能源特征分解得到清洁能源和常规能源的交易曲线。

(3)组织开展分解后的清洁能源集中竞价交易，为了避免市场操纵，保证报价的合理性，对报价设置上限，上限价格为按照受端电网电力用户限制的最高报价倒推得到的上网侧电价按照打捆比例计算后的清洁能源电价。为了避免恶性竞争，可对报价设置下限，下限为参与打捆交易的地区近六个月的跨区富余清洁能源现货电价月度平均值。

(4)组织开展分解后的常规能源集中竞价交易，为了避免市场操纵，保证报价的合理性，对报价设置上限，上限价格为按照受端电网电力用户限制的最高报价倒推得到的上网侧电价按照打捆比例计算后的常规能源电价。

(5)交易申报截止后，交易出清价格按边际统一出清或高低配出清方式形成。

(6)将出清后的清洁能源和常规能源的电价和电量按照打捆比例组合确定整体外送交易电量和电价。

2. 双边协商方式

(1)按照交易总量和打捆比例分解得到清洁能源交易电量和常规能源交易电量。

(2)按照送受端电力需求，确定电力交易总曲线，按照送端电网新能源特征分解得到清洁能源和常规能源的交易曲线。

表 5-32　外送交易年度打捆外送分配表

省份及地区	通道	组织电量/(亿 kW·h)	综合上网电价/(元/(MW·h))	配比	火电电量/(亿 kW·h)	火电电价/(元/(MW·h))	新能源电量/(亿 kW·h)	新能源电价/(元/(MW·h))	甘肃输电费/(元/(MW·h))	西北输电费/(元/(MW·h))	落地电价/(元/(MW·h))	备注
四川	德宝直流	33.11	249.88	7∶3	23.00	280.00	10.11	179.58	30.00	20.00	370.00	
重庆	德宝直流	9.10	249.88	7∶3	6.37	280.00	2.73	179.58	30.00	20.00	370.00	
河南	灵宝直流	16.01	230.00	7∶3	11.21	275.00	4.80	125.00	30.00	20.00	330.87	
湖南	祁韶直流	105.03	220.00	7∶3	73.52	271.00	31.51	101.00	30.00	0.00	337.48	
山东	昭沂直流	82.57	234.03	77∶23	63.58	271.00	18.99	110.26	30.00	20.00	368.58	
西藏	柴拉直流	9.54	240.00	7∶3	6.68	287.10	2.86	130.10	25.00	10.00	275.00	
江西	祁韶直流	4.54	241.9～254.98	7∶3	3.18	280.00	1.36	153～196.6	30.00	0.00	380.23～394.58	竟价交易各月电价不同
山东	银东直流	31.45	237.17～240.31	6∶4	18.87	285.00	12.58	165.43～173.28	30.00	20.00	368.24～371.68	竟价交易各月电价不同
华中	灵宝直流	2.42	267.55～281.49	63∶37	1.52	280.00	0.90	246.35～284.03	30.00	20.00	河南：369.59～383.96；湖北、江西：383.14～403.88	省份不同，综合上网电价及落地电价不同

表 5-33　外送交易月度打捆外送分配表

省份及地区	通道	组织电量/(亿 kW · h)	综合上网电价/(元/(MW · h))	配比	火电电量/(亿 kW · h)	火电电价/(元/(MW · h))	新能源电量/(亿 kW · h)	新能源电价/(元/(MW · h))	甘肃输电费/(元/(MW · h))	西北输电费/(元/(MW · h))	落地电价/(元/(MW · h))	备注
天津	昭沂直流	0.15	203.84	7∶3	0.105	252	0.045	91.47	30	20	355	
北京	昭沂直流	0.05	203.84	7∶3	0.035	252	0.015	91.47	30	20	355	
陕西	甘肃-陕西省间通道	1	235	8∶2	0.8	269	0.2	99	30	10	275	
宁夏	甘肃-宁夏省间通道	3.5	192	65∶35	2.275	252	1.225	80.57	20	10	222	
上海	灵绍直流	2.67	230	7∶3	1.869	280	0.801	113.3	30	20	392.4	
浙江	灵绍直流	0	235	7∶3	0	280	0	130	30	20	382.13	
青海	甘肃-青海省间通道	6.4	215	7∶3	4.48	265	1.92	98.3	20	20	255	
西北（网损）	西北电网 750kW 省间联络线	0.4	215	7∶3	0.28	265	0.12	98.3	20	0	235	
广东	祁韶直流	0.702	197.32	7∶3	0.4914	226	0.2106	130.4	30	20	405	水电与新能源打捆
安徽	吉泉直流	0	216	7∶3	0	265	0	104.7	30	20	374.4	水电与新能源打捆

表 5-34　外送交易月内短期打捆外送分配表

省份	通道	组织电量/(亿 kW·h)	综合上网电价/(元/(MW·h))	配比	火电电量/(亿 kW·h)	火电电价/(元/(MW·h))	新能源电量/(亿 kW·h)	新能源电价/(元/(MW·h))	甘肃输电费/(元/(MW·h))	西北输电费/(元/(MW·h))	落地电价/(元/(MW·h))
陕西	联络线	4.15	220	7∶3	2.905	271	1.245	101	30	20	270
新疆	联络线	1	206.2	7∶3	0.7	256	0.3	90	30	10	246.2
新疆	联络线	0.6	206.2	7∶3	0.42	256	0.18	90	30	10	246.2
宁夏	联络线	0.45	192	65∶35	0.2925	252	0.1575	80.57	20	10	222

(3)送受端地区围绕交易总量、打捆比例、价格机制、交易曲线组织开展双边协商，确定交易电量和交易电价。

3. 挂牌交易方式

(1)按照交易总量和打捆比例分解得到清洁能源交易电量和常规能源交易电量。

(2)按照送受端电力需求，确定电力交易总曲线，按照送端电网新能源特征分解得到清洁能源和常规能源的交易曲线。

(3)将按照打捆比例分解后的清洁能源和常规能源交易电量、交易价格和交易曲线面向所有符合条件的市场主体发布挂牌交易公告及交易合同事项。

(4)参与挂牌交易的市场主体原则上按照“时间优先”原则摘牌。

5.10.5　甘肃典型案例

1. 扎实开展新火打捆科研技术研究

立足甘肃风电基地，启动“风火打捆交直流外送协调控制技术”课题研究，针对新火打捆、火电调峰的经济性、合理性、可行性等进行深度探讨，建模研究交直流混合外送下的最优新火配置比率、输送容量规划、系统稳定性等疑难问题，为平抑新能源发电间歇性、波动性和随机性，实现新能源的充分消纳和电量的稳定可靠外送提供坚实的技术支撑。

2. 创新“统一代理、二次交易”机制

在全国新火打捆外送中，由于新能源与火电均执行统一电价，无法支撑火电成本，火电企业参与积极性不高，新能源无法单独外送，严重制约新能源外送消纳。为此，甘肃创新设计“统一代理、二次交易”模式，由交易中心采用统一代理方式参与外送电交易，先争取到电量份额，再按照合理配比重新确定火电与新能源的电量和电价，将标准价格拆分进行二次交易，在保证火电企业燃料成本的同时，满足新能源增发的调峰需要，提升新能源消纳水平，扩大新能源外送电交易规模，大幅增强甘肃新能源在各外送省份中的交易竞争力。

5.10.6　成果实施效果和价值

能源互联网下，通过建立“多类型、多主体、多时域”的清洁能源与常规能源水火风光灵活匹配打捆外送交易手段，坚持科学统筹、互补互济、互惠互利原则，发挥区域电网整体平衡作用，科学统筹省内省间资源，平抑新能源波动，平稳跨省跨区交易，有力地保障了西北 11 条直流大规模稳定送电，促进了西北新能源跨省跨区消纳。2020 年，西北电网跨省跨区交易电量为 2903.5 亿 kW·h，同比增长 33.9%。其中，跨区交易 2491.5 亿 kW·h，跨省交易 412.0 亿 kW·h。通过打捆交易实现外送消纳新能源 605.3 亿 kW·h，同比增长 10.6%，占西北新能源发电量的 36%，占国家电网系统新能源省间交易电量的 60%以上。

5.10.7　成果推广前景

随着国家能源清洁转型发展战略的不断推进，以及能源互联网技术手段的不断创新，新能源发展规模将会持续扩大，国内很多地区将呈现新能源高装机、高占比、高渗透率的特性，新能源间歇性、随机性和波动性引起的跨省跨区输出曲线不稳定将成为普遍难题，新能源通过打捆方式实现跨省跨区交易将成为必然选择。本节的创新成果在电网互补互济特性挖掘、清洁能源与常规能源电价电量匹配、峰谷曲线匹配、多交易品种打捆耦合等方面提供了创新思路和创新手段。因此，水火风光灵活匹配打捆交易技术手段推广应用前景广阔，适合在电力行业全面推广。

5.11　案例 11：青豫直流外送交易机制

5.11.1　青豫直流基本情况

1. 工程简介

青豫直流 2018 年 10 月获国家发展改革委核准，2019 年 11 月 7 日开工建设，于 2020 年建成投运。青豫直流起点为青海海南藏族自治州，落点为河南驻马店市，额定输电能力为 800 万 kW，途经青海、甘肃、陕西、河南 4 省，新建±800kV 线路 1586.6km，动态投资 231.49 亿元，新建青海青南、河南驻马店 2 座±800kV 换流站，新增换流容量 1600 万 kW，该工程是中国乃至世界第一条专为清洁能源外送而建设的特高压通道。工程投运后，可汇集青海、甘肃等西北地区清洁电能外送，实现清洁能源大范围优化配置，保障华中(河南)地区电力的可靠供应。

2. 网架接线

青豫直流送受端网架接线图如图 5-30 所示，青豫直流送端接入西北 750kV 电网，青南换流站通过 6 回 750kV 线路接入西北主网，并配置 4 台 30 万 kvar 调相机。青豫直流受端接入华中电网，分层接入 1000kV 和 500kV 交流系统，受端双高接入豫南换流站，通过 4 回 500kV 线路接入河南电网；双低接入驻

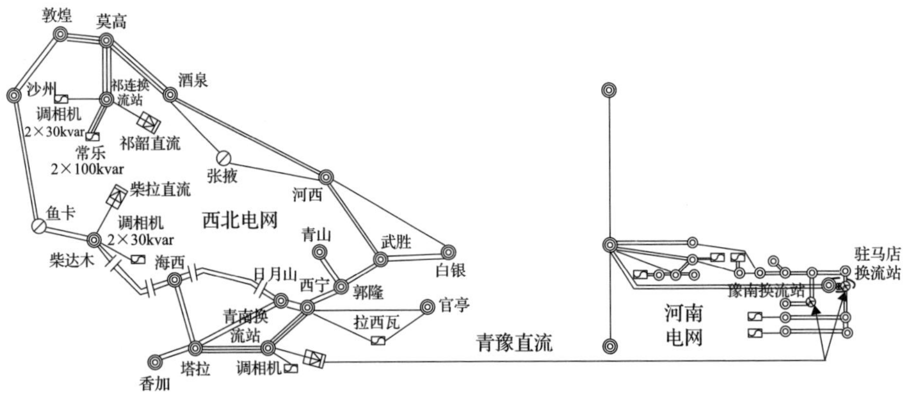

图 5-30　青豫直流送受端网架接线图

马店换流站 500kV 侧，通过 4 回 500kV 线路和驻马店 2 台 1000kV 主变接入河南电网。

3. 配套电源

根据电力发展规划，青豫直流配套新能源装机 1200 万 kW(其中光伏 500 万 kW，风电 400 万 kW，光热 300 万 kW)；配套水电装机 486 万 kW，其中，羊曲水电站 120 万 kW(3×40 万 kW)，玛尔挡水电站 220 万 kW(4×52 万 kW+12 万 kW 生态机组)，李家峡扩机 40 万 kW，拉西瓦扩机 70 万 kW，班多水电站 36 万 kW(3×12 万 kW)，如表 5-35 所示。

表 5-35　青豫直流配套电源投产进度　(单位：万 kW)

装机情况		2020 年	2021 年	2022 年	2023 年	2024 年	规划设计
水电装机	班多	36	36	36	36	36	36
	羊曲	0	0	0	0	40	120
	玛尔挡	0	0	0	0	55	232
	李家峡扩机	0	0	0	40	40	40
	拉西瓦扩机	0	70	70	70	70	70
小计		36	106	106	146	241	498
光热装机		—	—	—	—	—	300
光伏装机		300	400	500	500	500	500
风电装机		200	300	400	400	400	400
合计		536	806	1006	1046	1141	1698

4. 青豫直流外送功率和电量测算

1) 青豫直流典型曲线

根据青海电网以及西北其他省发电特性和发电能力，结合河南电网(华中电网)负荷特性，初步测定青豫直流典型运行曲线，如表 5-36 和图 5-31 所示。青豫直流峰谷比为 1∶0.7(推荐)、1∶1(直流初期、迎峰度夏期)，高峰段时间为 10:00～21:00(非汛期)、10:00～22:00(汛期 7～8 月)，其他时段为低谷时段。

表 5-36　特高压青豫直流外送曲线

时期	0	1	2	3	4	5	6	7	8	9	10	11	12	13	14	15	16	17	18	19	20	21	22	23
非汛期	0.7	0.7	0.7	0.7	0.7	0.7	0.7	0.7	0.7	0.7	1.0	1.0	1.0	1.0	1.0	1.0	1.0	1.0	1.0	1.0	1.0	0.7	0.7	0.7
汛期（7～8 月）	0.7	0.7	0.7	0.7	0.7	0.7	0.7	0.7	0.7	0.7	1.0	1.0	1.0	1.0	1.0	1.0	1.0	1.0	1.0	1.0	1.0	1.0	0.7	0.7

注：时期 0 为 0:00～1:00 1h，时期 1 为 1:00～2:00 1h，后续时期以此类推，0.7、1.0 为曲线比例。

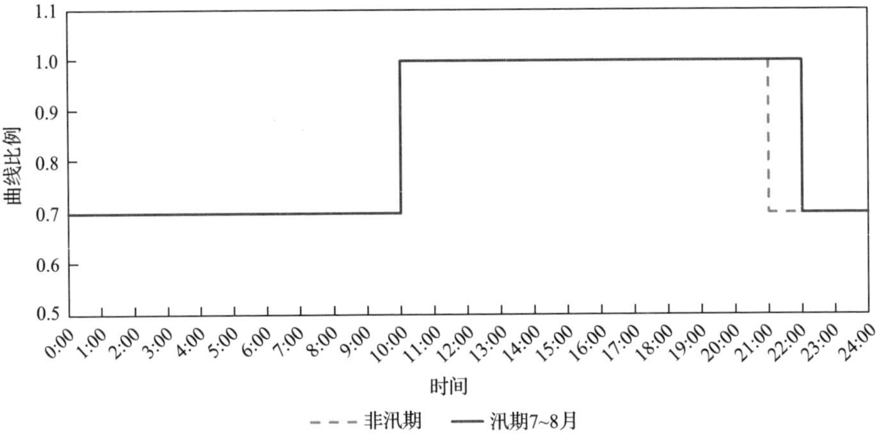

图 5-31　青豫直流典型运行曲线

2) 青豫直流 2020～2021 年典型功率

(1) 2020 年外送功率和电量测算。按照青豫直流调试进度，2020 年 7 月份，青豫直流双极低端开始调试，2020 年 12 月份，青豫直流双极高端开始调试，调试期间直流功率和电量参照昭沂直流、祁韶直流调试期间的直流功率和电量测算，如表 5-37 和表 5-38 所示。

表 5-37　2020 年青豫直流典型功率　　（单位：万 kW）

月份	1	2	3	4	5	6	7	8	9	10	11	12
功率	—	—	—	—	—	—	40	80	200	200	200	200（部分时段 400）

注：7～9 月调试期（双极低端），最大功率按照 40 万 kW、80 万 kW、200 万 kW 测算。10～12 月双极低端投入运行，功率按照 200 万 kW 考虑。12 月双极高端开始调试，功率按照 200 万 kW 考虑，综合考虑青海海南光伏发电情况，部分时段外送 400 万 kW。

表 5-38　2020 年青豫直流典型电量　（单位：亿 kW·h）

月份	1	2	3	4	5	6	7	8	9	10	11	12	合计
电量	—	—	—	—	—	—	0.59	4.89	14.40	14.88	14.40	16.88	66.04

(2) 2020 年青豫直流分月打捆外送电量。年度组织青豫直流外送电量30.48 亿 kW·h。其中：青海(含青豫直流配套)送华中 20.17 亿 kW·h；甘肃送华中 11.49 亿 kW·h；陕西、宁夏、新疆送华中 2.43 亿 kW·h。具体分月电量如表 5-39 所示。

表 5-39　西北送华中年度电量方案　（单位：亿 kW·h）

外送方案	6 月	7 月	8 月	9 月	10 月	11 月	12 月	全年
青豫直流配套					1.81	0.26		2.07
青海	0.066	2.31	6.57	2.46	2.61	0.59	3.50	18.10
甘肃		0.89	1.39	6.85	2.03	0.15	0.19	11.49
陕西、宁夏、新疆		1.80	0.00	0.00	0.03	0.12	0.48	2.43
青豫直流累计	0.066	5.00	7.95	9.31	6.47	1.13	4.17	34.08

注：青豫直流优先安排青海、甘肃清洁能源外送，青海和甘肃外送能力不足，或者清洁能源与直流曲线匹配困难时，安排陕西、宁夏、新疆电能外送。

(3) 2021 年外送功率和电量测算。2021 年送电曲线：最大输送容量为 400 万 kW，外送曲线按照汛期(7～8 月)和非汛期设置两种典型曲线，如图 5-32 所示和表 5-40 所示，在汛期(7～8 月)，高峰时段(10:00～22:00)外送功率为 400 万 kW，其余时段外送功率为 280 万 kW；在非汛期，高峰时段(10:00～21:00)外送功率为 400 万 kW，其余时段外送功率为 280 万 kW。

2021 年外送电量：最大输送容量为 400 万 kW，全年外送电量 151.88 亿 kW·h，分月外送电量如表 5-41 所示，建议青豫直流检修安排在 4 月份，迎峰度夏期(7 月、8 月)全天以 400 万 kW 的功率运行，迎峰过冬期间(12 月、1 月、2 月)黄河流域处于枯水期和新能源小发季，适当降低外送功率。

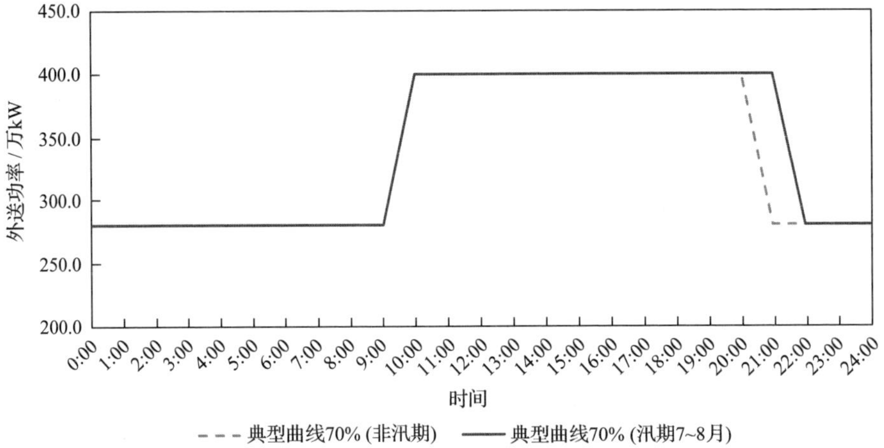

图 5-32　2021 年青豫直流外送功率典型曲线

表 5-40　2021 年青豫直流功率　　(单位：万 kW)

月份	1	2	3	4	5	6	7	8	9	10	11	12
功率	280、400	280、400	280、400	280、400	280、400	280、400	280、400	280、400	280、400	280、400	280、400	280、400

表 5-41　2021 年青豫直流电量　　(单位：亿 kW·h)

月份	1	2	3	4	5	6	7	8	9	10	11	12	合计
电量	18.66	17.49	17.15	17.55	12.86	7.88	14.32	15.77	6.34	3.73	8.60	11.55	151.88

5.11.2　青海电网基本情况

1. 负荷情况

青海电网负荷分布不均衡，东部电网(西宁、海东)负荷占全网负荷的80%以上。青海电网负荷以电解铝、铁合金、碳化硅、电石等高耗能产业为主，占全网总负荷的 80%以上。

基于历史数据，根据青海电网负荷和用电量趋势，得到 2020 年最大负荷和月度用电量为 973 万 kW 和 726.7 亿 kW·h，2021 年最大负荷和月度用电量为 1005 万 kW 和 781.6 亿 kW·h，如表 5-42 和表 5-43 所示。

表 5-42　2020 年、2021 年青海电网最大负荷　（单位：万 kW）

年份	1 月	2 月	3 月	4 月	5 月	6 月	7 月	8 月	9 月	10 月	11 月	12 月	最大负荷
2020	940	846	885	888	871	872	865	876	884	935	945	973	973
2021	970	873	914	917	899	900	893	904	913	965	976	1005	1005

表 5-43　2020 年、2021 年青海电网月度用电量　（单位：亿 kW·h）

年份	1 月	2 月	3 月	4 月	5 月	6 月	7 月	8 月	9 月	10 月	11 月	12 月	合计
2020	62.4	54.1	60.1	57.9	59.8	58.5	60.2	60.5	60.0	62.0	63.0	68.2	726.7
2021	68.2	61.6	68.2	63.0	65.1	60.0	62.0	62.0	63.0	68.2	69.0	71.3	781.6

2. 水电情况

青海水电发电量主要取决于龙羊峡水库出库流量，出库流量主要由黄河流域来水情况、黄河水电综合运用(防洪、防凌、灌溉、取水等)、电网网架约束等综合因素决定，为了全面考虑黄河来水对青海水电发电量的影响，设 2020 年为丰水年，年出库水量为 229 亿 m^3，2021 年为平水年，年出库水量为 200 亿 m^3，龙羊峡出库流量和青海水电发电量如表 5-44 和表 5-45 所示。

表 5-44　2020 年、2021 年龙羊峡水库出库流量　（单位：m^3/s）

年份	1 月	2 月	3 月	4 月	5 月	6 月	7 月	8 月	9 月	10 月	11 月	12 月
2020	528	493	570	866	1031	1050	1050	1050	800	730	660	590
2021	350	400	450	600	850	900	950	950	850	500	450	350

注：该出库流量为龙羊峡水电站发电流量(不含泄洪溢流流量)。

表 5-45　2020 年、2021 年青海水电发电量　（单位：万 kW·h）

年份	1 月	2 月	3 月	4 月	5 月	6 月	7 月
2020	308154	248730	317311	459089	588764	578768	623679
2021	210362	211200	281833	333982	474800	505400	549500

年份	8 月	9 月	10 月	11 月	12 月	合计
2020	610493	492627	412237	376916	357982	5374750
2021	554000	481359	334300	265800	210300	4412836

3. 新能源情况

青海新能源装机占全省装机总容量的 53.7%，其中光伏资源非常丰富。根据青豫直流配套新能源装机进度，青海电网 2020 年、2021 年底光伏装机情况分别为 1429.5 万 kW、1601.0 万 kW，2020 年、2021 年底风电装机情况分别为 1063.9 万 kW、1117.0 万 kW，如表 5-46 和表 5-47 所示。

表 5-46　青海电网 2020 年、2021 年光伏装机情况　（单位：万 kW）

年份	1 月	2 月	3 月	4 月	5 月	6 月
2020	1119.5	1119.5	1119.5	1119.5	1119.5	1119.5
2021	1429.5	1429.5	1429.5	1429.5	1429.5	1429.5
年份	7 月	8 月	9 月	10 月	11 月	12 月
2020	1119.5	1119.5	1419.5	1419.5	1419.5	1429.5
2021	1551.0	1551.0	1551.0	1551.0	1551.0	1601.0

表 5-47　青海电网 2020 年、2022 年风电装机情况　（单位：万 kW）

年份	1 月	2 月	3 月	4 月	5 月	6 月
2020	486.9	486.9	586.9	611.9	611.9	756.9
2021	1063.9	1063.9	1063.9	1063.9	1063.9	1063.9
年份	7 月	8 月	9 月	10 月	11 月	12 月
2020	766.9	766.9	966.9	966.9	976.9	1063.9
2021	1117.0	1117.0	1117.0	1117.0	1117.0	1117.0

根据新能源装机情况以及新能源发电特性，2020 年、2021 年新能源发电量分别为 284 亿 kW·h 和 406 亿 kW·h。

4. 火电情况

青海火电装机占比为 12%(较低)，由于电煤供应和生产经营等，青海火电厂发电积极性不高，火电机组发电以提供青海北部电压支撑、事故备用和冬季供暖为主。根据新能源机组和水电机组发电情况，2020 年、2021 年火电机组工作时间按照 3500h、4300h 计算，青海 2020 年、2021 年火电发电量为 111 亿 kW·h、122 亿 kW·h。

5.11.3　青豫直流投产后电力电量平衡情况

根据青豫直流和青海新能源投产进度，结合青海负荷、水电、火电、新能源特性，逐月计算青海电力电量平衡情况。

2020 年 12 月青海电网典型日电力平衡情况如图 5-33 所示。

2021 年 8 月青海电网典型日电力平衡情况如图 5-34 所示。

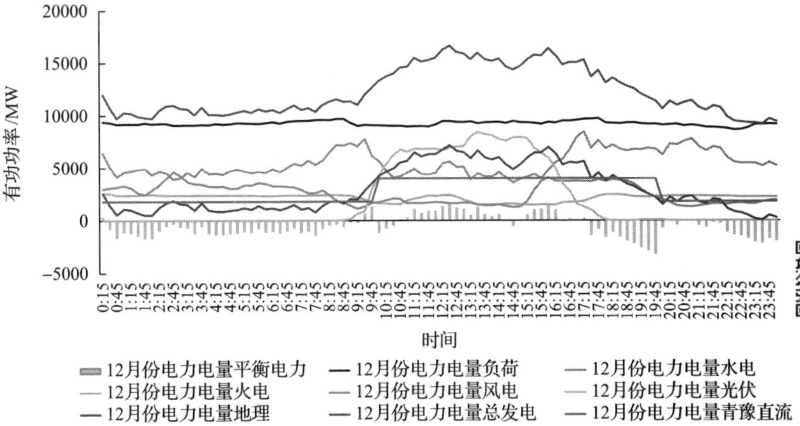

图 5-33　2020 年 12 月青海电网典型日电力平衡情况（枯水期）（彩图扫二维码）

地理=火电+水电+风电+光伏–负荷；平衡电力=地理–现有交易–青豫直流，为正表明青海可以满足外送需求，为负表明青海不能满足外送需求

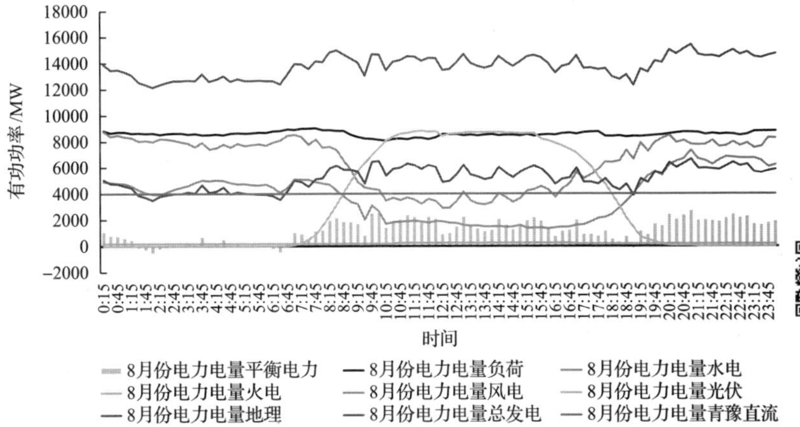

图 5-34　2021 年 8 月青海电网典型日电力平衡情况（丰水期）（彩图扫二维码）

地理=火电+水电+风电+光伏–负荷；平衡电力=地理–现有交易–青豫直流，为正表明青海可以满足外送需求，为负表明青海不能满足外送需求

5.11.4　青豫直流打捆外送机制典型案例

1. 基本原则

青海电网清洁能源占比较高，电源结构以水电和光伏为主，水电受黄河流域来水情况和丰枯变化影响较大，大型水电站除了龙羊峡水电站外，均为径流式水电站，仅具备日调节能力，调节能力有限。光伏发电存在明显的间

歇性，中午光伏大发时段电能富余，存在弃光风险，夜间低谷时段出力为零。风电存在明显的随机性和波动性，难以保证特高压直流稳定外送。因此需要研究青海清洁能源和甘肃、陕西、新疆、宁夏水风光打捆外送机制。

在特高压青豫直流外送交易组织时，根据直流配套电源投产进度，结合西北水电、风电和光伏跨地区消纳需求实际，以青海清洁电源为主，合理安排西北电网其他省份水电、风电、光伏打捆送出(其中优先签订政府间外送协议保证甘肃清洁能源外送)。

2020 年和 2021 年青豫直流外送方案按照以下原则计算：

(1)青豫直流优先保证配套新能源外送，配套新能源随机性和波动性问题由青海在西北电网内通过月度和月内灵活跨省外送和购电的方式解决。

(2)保证配套新能源电量之外的青豫直流剩余能力，由青海富余外送能力和甘肃富余外送能力按照 1∶1 的比例共同外送(甘青豫政府间协议)。

(3)青海和甘肃政府间协议以外的外送电量，由陕西、新疆、宁夏富余电能组织，保证青豫直流稳定外送。

2. 典型打捆外送交易曲线

1)冬季枯水期打捆曲线

由图 5-35 可知，在 12 月份，黄河进入防凌期，青海水电发电量大幅下

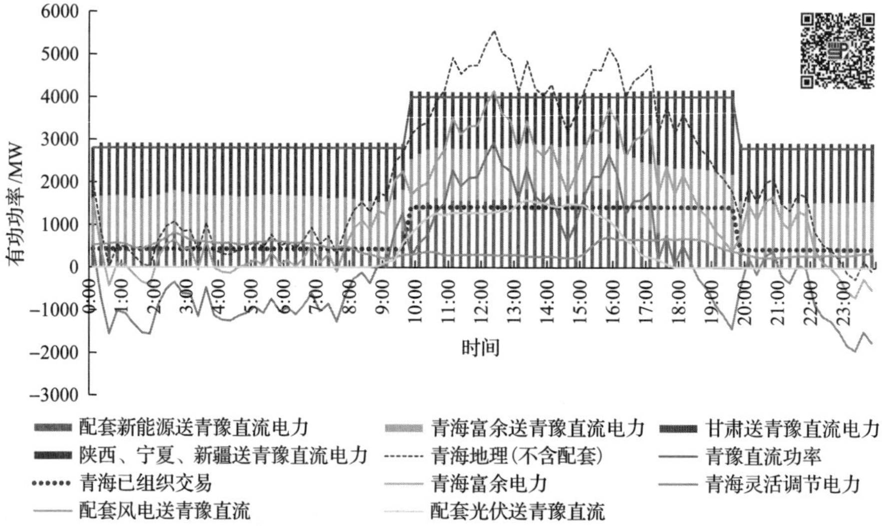

图 5-35 2020 年 12 月青豫直流打捆外送曲线(彩图扫二维码)

降，风电进入小发期，发电能力下降，夜间低谷时段，青海电力存在缺口，中午光伏大发时段可通过省间互济交易满足需求。

2) 夏季丰水期打捆曲线

由图 5-36 可知，在 8 月份，黄河流域进入主汛期，黄河水电呈现大发态势，青海电网在满足青豫直流外送的基础上，仍然存在外送需求，可通过西北电网其他外送直流通道满足需求。

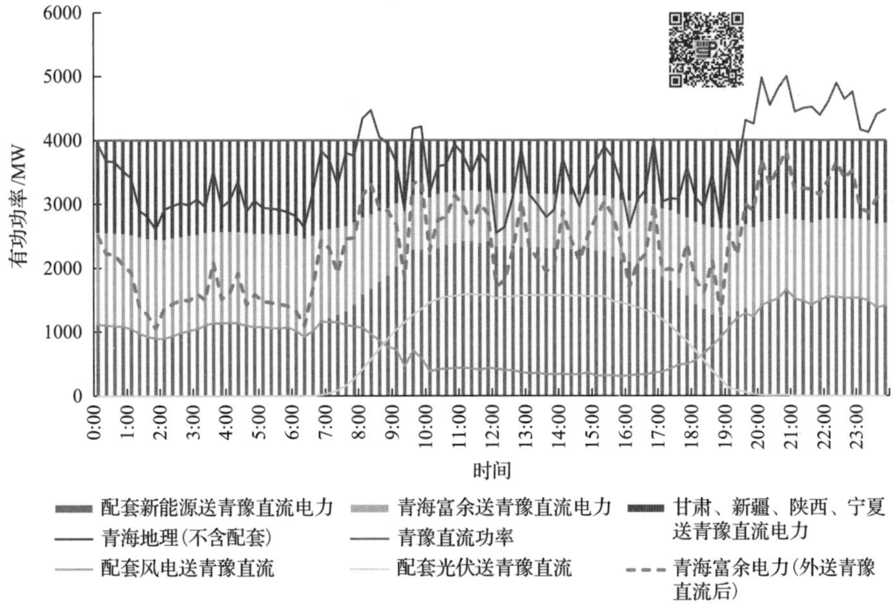

图 5-36　2021 年 8 月青豫直流打捆外送曲线(彩图扫二维码)

5.11.5　交易价格

根据青海电网光伏曲线和河南电网负荷曲线的历史数据，绘制青海-河南光伏-负荷匹配图，如图 5-37 所示。

由图 5-37 可知，青海电网光伏出力主要分布在 8:00～17:00，河南电网用电高峰期(晚高峰)主要集中在 17:30～21:30；在青海中午光伏最大时段 12:00～15:00，河南电网负荷处于早高峰和晚高峰之间负荷下降的鞍部，青海光伏和河南负荷在曲线上存在不匹配现象。建议通过市场化浮动价格机制解决曲线不匹配问题，在中午青海光伏大发时段，下浮上网电价，将低电价传导至河南，激励河南中午时段负荷增长；在河南电网晚高峰时段，上浮西北

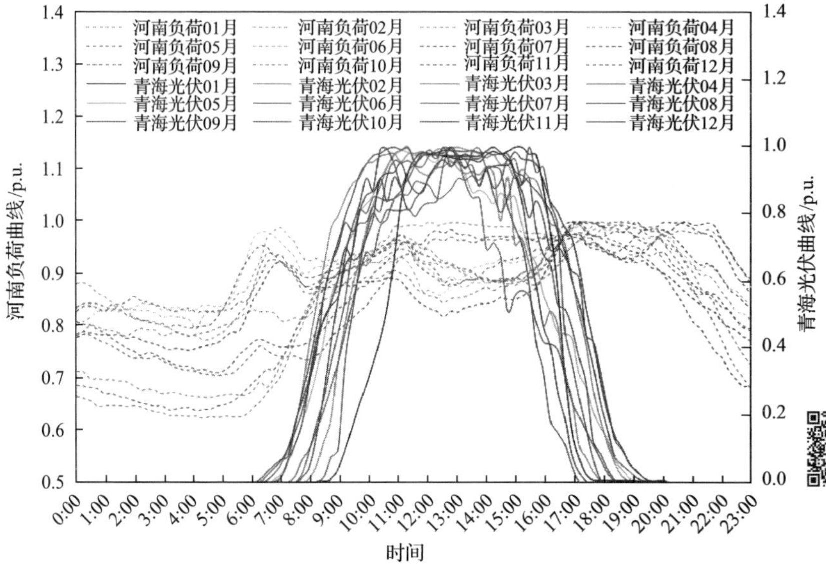

图 5-37　青海-河南光伏-负荷匹配图(彩图扫二维码)

侧上网电价，将青海清洁能源打捆甘肃、新疆、陕西、宁夏等省份的清洁能源通过青豫直流送至河南，保证河南电网可靠供电。

5.12　案例 12：以宁夏电网为例的基于泛在物联网的源网荷储研究

5.12.1　引言

为了贯彻国家“双碳”目标，控制能源消费总量，调整优化能源结构，提高能源利用效率，积极发展风电、核电、水电、光伏发电等清洁能源，减少大气污染物和温室气体排放成为中国保障国家能源供应安全、实现可持续发展的必然选择。电力行业是中国节能减排的重点领域，如何促进清洁能源的大力发展和广泛消纳是电力行业亟须解决的重点问题。

目前在世界范围内，促进清洁能源发展的机制非常多，在各国的电力市场设计中也都充分考虑清洁能源消纳的需求，力争通过电力市场促进清洁能源发展。中国正在开展新一轮电力市场化改革，如何在本轮改革中设计科学合理的电力市场机制，促进清洁能源发展，将是改革的重点。2019 年国家电网提出泛在电力物联网的建设目标和要求，为探索多种能源互补的电力交易模式，推进源网荷储互动交易模式，提供了有力支撑；通过源网荷储互动的市场化机制有利于提高电网调峰能力，促进新能源消纳，实现社会效益最大化。

宁夏作为国内清洁能源发展的重要建设基地，为了进一步促进清洁能源消纳，积极开展示范工程，通过建立完善的市场机制，设计多类型交易品种，引导源网荷储共享互动，增加电网的消纳能力，充分利用泛在电力物联网技术，研究建立源网荷储互动的市场化清洁能源消纳模式，以发现并引导网内调峰资源，提升新能源消纳能力和电网调峰能力，助力能源生态服务圈建设。

5.12.2　实施背景

1. 情况分析

受新能源出力及负荷波动影响，宁夏电力供应整体呈现出电量供应富余但电力供应短缺的不平衡现象，需要多种手段促进新能源消纳，提高电网运行效率。截至 2019 年，宁夏新能源装机占比为 42.83%，位居全国前列。经过北京交易中心精心指导与统筹协调，国网宁夏电力有限公司竭尽全力，2019 年新能源利用率为 97.5%。2019 年新能源装机持续增长，在新能源高渗透的情况下，电力供应中电量富余但电力短缺的现象愈发严重，新能源消纳压力只升不降，亟须建立相应的市场化消纳机制，引导源网荷储高效互动，挖掘电力系统更多调峰资源，提高新能源消纳能力。随着电力体制改革的不断推进，要求新能源和火电具备同场竞价条件，同时不断完善交易规则，通过市场化手段体现不同发电类型的实际电力价值。

2. 项目建设目标

(1)促进新能源消纳。通过建立完善的市场机制，设计多类型的交易品种，引导源网荷储共享互动，多能融合、促进清洁能源消纳。

(2)探索新能源市场价格机制。通过市场机制引导，探索新能源合理的市场竞争价格机制，充分挖掘新能源企业的商业价值。

(3)构建源网荷储能源体系。通过价格信号，发现和引导网内调峰资源，以市场化手段引导可控负荷主动响应电网调峰需求，提高电网建设运营效益。

(4)打造能源服务生态圈。深度融合现代互联网技术，打造高效分析、智能控制、灵活共享的泛在电力物联网生态圈，实现能源供需的实时匹配、安全经济、智能响应、高效服务。

5.12.3 主要做法

1. 关键问题

建立基于清洁能源出力特性的源网荷储互动交易机制，以市场机制推动源网荷储互动，促进清洁能源消纳，提高电网运行效率。建立清洁能源直接参与电力交易的机制，推进不同类型发电资源协调发展，优化配置电网调峰资源，实现清洁能源更大范围的消纳。

2. 解决思路

研究开展新能源与电力用户互动交易、新能源与负荷聚合商互动交易、电力需求侧响应交易，完善交易机制，打通交易平台和零售侧智慧能源服务平台之间的数据和业务级接口，完善交易平台功能对新交易品种的交易、结算功能。

3. 具体措施

1)源网荷储互动交易机制

本次源网荷储互动交易共设计四种交易品种。

(1)以预测出力曲线为标的的新能源交易，如图 5-38 所示。以全网新能源预测出力曲线为标的进行交易，特点为发电侧不受曲线约束，用电侧受曲线约束。交易采取双挂双摘、集中竞价方式进行。交易时序设置为 *D*–2 天(*D* 表示当天)，交易电量为交易日后两到三天的预测可发电量。

(2)以双边协商确定曲线的新能源交易，如图 5-39 所示，是新能源发电企业与电力用户开展双边协商约定交易曲线的交易，特点为发、用双方均需接受曲线约束。交易采取双边协商、挂牌交易等方式进行。交易时序设置为 *D*–2 天，交易电量为 *D* 至本月末可发电量。

(3)无曲线约束的新能源交易，如图 5-40 所示。无曲线约束的新能源交易的特征为发、用双方均不受曲线约束，新能源发电需向火电支付调峰辅助服务费用，支付的费用按照宁夏直接交易方案执行。交易采取双边协商、集中竞价、挂牌交易等方式进行。交易时序设置为 D–2 天，交易电量为 D 至本月末可发电量。

(4)需求侧响应交易，如图 5-41 所示。电网向电力用户、储能装置发送调峰指令，接收方通过调整负荷、充放电等手段协助电网调峰，并按照规定获得响应补偿。

2)交易组织时序

源网荷储互动交易共分为六个阶段，如图 5-42 所示，具体实施过程可以根据需要选择其中某几个阶段执行。

3)交易平台功能完善

(1)智能化交易序列管理。开发完成智能化交易序列管理功能，如图 5-43 所示，实现在内网设置交易各阶段起始时间、准入成员等信息，自动执行之后，交易平台自动发布未来连续数天的源网荷储互动交易序列。

(2)外网用户典型曲线管理。如图 5-44 所示，由于源网荷储互动交易需要按照每天 24 点申报交易电量，为了方便市场主体在交易阶段进行交易申报，特为用户提供典型曲线管理功能，包括发电企业典型曲线管理和电力用户典型曲线管理，发电企业和电力用户可以查询采集系统集成的历史某日发、用电 24 点数据，并将之保存为交易需要申报的典型曲线，可以对典型曲线的某一点用电量进行调整。市场主体在参与交易时直接选取某条典型曲线进行申报，极大地提升了市场主体参与交易的便捷度。

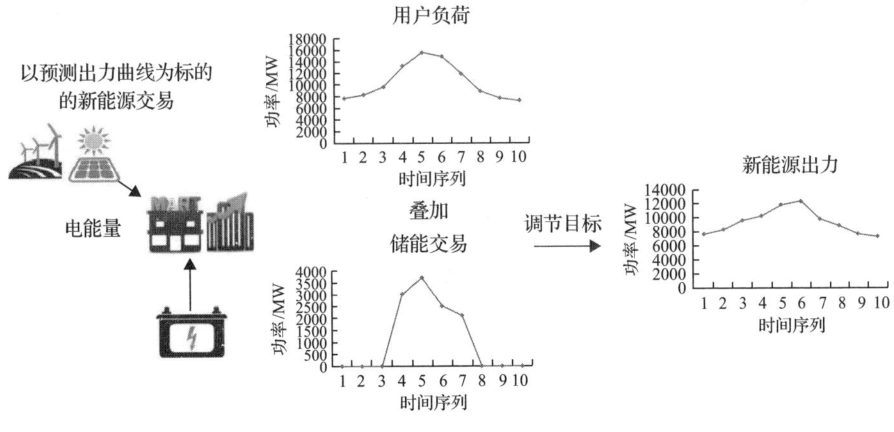

图 5-38　以预测出力曲线为标的的新能源交易

时间序列用 1～10 表示一天中的 24h，下同

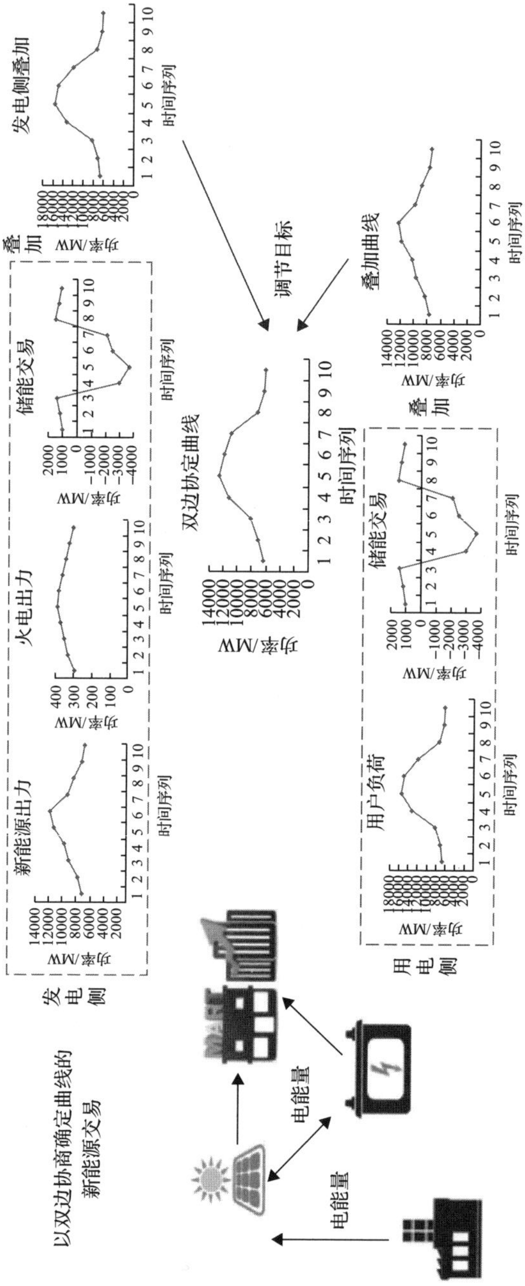

图5-39　以双边协商确定曲线的新能源交易

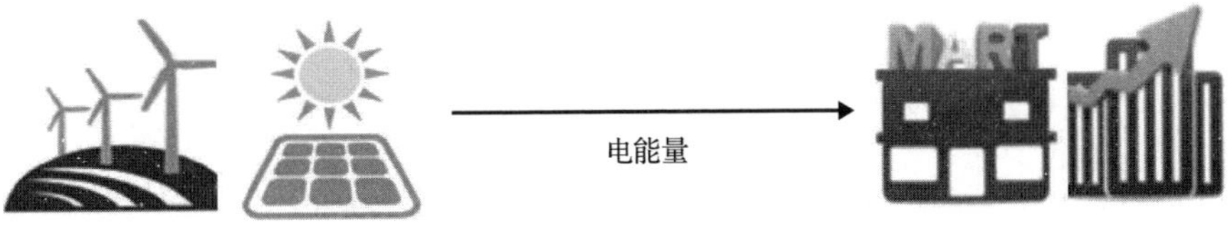

图 5-40　无曲线约束的新能源交易

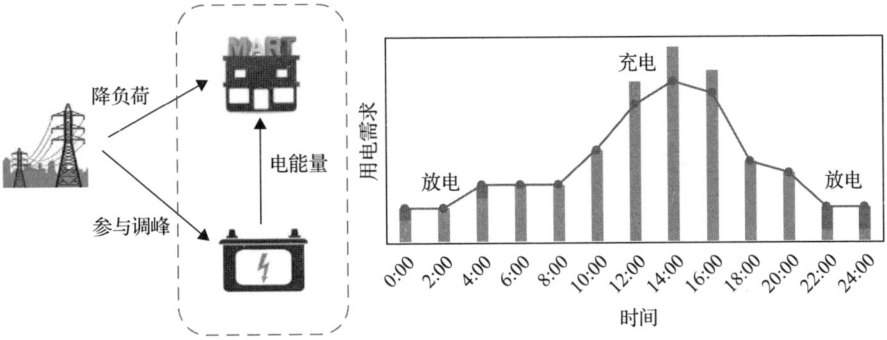

图 5-41　需求侧响应交易

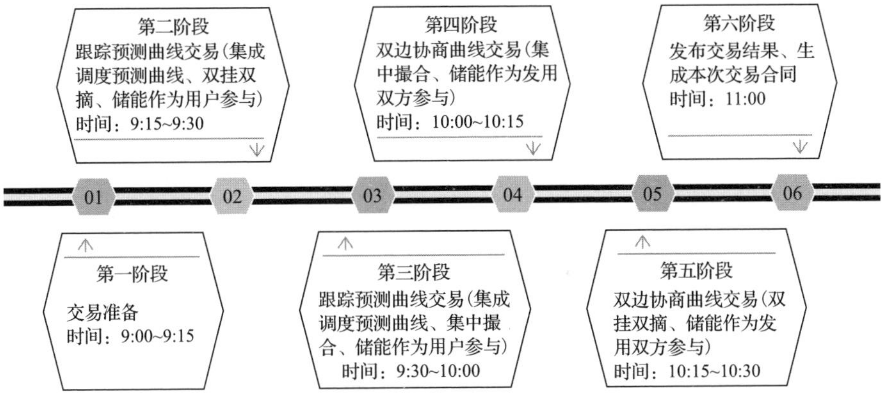

图 5-42　源网荷储互动交易流程

图 5-43 智能化交易序列管理

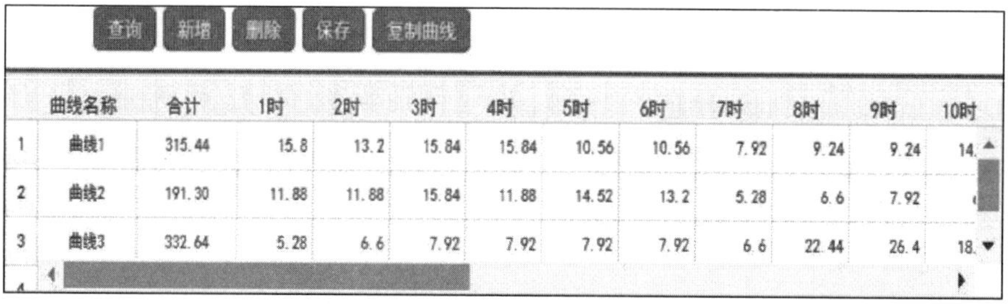

图 5-44 外网用户典型曲线管理

(3)外网源网荷储互动交易申报。为了保证本次试点交易顺利开展，并考虑用户对带曲线交易的接受程度，本节完成了源网荷储互动交易以预测出力曲线为标的的第一、二、三交易出清阶段的功能开发，如图 5-45 所示。

图 5-45 以预测出力曲线为标的的第一、二、三交易出清阶段

在源网荷储互动交易组织当天，电力用户和发电企业登录交易平台查看源网荷储互动交易序列信息，如图 5-46 所示。

图 5-46　交易序列信息

第一阶段：当交易开始前，电力用户需要提前在典型曲线管理页面进行典型曲线维护，交易开始时，电力用户按照日期选取典型曲线进行申报，如图 5-47 所示，保存并提交申报结果之后，即可查看全网新能源未来三天的预测出力曲线，此处为电力用户提供模拟交易的功能。电力用户填写预成交电量结果，系统根据新能源出力曲线为用户结算各点的负荷调整量/率，为用户后续申报电量提供参考依据。

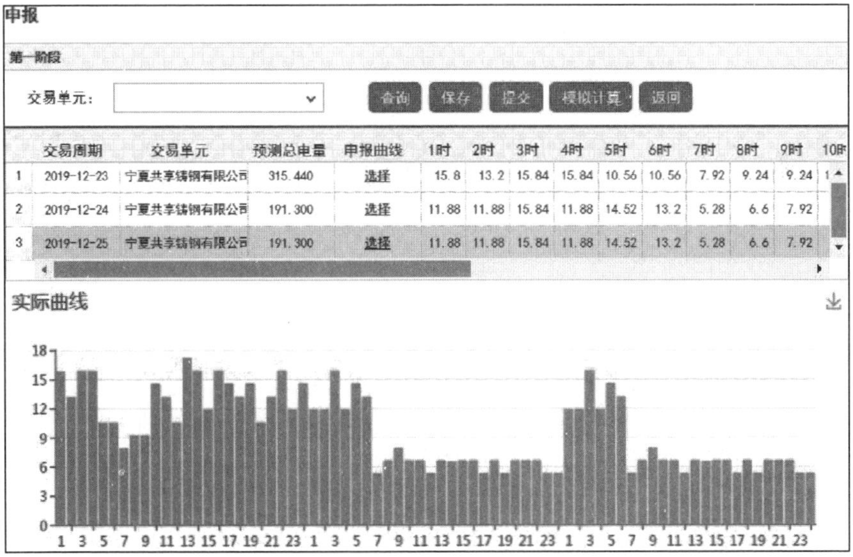

图 5-47　第一阶段：数据申报

第二阶段：双挂双摘交易阶段，如图 5-48 所示，电力用户和发电企业同时进行挂牌，并可以互相看到对方的挂牌信息，按照时间优先的规则进行出清，成交电量为挂牌和摘牌方较小的电量，成交电价为挂牌方电价。

申报

挂牌操作：交易单元：全部　查询　挂牌　挂牌调整　返回

		交易单元	交易日期	挂牌电量	剩余电量	挂牌电价	挂牌状态
1		宁夏共享铸钢有限公司	2019-12-23	20	20	215	挂牌中
2		宁夏共享铸钢有限公司	2019-12-24	30	30	220	挂牌中
3		宁夏共享铸钢有限公司	2019-12-25	25	25	215	挂牌中

摘牌操作：交易日期：　交易单元：全部　查询　摘牌　倒计时：0

		市场主体	交易单元	角色	交易日期	电量	电价
1		龙源宁夏风力发电有限公司	龙源同心花石山邱渠一风场	售方	2019-12-23	30	220
2		龙源宁夏风力发电有限公司	龙源同心花石山邱渠一风场	售方	2019-12-24	55	216
3		龙源宁夏风力发电有限公司	龙源同心花石山邱渠一风场	售方	2019-12-25	60	219

图 5-48　第二阶段：双挂双摘交易阶段

第三阶段：集中竞价阶段，第二阶段未成交的电量自动进入第三阶段，发电企业和电力用户申报集中竞价电量、电价并提交，按照集中撮合算法进行出清。

交易结果查看：当第三阶段结束之后，系统自动进行出清，根据电力用户在第二、三阶段成交的明细情况，形成当日源网荷储互动交易总成交电量、均价，电力用户可以查看自己的申报曲线、成交曲线以及控制目标曲线，如图 5-49 所示。控制目标曲线可作为用户后续调整负荷的目标值，同时可作为电费结算时当日的结算计划曲线。

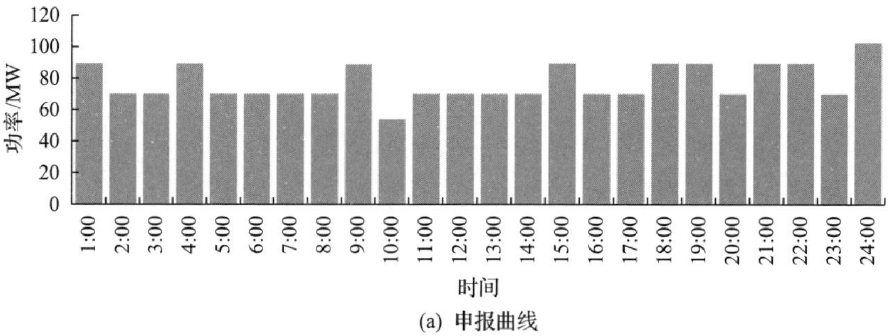

(a) 申报曲线

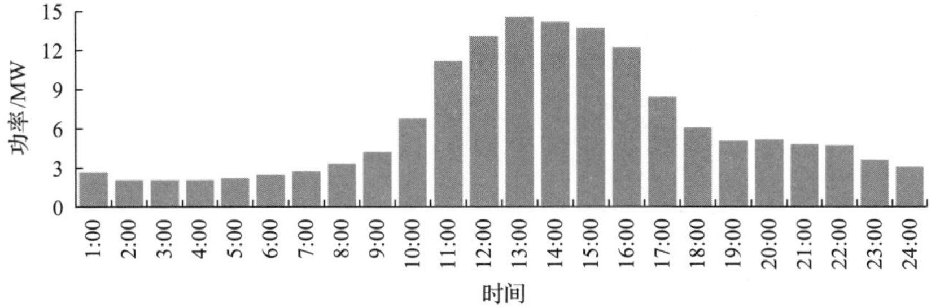

(b) 成交曲线

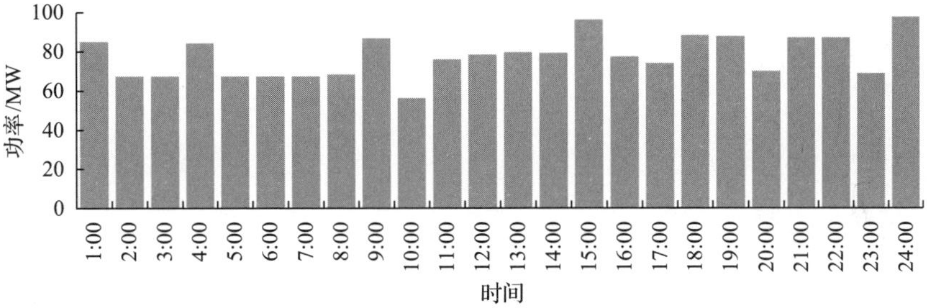

(c) 控制目标曲线

图5-49　申报、成交及控制目标曲线图

(4)内网源网荷储互动交易查看。内网交易管理员查看全网新能源预测出力曲线，查看参与源网荷储互动交易的成交结果明细和电力用户的申报曲线、成交曲线、目标控制曲线。

图5-50为某试点用户28日源网荷储互动交易成交情况，分别可以查看源网荷储互动交易申报曲线、成交结果、各阶段成交明细、控制目标曲线。

(5)发电企业源网荷储互动交易结算。由于新能源曲线交易对于新能源发电企业来说也是电量交易，因此在发电企业结算时，源网荷储互动交易结果以一个新成分参与结算，结算成分与月度直接交易为同一级别。

(6)电力用户源网荷储互动交易结算。对于电力用户，将源网荷储互动交易结果控制目标曲线作为结算计划电量，从采集系统获取用户按日24h实际用电量，按小时对控制目标曲线进行计算，形成源网荷储交易成分、偏差考核/超用成分，源网荷储互动交易结算完成之后，按照直接交易规则对其余电量进行电费结算。

4)交易平台数据集成

交易平台通过数据中心数据仓库技术(ETL)数据抽取工具实现财务系统、营销系统、用电信息采集系统和调度系统的数据集成。其中调度中心完成未来三天全网新能源预测出力曲线数据集成，通过定时任务将预测出力曲线以 E 文件形式上传至安全文件传送协议(SFTP)上，交易平台解析程序对 E 文件进行解析，如图 5-51 所示。

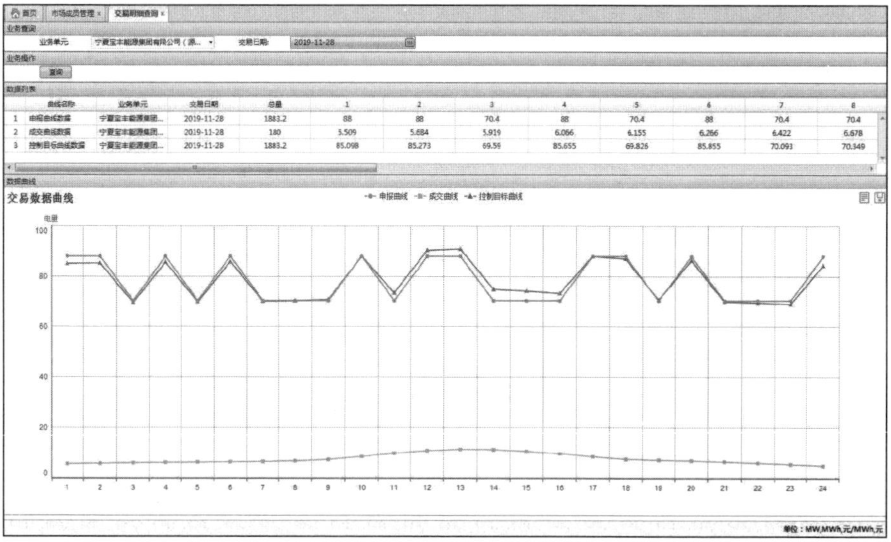

图 5-50　某试点用户 28 日源网荷储互动交易成交情况

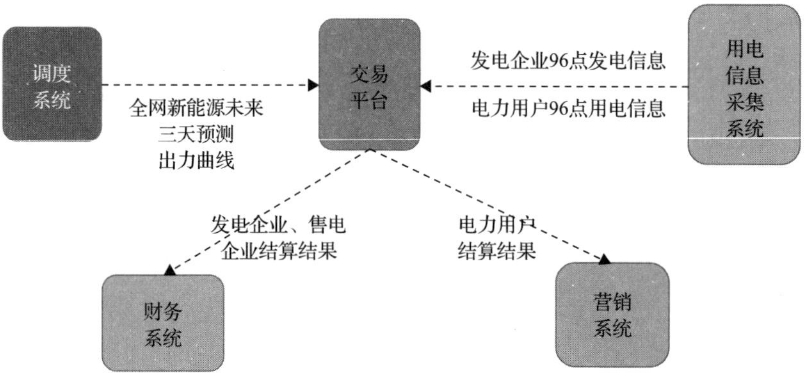

图 5-51　交易平台数据流图

5.12.4　实施效果评价

1. 交易机制创新

利用市场化方式拉动需求响应，建立支撑电源侧火电机组、需求侧柔性负荷参与电力系统调峰服务的市场化机制，新能源通过市场购买基本调峰服务。源网荷储互动的市场化清洁能源消纳，在还原商品价值属性的同时，探索了多能源相互依存、互益互补、协调发展的可行路径。

源网荷储互动的按日开展带曲线交易，是一种介于中长期电量交易和现货交易的模式，是宁夏探索中长期交易与电力现货市场建设的途径，同时提前使市场主体熟悉带曲线交易模式，为下一步电力现货市场建设做好铺垫。

2. 交易结果分析

如图 5-52 所示，从交易结果看，1:00～6:00 为新能源低谷期，用户调减负荷，10:00～17:00 为新能源高发期，用户调增负荷。源网荷储互动交易为清洁能源消纳释放了有效空间，降低了高比例新能源带来的系统调峰压力，与源网荷储互动的预期成效相符。

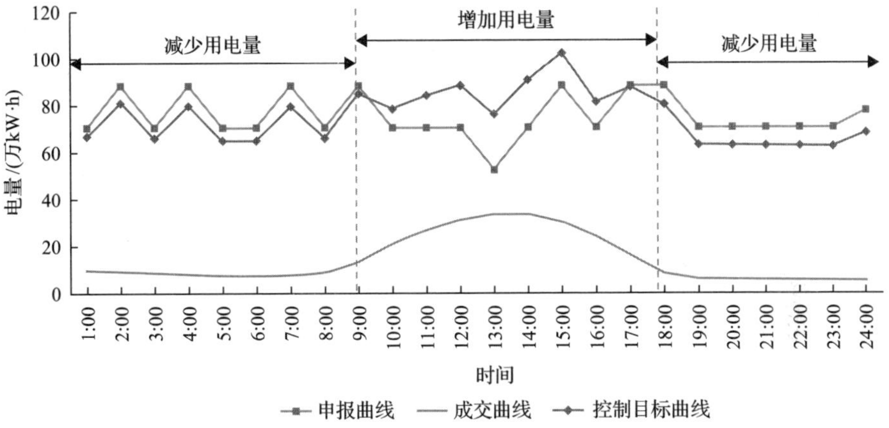

图 5-52　交易结果曲线图

1) 发电方

电源侧拓展了清洁能源消纳渠道，提高了清洁能源消纳比例，丰富了新能源发电企业参与直接交易的方式，增加了新能源发电企业收益。

2) 用电方

用电方参与源网荷储互动交易，促进清洁能源消纳，获得低电价，从而获得价差收益。本次试点交易在拓展新能源消纳的同时，为用户节约电费支出 5.9 万元。

3. 商业模式创新与可推广性

推动用能习惯由源随荷动向源荷互动转变。源网荷储互动的市场化清洁能源消纳建立了与新能源相适应的交易机制，引导用户改变用能习惯，提升荷储管理能力，汇聚各类柔性、可调节资源参与电力系统调峰，提高新能源消纳能力。

继续扩大交易覆盖面。从用户属性看，负荷侧具备丰富的可调节资源，但目前大部分用户习惯于源随荷动，需要继续扩大交易覆盖面，持续挖掘荷储资源，提高源网荷储互动成效。

推动互联网生态圈建设。通过源网荷储互动的清洁能源交易，引导用能设备由源随荷动向源荷互动转变，吸引更多社会资本和各类市场主体参与负荷侧海量调峰资源挖掘，推动智能用电装备升级，推动能源综合配置平台、综合服务平台建设，为各类柔性、可调节资源提供集约控制、智能化管理服务，助力共建共治共赢的能源互联网生态圈。

4. 推动核心算法研究

研究曲线交易申报、出清、计量、结算、偏差考核算法，创新提出固定曲线和自行申报曲线的交易出清算法。本次试点采用的是固定曲线交易，双边自行申报曲线的交易算法正在进一步优化中。

本节的示范工程共设计了荷随源动、源荷互动、源源互动、需求响应四类交易品种，同时还考虑了与零售市场、储能云网、智慧能源综合服务平台的信息交互。本次试点交易主要完成的是荷随源动、源源互动交易，下一步还需进一步优化算法，推动源荷互动、需求响应交易。

参 考 文 献

丁涛, 牟晨璐, 别朝红, 等. 2018. 能源互联网及其优化运行研究现状综述[J]. 中国电机工程学报, 38(15): 4318-4328.

董存, 李明节, 范高锋, 等. 2015. 基于时序生产模拟的新能源年度消纳能力计算方法及其应用[J]. 中国电力, 48(12): 166-172.

顾伟, 陆帅, 王珺, 等. 2017. 多区域综合能源系统热网建模及系统运行优化[J]. 中国电机工程学报, 37(5): 1305-1316.

黄海涛, 许佳丹. 2022. 发电容量充裕性保障机制国际实践与启示[J]. 中国电力: 1-10.

康重庆, 杜尔顺, 张宁, 等. 2016. 可再生能源参与电力市场: 综述与展望[J]. 南方电网技术, 10(3): 16-23.

刘硕, 于松泰. 2022. 面向高比例可再生能源电力系统的容量补偿机制研究[J]. 电网技术, 46(05): 1780-1789.

刘德伟, 黄越辉, 王伟胜, 等. 2011. 考虑调峰和电网输送约束的省级系统风电消纳能力分析[J]. 电力系统自动化, 35(22): 77-81.

刘凡, 别朝红, 刘诗雨, 等. 2018. 能源互联网市场体系设计、交易机制和关键问题[J]. 电力系统自动化, 42(13): 108-117.

马钊, 周孝信, 尚宇炜, 等. 2015. 能源互联网概念、关键技术及发展模式探索[J]. 电网技术, 39(11): 3014-3022.

舒印彪, 张智刚, 郭剑波, 等. 2017. 新能源消纳关键因素分析及解决措施研究[J]. 中国电机工程学报, 37(1): 1-8.

孙宏斌, 郭庆来, 潘昭光. 2015. 能源互联网: 理念、架构与前沿展望[J]. 电力系统自动化, 39(19): 1-8.

孙宏斌, 郭庆来, 潘昭光, 等. 2015. 能源互联网: 驱动力、评述与展望[J]. 电网技术, 39(11): 3005-3013.

田世明, 栾文鹏, 张东霞, 等. 2015. 能源互联网技术形态与关键技术[J]. 中国电机工程学报, 35(14): 3482-3494.

王瑾然, 卫志农, 张勇, 等. 2018. 计及不确定性的区域综合能源系统日前多目标优化调度[J]. 电网技术, 42(11): 3496-3503.

王锡凡, 肖云鹏, 王秀丽. 2014. 新形势下电力系统供需互动问题研究及分析[J]. 中国电机工程学报, 34(29): 5018-5028.

肖云鹏, 王锡凡, 王秀丽. 2016. 基于随机生产模拟的直购电交易成本效益分析[J]. 电网技术, 40(11): 3287-3292.

肖云鹏, 王锡凡, 王秀丽, 等. 2018. 面向高比例可再生能源的电力市场研究综述[J]. 中国电机工程学报, 38(3): 663-674.

薛禹胜, 雷兴, 薛峰, 等. 2014. 关于风电不确定性对电力系统影响的评述[J]. 中国电机工程学报, 34(29): 5029-5040.

姚建国, 高志远, 杨胜春. 2015. 能源互联网的认识和展望[J]. 电力系统自动化, 39(23): 9-14.

曾鸣, 杨雍琦, 刘敦楠, 等. 2016. 能源互联网“源-网-荷-储”协调优化运营模式及关键技术[J]. 电网技术, 40(1): 114-124.

曾鸣, 杨雍琦, 李源非, 等. 2016. 能源互联网背景下新能源电力系统运营模式及关键技术初探[J]. 中国电机工程学报, 36(3): 681-691.

张宏宇, 方鑫, 李碧辉, 等. 2012. 含大规模风光电源电力系统随机生产模拟[J]. 中国电力, 45(6): 73-76.

赵峰, 张承慧, 孙波, 等. 2015. 冷热电联供系统的三级协同整体优化设计方法[J]. 中国电机工程学报, 35(15): 3785-3793.

周孝信, 曾嵘, 高峰, 等. 2017. 能源互联网的发展现状与展望[J]. 中国科学: 信息科学, 47(2): 149-170.

朱凌志, 陈宁, 韩华玲, 等. 2011. 风电消纳关键问题及应对措施分析[J]. 电力系统自动化, 35(22): 29-34.

Bublitz A, Keles D, Zimmermann F, et al. 2019. A survey on electricity market design: Insights from theory and real-world implementations of capacity remuneration mechanisms[J]. Energy Economics, 80: 1059-1078.

Heidarizadeh M, Ahmadian M. 2019. Capacity certificate mechanism: A step forward toward a market based generation capacity incentive[J]. Energy, 172: 45-56.

Renewable Energy Policy Network for the 21st Century. 2017. Renewables 2017 global status report[R]. Paris: REN21.